CÉREBRO ADOLESCENTE

CÉREBRO ADOLESCENTE

O GRANDE POTENCIAL, A CORAGEM E A CRIATIVIDADE DA MENTE DOS 12 AOS 24 ANOS

DANIEL J. SIEGEL

Tradução
Ana Claudia Hamati

nVersos

Todos os detalhes de identificação, inclusive os nomes, foram modificados, exceto aqueles pertencentes aos membros das famílias dos autores. Este livro não tem a intenção de substituir o aconselhamento de profissionais treinados.

Diretor Editorial e de Arte
Julio César Batista

Produção Editorial e Capa
Carlos Renato

Preparação
Adriana de Oliveira Silva

Revisão Técnica
Adriana Nobre de Paula Simão

Revisão
Elisete Capellossa, Sueli Capellossa Bergmanhs e Rafaella de A. Vasconcellos

Ilustrações
Leah Pearlman

Editoração Eletrônica
Thomás de Freitas Basile

Dados Internacionais de Catalogação na Publicação (CIP)
(Câmara Brasileira do Livro, SP, Brasil)

Siegel, Daniel J.
Cérebro adolescente: O grande potencial, a coragem e a criatividade da mente dos 12 aos 24 anos / Daniel J. Siegel; tradução Ana Claudia Hamati.
- São Paulo : nVersos, 2016.
Título original: *Brainstorm: the power and purpose of the teenage brain*

ISBN 978-85-8444-159-4
1. Adolescentes - Psicologia 2. Cérebro
3. Cognição em adolescentes I. Título.

CDD-616.89 16-07402 NLM-WM 100
Índices para catálogo sistemático:
1. Cérebro : Adolescente : Neuropsiquiatria

1ª edição – 2016
10ª reimpressão – 2024

Esta obra contempla o Acordo Ortográfico da Língua Portuguesa.
Impresso no Brasil – *Printed in Brazil*

nVersos Editora
Rua Cabo Eduardo Alegre, 36 – 01257-060 – São Paulo – SP
Tel.: 11 3995-5617
www.nversos.com.br
nversos@nversos.com.br

SUMÁRIO

1:

A ESSÊNCIA DA ADOLESCÊNCIA

A adolescência é um período da vida que pode ser ao mesmo tempo desconcertante e maravilhoso. Com uma duração que vai aproximadamente dos 12 aos 24 anos de idade (sim, até meados dos 20 anos!), ela é conhecida em várias culturas como uma época de grandes desafios, tanto para os adolescentes quanto para os adultos que os rodeiam. Como essa fase pode ser muito difícil a todos os envolvidos, espero oferecer apoio aos dois lados da divisão geracional. Se você é um adolescente, espero que este livro o ajude a abrir um caminho para a jornada pessoal às vezes dolorosa, às vezes emocionante, que é a adolescência. Se você é o pai ou a mãe de um adolescente, ou um professor, conselheiro, técnico de esportes ou mentor que trabalha com adolescentes, minha esperança é que essa busca o auxilie não somente a ajudar o adolescente, mas também para que ele possa florescer durante essa época intensamente criativa.

Deixe-me adiantar que há muitos mitos sobre a adolescência que a ciência nos mostra nitidamente como falsos. Pior do que serem equivocados, esses falsos conceitos podem dificultar a vida de adolescentes e adultos. Vamos, então, destruí-los agora.

Um dos mitos mais expressivos que cercam a adolescência é o de que hormônios em fúria fazem com que os jovens "enlouqueçam" ou "percam a cabeça". Isso é falso. Os hormônios realmente aumentam nesse período, mas não são eles que determinam o que acontece na adolescência. Sabemos agora que o que os adolescentes experimentam é, basicamente, o resultado de alterações no desenvolvimento do cérebro. Conhecer essas alterações pode ajudar a vida a fluir mais suavemente para você, adolescente, ou para você, adulto, que convive com adolescentes.

Outro mito é o de que a adolescência não passa de uma época de imaturidade e que os adolescentes só precisam "crescer". Com tal visão limitada da situação, não surpreende que a adolescência seja vista como algo que todos só precisam tolerar, só tenham de acompanhar a fase de sobrevivência e, de alguma forma, deixar para trás com o mínimo de cicatrizes possível. Sim, ser adolescente pode ser confuso e apavorante, já que tantas coisas nessa época são novas e geralmente intensas. E, para os adultos, o que os adolescentes fazem pode parecer confuso e sem sentido. Acredite, como pai de dois adolescentes, eu sei. A visão de que a adolescência é algo que precisamos tolerar é muito limitada. Ao contrário, os adolescentes não precisam apenas *sobreviver* à adolescência; eles podem prosperar *por causa* desse importante período de suas vidas. O que quero dizer com isso? Uma ideia central que iremos discutir é a de que, de maneiras muito significativas, a "obra" da adolescência – testar os limites, a paixão por explorar o desconhecido e o excitante – pode definir o cenário para o desenvolvimento dos traços de caráter essenciais que permitirão aos adolescentes levar vidas repletas de aventura e sentido.

Um terceiro mito é o de que crescer durante a adolescência exige passar da dependência para a total independência dos adultos. Embora *haja* um empurrão necessário e natural em direção à independência dos adultos que nos criaram, os adolescentes continuam se beneficiando do relacionamento com os mais velhos. O movimento saudável para a vida adulta se faz por meio da interdependência, e não do isolamento total do "faça você mesmo". O que se altera é a natureza dos laços que os adolescentes mantêm com seus pais como figuras de vínculo, e os amigos se tornam mais importantes durante esse período. Assim, diferentemente do período da infância em que precisamos dos cuidados e ajuda dos adultos, na adolescência aprendemos a deixar de precisar dos cuidados dos outros, passamos a nos afastar de nossos pais e dos adultos e a nos apoiar mais em nossos iguais. Isso é interdependência. Neste livro vamos explorar a natureza desses vínculos e como a nossa necessidade de relacionamentos íntimos continua ao longo da vida.

Mudando de Lugar.

Quando vemos além dos mitos, somos capazes de enxergar as verdades que eles mascaram, e a vida para os adolescentes e adultos que os rodeiam fica bem melhor. Infelizmente, o que os outros acreditam sobre nós pode moldar a maneira como nos enxergamos e como nos comportamos. Isso é verdadeiro principalmente quando se trata da maneira como os adolescentes "recebem" comentários geralmente negativos que muitos adultos projetam (direta ou indiretamente) – os adolescentes são "descontrolados", "preguiçosos" ou "sem foco". Existem estudos que demonstram que quando professores ouvem que certos estudantes têm "inteligência limitada", esses estudantes se saem pior do que os outros, cujos professores não foram assim informados. Mas quando os professores foram informados que aqueles mesmos estudantes tinham habilidades excepcionais, eles acabaram por apresentar acentuada melhora em suas notas. Adolescentes que estejam absorvendo mensagens negativas sobre quem são e o que se espera deles podem afundar para aquele nível em vez de cumprir seu verdadeiro potencial. Como escreveu Johann Wolfgang von Goethe: "Trate as pessoas como se elas fossem o que deveriam ser e você as ajudará a ser o que elas são capazes de ser". A adolescência não é um período para ser "louco" ou "imaturo". É uma época de intensidade emocional, social e criatividade. Essa é a essência de como deveríamos ser, do que somos capazes de ser e do que precisamos ser como indivíduos e como família humana.

O livro *Cérebro Adolescente* foi estruturado da seguinte maneira: a primeira parte examina o essencial da adolescência e como o fato de compreender suas importantes dimensões pode criar vitalidade no momento atual e ao longo da vida. A segunda parte explora o modo como o cérebro se desenvolve durante a adolescência para que possamos aproveitar ao máximo as oportunidades que esse período da vida oferece. A terceira parte enfatiza como os relacionamentos moldam nosso sentido de identidade e o que podemos fazer para criar ligações mais fortes com os outros e com nós mesmos. Na quarta parte mergulhamos no modo como as mudanças e os desafios da adolescência podem ser mais bem navegados estando presentes, sendo receptivos ao que está acontecendo para que possamos estar totalmente conscientes dos aspectos internos e interpessoais dessas experiências. À medida que avançarmos também fornecerei passos práticos nas seções intituladas Ferramentas de Visão Mental, que trazem métodos científicos para fortalecer o cérebro e os relacionamentos.

Já que cada um de nós aprende de maneiras diferentes, depois da **Parte 1** você pode querer experimentar este livro da forma que lhe for mais conveniente. Se preferir aprender misturando conceitos e fatos com ciência e histórias, a melhor opção é ler do começo ao fim. Mas se você aprende melhor praticando o que lê, as quatro seções Ferramentas de Visão Mental seriam uma maneira útil para começar – você pode explorar a ciência e as histórias depois. Escrevi o livro de forma que, se você quiser mergulhar em determinado tópico, pode fazê-lo lendo primeiro a parte que lhe cabe – para relacionamentos seria a **Parte 3**, ao passo que para o cérebro seria a **Parte 2**. Se você aprende melhor lendo discussões conduzidas por histórias, pode ler primeiro a **Parte 4**, e depois os verbetes práticos e as seções anteriores. Misture tudo e descubra o que funciona melhor para você. As partes e as seções de ferramentas configuram um todo; você deve selecioná-las para aproveitá-las melhor.

Este livro aborda a compreensão e a promoção dos principais traços da adolescência para trazer mais saúde e felicidade ao mundo, independentemente da idade do leitor que por ele se interesse.

OS BENEFÍCIOS E DESAFIOS DA ADOLESCÊNCIA

As principais características da adolescência surgem devido a mudanças naturais e sadias no cérebro. Já que este influencia tanto a nossa mente quanto as nossas relações, conhecê-lo pode ajudar em nossa experiência interior e em nossas conexões sociais. Nesta jornada, vou mostrar como essa compreensão e o aprendizado dos passos para fortalecer o cérebro de modo prático podem nos ajudar a formar uma mente mais resistente e a construir relacionamentos mais gratificantes.

Durante os anos da adolescência, a mente altera a forma como lembramos, pensamos, racionalizamos, nos concentramos, tomamos decisões e nos relacionamos com os outros. Por volta dos 12 até os 24 anos, há uma explosão no crescimento e na maturidade. Compreender a natureza dessas mudanças pode nos ajudar a criar uma jornada vital mais positiva e produtiva.

Sou pai de dois adolescentes. Também trabalho como médico em um consultório de psiquiatria que atende crianças, adolescentes e adultos, casais e famílias, ajudando-os a dar sentido a essa excitante fase da vida. Além do trabalho como psicoterapeuta, também leciono sobre saúde mental. O que me impressionou ao atuar nessas funções é o fato de não existir nenhum livro disponível que revele a visão de que o período adolescente da vida é, na verdade, aquele com o maior poder de coragem e criatividade. Quando chegamos à adolescência, a vida está em plena ebulição. E essas mudanças não são algo a se evitar ou superar, mas a se encorajar. *Cérebro Adolescente* nasceu da necessidade de mostrar a essência positiva dessa fase para adolescentes e adultos.

Embora o período da adolescência seja desafiador, as mudanças no cérebro que ajudam a apoiar a emergência única da mente adolescente, se usadas de maneira inteligente, podem criar qualidades favoráveis não apenas a esse período, mas também quando entrarmos na idade adulta e vivermos plenamente como adultos. O modo como percorremos os anos da adolescência tem um impacto direto na forma como viveremos o restante de nossas vidas. Essas qualidades criativas também podem ajudar de maneira geral, oferecendo novos discernimentos e inovações que surgem naturalmente da reação ao *status quo*[1] e da energia dos anos de juventude.

Para cada nova maneira de pensar, de sentir e de se comportar com seu potencial positivo, há também um possível lado negativo. Mesmo assim, *existe* uma maneira de extrair o máximo das importantes e positivas qualidades da mente jovem durante a adolescência e de usá-las adequadamente nos anos da vida adulta.

As alterações cerebrais durante os primeiros anos da adolescência estabelecem quatro qualidades da mente durante esse período: a busca por novidade, o engajamento social, o aumento da intensidade emocional e a exploração criativa. Há mudanças nos circuitos básicos do cérebro que tornam o período da adolescência diferente do da infância. Essas mudanças afetam a forma de os jovens buscarem recompensas ao tentar coisas novas, ao se relacionarem com amigos da mesma idade de diferentes modos, ao sentirem emoções mais intensas e ao se rebelarem

---

1 *Status quo* é uma expressão latina que significa "no mesmo estado que antes" ou o "estado atual das coisas". [N. T.]

contra modos habituais de fazer as coisas, criando novas maneiras de ser no mundo. Cada uma dessas mudanças é necessária para criar as importantes alterações que acontecem em nosso raciocínio, sentimentos, interação e tomada de decisões durante a adolescência. Sim, essas mudanças positivas também têm seu lado negativo. Vejamos como cada uma dessas características do crescimento do cérebro adolescente apresenta tanto vantagens quanto desvantagens, e como preenchem a vida com benefícios e riscos.

1. *Busca por novidade.* Surge de um aumento do desejo por gratificação nos circuitos do cérebro adolescente, criando a motivação interior para tentar algo novo e sentir a vida de maneira mais plena, gerando maior engajamento com a vida. **Lado negativo:** a busca por sensações e riscos que enfatizem a emoção e minimizem os perigos resulta em comportamentos arriscados e em ferimentos. A impulsividade pode transformar uma ideia em ação sem a reflexão sobre suas consequências. **Lado positivo:** estar aberto a mudanças e viver apaixonadamente, enquanto a exploração da novidade é assentada em um fascínio pela vida e num impulso para projetar novas maneiras de fazer as coisas e de viver com um senso de aventura.

2. *Engajamento social.* Aumenta a conexão entre os adolescentes e cria novas amizades. **Lado negativo:** adolescentes isolados dos adultos e cercados apenas de outros adolescentes têm uma chance maior de assumir riscos, e a rejeição total dos mais velhos e do conhecimento e raciocínio adultos aumentam esses riscos. **Lado positivo:** o impulso para a conexão social conduz à criação de relações de apoio que são os melhores indicadores de bem-estar, longevidade e felicidade ao longo da vida. Isso já foi comprovado em pesquisas.

3. *Aumento da intensidade emocional.* Dá uma vitalidade maior à vida. **Lado negativo:** a emoção intensa pode assumir

o controle levando à impulsividade, à depressão e a uma reatividade extrema e, às vezes, inútil. **Lado positivo:** a vida vivida com intensidade emocional pode ser repleta de energia e de um senso de impulso vital que resultam em exuberância e alegria por fazer parte do planeta.

4. *Exploração criativa.* Com um sentido expandido de consciência. O raciocínio abstrato e o novo pensamento conceitual do adolescente permitem o questionamento do *status quo*, abordando os problemas com estratégias inovadoras, com a criação de novas ideias e sua aplicação. **Lado negativo:** a busca pelo sentido da vida durante os anos adolescentes pode levar a uma crise de identidade, a vulnerabilidade à pressão dos iguais e a uma perda de direção e propósito. **Lado positivo:** se a mente tiver força para raciocinar, imaginar e perceber o mundo de novas maneiras dentro da consciência, de explorar de forma criativa o espectro de experiências possíveis, o senso de cair na rotina que às vezes impregna a vida adulta pode ser minimizado e, em seu lugar, pode ser cultivada a experiência do "ordinário vivido como algo extraordinário". O que não é uma estratégia nada ruim para viver uma vida plena!

Embora possamos fazer um *brainstorm*[2] sobre diversas ideias novas que podemos compartilhar de forma colaborativa durante as explorações criativas e a busca por novidade da adolescência, também podemos entrar em outro tipo de *brainstorm* à medida que perdemos nossa coordenação e equilíbrio e nossas emoções agem como um *tsunami*, inundando-nos de sentimentos. É quando nos sentimos repletos não apenas de excitação

---

2 *Brainstorm*, ou "tempestade de ideias", em inglês, é uma dinâmica de grupo para troca de ideias sobre determinado assunto. O método foi criado em 1963 por Alex Osborn, publicitário norte-americano, que o usava para testar e explorar a capacidade criativa dos indivíduos. [N. T.]

mental, mas também de confusão mental. A adolescência envolve esses dois tipos de *brainstorm*.

Em resumo, as mudanças no cérebro de um adolescente oferecem tanto riscos quanto oportunidades. A forma como navegamos as águas da adolescência – se como indivíduos jovens na jornada ou como adultos ao lado deles – pode ajudar a levar o navio que é a nossa vida a águas traiçoeiras ou a aventuras empolgantes. A decisão é nossa.

MANTER O PODER E O PROPÓSITO DA MENTE ADOLESCENTE NA IDADE ADULTA

Durante as sessões de atendimento, escuto com demasiada frequência adultos dizendo que a vida deles caiu na rotina. Eles se sentem "presos" ou "vazios", perderam a iniciativa de buscar novidades e estão cansados da monotonia de fazer as mesmas coisas tantas vezes. Também acham que falta uma conexão social em suas vidas – sentem-se isolados e solitários. Para muitos, a vida perdeu a intensidade emocional, as coisas parecem opacas e até mesmo maçantes. Esse tédio pode conduzir da apatia à depressão e ao desespero. Nada parece importar; nada parece vivo ou vital. Quando adultos param de usar o potencial para a exploração criativa, o modo como racionalizam e abordam os problemas da vida torna-se simplesmente uma rotina familiar e repetida, e a imaginação sai voando pela janela. A vida pode se tornar, digamos, sem vida. Quando adultos perdem a força criativa da mente adolescente, suas vidas podem perder a vitalidade e o sentido.

A jovialidade e o humor que surgem da criação de novas combinações de coisas são essenciais para manter a vida repleta de vitalidade. Ande com adolescentes e irá escutar frequentemente risadas e ataques de histeria. Às vezes, irá ouvir muito choro. Tal intensidade emocional certamente pode trazer alegria e provocar lágrimas. Ande com muitos adultos e você irá escutar conversas sérias. Sim, a vida é séria. Mas podemos levar alegria e humor para as vidas que vivemos.

Precisamos viver com humor e entusiasmo apesar dos problemas do mundo.

Quando adultos perdem as quatro características distintas da adolescência, quando param de cultivar o poder de buscar novidade, o engajamento social, a intensidade emocional e a exploração criativa, a vida pode ficar chata, isolada, monótona e rotineira. Quem escolheria viver assim? Provavelmente ninguém. Mas isso acontece o tempo todo. Parece que nós, adultos, tendemos a seguir em piloto automático. Por quê? Porque pode ser difícil lidar com as circunstâncias da vida, enfrentar os estresses do mundo. Às vezes parece mais fácil simplesmente desligar esses aspectos essenciais de uma vida vital que surgem na adolescência, e permanecer em "modo de sobrevivência" conforme desenvolvemos uma rotina na qual confiamos. No entanto, permitir que nossa vitalidade se esgote apenas tornará a vida mais difícil – o que também pode ser ineficaz para manter o cérebro tão forte quanto poderia estar à medida que envelhecemos.

É por isso que estou sugerindo que aquilo que os adolescentes estão enfrentando, que é tanto um desafio quanto um dom é, na verdade, o que os adultos precisam para manter a vitalidade em suas vidas. E aí está outro mito: as pessoas tendem a supor que o cérebro deixa de se desenvolver depois da infância. Isso não é verdade. O cérebro não só se desenvolve e se transforma durante a infância e a adolescência, como continua a se desenvolver durante toda a vida. Minha proposta é que as quatro características da adolescência são exatamente as de que precisamos, não apenas para viver uma vida vital quando adolescentes, mas também para manter nossos cérebros evoluindo ao longo das nossas vidas.

Eis uma maneira de se lembrar dessa "essência" das mudanças cerebrais na adolescência. Adoro acrônimos, para o incômodo ou o prazer de meus alunos. Então, se esse acrônimo for útil a você, ótimo. Aqui está: a principal ideia das mudanças do cérebro adolescente, que é a essência de maneiras saudáveis de viver ao longo da vida, está na palavra *essência* (em inglês, *essence*):

ES: Centelha Emocional (*Emotional Spark*) – respeitar essas importantes sensações internas que são mais intensas durante a adolescência, mas que servem para criar significado e vitalidade em toda a vida.

SE: Engajamento Social (*Social Engagement*) – as conexões importantes que temos com outras pessoas que apoiam nossa jornada de vida por meio de relacionamentos significativos e mutuamente gratificantes.

N: Novidade (*Novelty*) – como buscamos e criamos novas experiências que nos engajam completamente, estimulando nossos sentidos, emoções, pensamentos e corpos de maneiras novas e desafiadoras.

CE: Explorações Criativas (*Creative Explorations*) – o pensamento conceitual, o raciocínio abstrato e a consciência expandida que criam a oportunidade para ver o mundo com novas lentes.

Essa é a essência de viver bem durante a adolescência e durante os anos da idade adulta: Centelha Emocional, Engajamento Social, Novidade e Explorações Criativas. Adol-ESSÊNCIA. Ou: Adolescência é Adult-ESSÊNCIA.

Às vezes, pergunto-me se parte da tensão que vejo em pais como uma reação aos adolescentes não seria um profundo anseio por aquelas características que eles próprios podem ter perdido. Não ter uma centelha emocional pode fazer a exuberância de um adolescente ser ameaçadora. Não estar socialmente engajado pode fazer um adulto se sentir desconectado frente à vida social de um adolescente. Quantos novos amigos fazemos aos 30, 40 ou 50 anos? Todo o impulso adolescente para coisas novas na vida pode tornar bem maçante as rotinas da vida adulta. E as explorações criativas que impelem um adolescente para novas maneiras de pensar e de se comportar podem fazer, às vezes, com que a monotonia e a previsibilidade da vida adulta pareçam controladas e limitadas demais.

Talvez, se os adultos pudessem recapturar parte dessa essência vital, a distância entre as gerações diminuiria. O que quero dizer é que, às vezes, o que vemos nos outros pode nos lembrar do que falta em nós mesmos, e essa lembrança nos deixa frustrados, desapontados, zangados ou tristes. Como terapeuta, vejo isso com muita frequência quando, por exemplo, os pais não conseguem tolerar algum aspecto da personalidade de seu filho porque esse aspecto traz à tona algo que os incomoda em suas próprias vidas. Se respirarmos fundo e percebermos que somos todos aprendizes na vida, a reação emocional intensa de um adulto em relação a um adolescente pode servir como uma lembrança para que exploremos nossas próprias vidas interiores, e não apenas reajamos exteriormente.

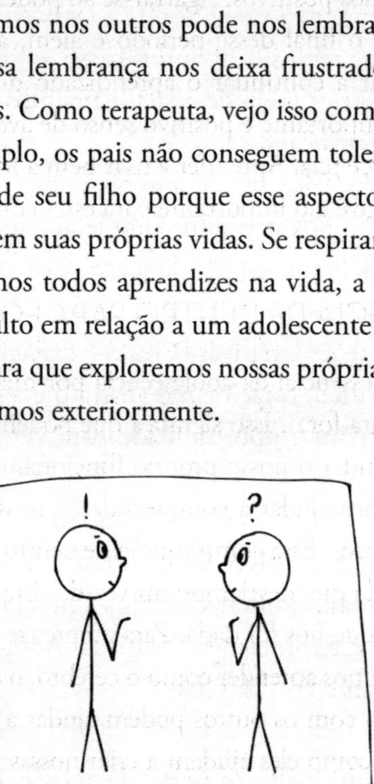

Ei, você me lembra alguém.

Nós, adultos, podemos ver a adolescência como um período pelo qual passamos, e os adolescentes como as pessoas que estão passando atualmente por tal período de desenvolvimento. Os adolescentes podem nos lembrar do que temos direito a experimentar em nossas vidas. Similarmente, como adolescentes, temos coisas a aprender com os adultos quando estes compartilham conosco suas experiências ao apoiar nosso desenvolvimento em direção à independência.

Aprender a usar o poder da mente adolescente pode nos ajudar a ter uma experiência positiva em relação a esse período de mudanças intensas. Quando bem manobradas, essas mudanças cerebrais podem conduzir a resultados positivos. Agarrar-se ao poder essencial da mente adolescente até o final desse período e além, até a idade adulta, pode nos capacitar a continuar o aprendizado durante toda a vida e a reconhecer o importante e positivo senso de aventura, vitalidade e coragem da adolescência. Aprender a usar bem a força da mente adolescente que emerge é tão importante para estes como para os adultos!

A ADOLESCÊNCIA DE DENTRO PARA FORA

Vamos explorar o essencial da adolescência por meio de uma abordagem "de dentro para fora". Isso significa que podemos aprender como o fato de compreender o nosso próprio funcionamento interior, ou o dos outros, pode nos ajudar a compreender o nosso comportamento exterior, e o dos outros. Essa compreensão de dentro para fora pode nos ajudar a criar a vida que desejamos em vez de simplesmente nos acomodarmos com a que nos foi dada. Para empregar essa abordagem de dentro para fora vamos aprender como o cérebro, o autoconhecimento e o relacionamento com os outros podem ajudar a criar a experiência de quem somos – como eles ajudam a criar nossas mentes – para que possamos estar mais bem equipados para esse período da vida.

Também vamos explorar ideias científicas importantes e mostrar como aplicar a ciência de modo produtivo. Este livro foi escrito de forma a parecer uma conversa entre você, leitor, e eu, o autor. Espero que, ao lê-lo, você sinta como se estivéssemos conversando frente a frente sobre esse importante período da vida.

Estou animado em convidá-lo a se juntar a mim nessa conversação exploratória para colocar-se na experiência e refletir sobre o que está acontecendo em sua própria vida. Com dois adolescentes em minha vida atualmente, um com vinte e poucos anos e a outra um pouco mais jovem, enfrento todos os dias as oportunidades e os desafios de ser pai de dois indivíduos que estão passando por essa etapa da vida. E, sendo pai deles, também recordo lembranças e experiências significativas de meus próprios anos de juventude. À medida que avançarmos, compartilharei algumas dessas reflexões relevantes aos temas que estamos tratando.

Para você, adolescente, essas discussões podem convidá-lo a refletir sobre a sua própria vida. Se você for adulto, pode se ver refletindo sobre o que está acontecendo agora ou sobre o que aconteceu em sua adolescência. Sua experiência de leitura – como a minha de escrita – pretende ser um convite para que nos tornemos ativamente envolvidos em uma conversa mútua e para que você reflita sobre suas próprias experiências. Você pode achar útil manter um diário para anotar suas reflexões, um processo que pode fazê-lo sentir-se bem e que já demonstrou ajudar na interpretação dos fatos. Se estiver em busca de uma jornada de descoberta, na qual o que você aprender e sobre o que refletir poderá ajudá-lo a viajar pelos anos da adolescência e se apropriar do poder criativo desse período, mantendo-se fiel à sua essência com mais conhecimento, discernimento e compreensão, você está lendo o livro certo.

Nunca paramos de descobrir quem somos ou o que tem significado na vida. Nossas mentes se desenvolvem continuamente para apoiar uma vida saudável e exuberante à medida que crescemos e evoluímos. Então é uma exploração que o convido a fazer comigo, não apenas a leitura de alguns fatos e números com um punhado de opiniões e ordens. Esteja você nos anos de adolescência ou na idade adulta, essa exploração pode ajudar sua mente a se desenvolver de maneiras úteis. Já que se trata de uma conversa, podemos fazer perguntas, perguntas básicas, que nos levarão a discussões para tentar respondê-las. A verdade é que não conhecemos as respostas finais a muitas perguntas sobre o cérebro ou a mente, mas fazê-las e buscar as respostas é essencial.

Uma boa pergunta nos envia...

Meus filhos me perguntam por que gosto tanto de lecionar, e respondo que é porque estou sempre aprendendo com as experiências educativas de outras pessoas. Acredito que seja uma posição importante a assumir – a de que somos alunos por toda a vida. Compreender onde a outra pessoa está em seu desenvolvimento ajuda a todos a navegar bem e a continuar a crescer.

Muitas vezes, durante a infância, os pais são considerados os únicos e mais importantes modelos a seguir. Na verdade, a adolescência é uma época na qual começamos a enxergar nossos pais como pessoas reais, não mais como heróis, e sim com suas falhas e limitações. Talvez enxergar os pais dessa maneira nos ajude a deixá-los e a sair para o mundo. Como Mark Twain certa vez disse: "Quando eu era um garoto de 14 anos, meu pai era tão ignorante que mal podia suportar tê-lo ao meu lado. Mas quando fiz 21 anos fiquei assombrado em ver o quanto o velho tinha aprendido em sete anos".

Naturalmente, afastar-se do *status quo* é uma maneira básica de criar novas experiências. E a busca por novidade é parte desse afastamento e é intrinsecamente gratificante. A adolescência também é uma época cheia de novas ideias. De muitas maneiras, buscar a novidade é gratificante, pois isso alimenta experiências, comportamentos, percepções, pensamentos, ideias, intenções e crenças com o espírito de aventura.

Esse empenho pela novidade é uma força criativa que pode ser aproveitada por todos *se* enxergarmos de modo positivo esse movimento em direção às coisas novas e à independência. Por outro lado, se os adultos brigam com essas características básicas da adolescência é como se lutassem contra a corrente natural de uma queda d'água. A força da adolescência vai encontrar uma maneira de se manifestar em ações externas e nas mudanças mentais internas de um adolescente. Você não pode parar uma queda d'água, mas pode aprender a mudar o seu curso e a aproveitar a sua força.

No55o cér3bro é programáv3l...
...e 5omos os programador3s.

A boa notícia é que o estado de desenvolvimento da adolescência não deve ser sentido como uma guerra entre gerações. Se os adultos tentarem bloquear o fluxo da adolescência, é provável que a comunicação, tão importante para os relacionamentos, seja corrompida pela tensão e pelo desrespeito. Desconexão, introversão, isolamento e muitas outras respostas sociais dolorosas e negativas podem ser despertadas. O importante é que o adolescente e o adulto que-já-foi-adolescente reconheçam essas importantes alterações cerebrais e aprendam a navegar esses anos de forma construtiva e colaboradora, a fim de manter a comunicação aberta, de facilitar a vida para todos e evitar desfechos trágicos causados por comportamentos de risco. O desafio não é fácil, porém, ao menos, deveria estar claro.

Esse é o nosso ato de equilíbrio, tanto para adolescentes quanto para adultos: fazer com que o ímpeto em direção à independência, o impulso por gratificação e a paixão por novidade tragam consequências positivas para a vida.

O cérebro é o nosso facilitador – nosso centro de controle. E a boa notícia é que, quando o entendemos, podemos aproveitar seus fortes impulsos para fazer escolhas positivas e mudanças construtivas em nossas vidas. Compreender como o cérebro liga seus diferentes circuitos e como se integra ao desenvolvimento é uma forma útil de entender como podemos ajudar a promover seu funcionamento máximo em nossas vidas durante a adolescência e além. Essa integração tem alterado a ligação entre diferentes áreas no cérebro, e mesmo entre pessoas, que podem nos ajudar a entender e a maximizar as importantes mudanças na adolescência.

Eis a descoberta poderosa da ciência: você pode aprender como tornar seu cérebro mais integrado e forte. Você pode aprender a melhorar o modo como sua mente funciona e tornar seu cérebro mais saudável e seus relacionamentos mais gratificantes. Essas são as condições básicas que vamos explorar nas páginas a seguir. Através de experiências e da ciência, você vai aprender sobre esses importantes aspectos da existência e dispor de exercícios para criar mais integração em sua vida. Ao aprender esses aspectos, você certamente vai mudar sua vida para melhor.

RISCO E RECOMPENSA

Embora a maior parte dos aspectos mensuráveis da vida melhore durante a adolescência – como força física, função imunológica, resistência ao calor e ao frio, velocidade e agilidade das respostas –, somos três vezes mais propensos a sofrer ferimentos graves ou a morrer durante essa época do que na infância ou na idade adulta. Esse aumento no risco não acontece "por acaso" – cientistas acreditam que venha das mudanças inatas em como o cérebro se desenvolve nesse período.

A questão é saber se podemos sustentar a exploração do novo ao mesmo tempo em que minimizamos a chance de danos permanentes. Essa é a questão central, e é um dos desafios que iremos tratar nas páginas seguintes.

Pouco antes do primeiro aniversário de meu filho, passeávamos pelo quarteirão do nosso apartamento catando pedras para atirar (um dos passatempos favoritos dele), quando percebi uma fila de carros numa rua que costumava ser bem tranquila. Quando chegamos em casa ouvi de alguns vizinhos, que ficaram presos no congestionamento, que tinha ocorrido um acidente terrível a um quilômetro de nosso apartamento.

Naquela noite fiquei horrorizado ao descobrir o que tinha acontecido.

Meu professor favorito durante o programa de estágio em Psiquiatria tinha saído de carro com a esposa naquela noite. A ideia era jantar e ver um filme. Vou chamar meu professor de Bill (como em todas as histórias verdadeiras que você lerá aqui, mudei os nomes e as características que pudessem identificar as pessoas nas narrativas verídicas para proteger a privacidade delas e a confidencialidade de todos os envolvidos – com exceção, naturalmente, de meus próprios detalhes e de meus familiares). Bill e sua mulher estavam animados em sair, foi o que me contou sua esposa mais tarde. Meu professor conduziu o carro até a esquina de sua rua, olhou para os dois lados da rodovia e, quando notou que as vias estavam livres, cuidadosamente atravessou as duas pistas virando o carro em direção ao restaurante, uma manobra que ele e a mulher faziam havia quase meio século. Mas daquela vez foi diferente. Naquele breve instante enquanto cruzava as pistas, um carro apareceu subitamente vindo do oeste e bateu no carro deles. Antes que percebessem, o carro em que estavam foi atingido no meio, partiu-se em dois e Bill morreu na hora. Surpreendentemente, a esposa de Bill e o motorista do carro em alta velocidade saíram ilesos, ao menos no aspecto físico.

O motorista era um jovem de 19 anos em um carro esporte novo em folha. Dois meses antes, depois de bater em uma árvore, ele havia sido preso por excesso de velocidade naquela mesma avenida sinuosa. Os pais dele tinham substituído o carro esporte destruído. A esposa de Bill me contou que os investigadores no local estimaram que o adolescente dirigia a pelo menos 152 quilômetros por hora. Tracei na cabeça várias vezes o caminho do carro daquele adolescente, tentando entender aquele acidente absurdo. Àquela velocidade e com aquelas curvas, Bill nunca poderia ter visto o carro se aproximar antes de atravessar as pistas, e o motorista adolescente que se aproximava naquela velocidade nunca teria visto o carro de Bill atravessar o seu caminho.

Fiz o que podia para apoiar a família, os amigos e os colegas de Bill nas cerimônias fúnebres na universidade e nas instituições clínicas onde Bill lecionou por tantos anos. Refleti sobre o que ele me ensinou como especialista em crescimento e da mente – como nossas primeiras experiências moldam quem somos e o que nos tornamos e como grande parte de nosso comportamento é induzido por processos mentais além de nossa consciência. Algumas semanas antes de sua trágica morte, encontrei Bill para discutir parte da pesquisa que começava a fazer sobre vínculos e memória. Bill disse: "Isso é tão fascinante! Conte-me mais!". Ele era um professor tão inspirador, alguém que escutava com atenção o que estava se passando dentro de mim, que apoiava meus interesses e me encorajava a perseguir minhas paixões. E naquele encontro eu lhe disse tudo isso. Ele respondeu: "Obrigado, Dan, mas você sabe que penso em você como um igual agora, como um colega". Agradeci e me senti honrado em estar conectado a ele, independentemente do modo que ele definisse nossa relação. Perguntei--me como a devoção de Bill ao explorar por que as pessoas fazem o que fazem poderia nos ajudar a compreender esse acidente incauto e fatal.

Quando comecei a pesquisar os fatos sobre o período adolescente, fiquei chocado ao descobrir que, embora os adolescentes sejam mais fisicamente aptos e saudáveis do que crianças e adultos, eles formam o maior grupo que se pode classificar "com causas evitáveis de morte". Por *evitável* quero dizer que comportamentos arriscados ou perigosos geram ferimentos permanentes ou fatalidades. Com acidentes, uso de drogas, ferimentos de armas, suicídio e assassinato, o período que vai dos 12 aos 24 anos é a época mais perigosa de nossas existências. A morte de Bill se encaixa em estatísticas bem estabelecidas. A realidade é que muitos adolescentes – como esse jovem de 19 anos – têm atitudes extremas de risco, prejudicando de maneira irreversível as suas vidas e a dos outros.

Ampliando os limites.

Por que esses comportamentos de buscar riscos, testar limites e procurar sensações? Com meu filho de um ano ali ao lado na época da morte de Bill, imaginei se havia alguma coisa que eu pudesse fazer como pai para evitar que ele participasse desse tipo de comportamento destrutivo. Se isso fosse possível, queria compartilhar o que descobri com pacientes e com a comunidade de saúde mental para que tragédias como a que acabou com a vida de Bill pudessem ser evitadas.

A adolescência é uma época de enorme expansão de limites, que pode ser desafiadora e criar catástrofes; mas essa propensão para avançar também pode ser uma parte notavelmente positiva e essencial de nossas vidas. Nosso desafio é empregar e explorar modos de expandir os limites da vida sem dirigir a 200 quilômetros por hora numa rodovia e, desafortunadamente, matar alguém no caminho. Deve haver alguns ritos de passagem culturalmente sancionados que possamos reinventar e que não envolvam uma arma de duas toneladas correndo pela estrada com vítimas inocentes em seu caminho, em especial para o sexo masculino, que parece precisar biologicamente cortejar o perigo, quando atingem a "maioridade" ao testar limites e enfrentar riscos para provar que já são homens e podem sair vivos. Quando uma gazela adolescente se aproxima de um guepardo para inspecionar seu predador potencial, ela não está arriscando somente a própria vida mas também a vida de suas companheiras gazelas, adolescentes ou adultas. Como seres humanos modernos, que compartilham com outros mamíferos esse impulso adolescente de se colocar em risco, acidentes envolvendo carros e álcool tornaram-se uma das principais formas de morrer e matar nesse período da vida que, sem isso, poderia ser saudável.

Ao longo dos 20 anos desde a morte de Bill, os trágicos tiroteios em escolas e explosões em lugares públicos que frequentemente testemunhamos foram realizados por adolescentes do sexo masculino. Há uma sensação de desconexão crescente no mundo atual e precisamos fazer alguma coisa para ajudar os adolescentes para que tal comportamento destrutivo possa ser compreendido e tenha menos probabilidade de ocorrer.

Em vez de simplesmente se perguntar o que está havendo, seria muito mais produtivo explorar a natureza da adolescência com indivíduos de quase 20 anos e com adultos, que ajudem a apoiá-los de um modo que a chance de ocorrerem ações destrutivas diminua, mesmo que de modo sutil, mas significante. Acho que Bill ficaria feliz se a compreensão dos processos adolescentes que causaram a sua morte trágica pudesse ajudar a evitar tragédias como essas no futuro.

AFASTANDO AS PESSOAS

De modo geral, a luta do adolescente contra o que é conhecido, seguro e familiar é uma faca de dois gumes. Sim, aquele adolescente que afasta os adultos parece ser inerente a nossos genes. É o que nos faz dirigir absurdamente rápido em uma rodovia. Esse é o lado destrutivo da faca adolescente, um lado que deveríamos tentar controlar para que o jovem possa crescer bem e alongar suas asas, ao mesmo tempo minimizando os danos a si mesmo e aos outros.

Mas existe um lado produtivo que também pode ser aproveitado.

Com consciência, o poder da mente adolescente pode ser utilizado para beneficiar a si mesmo e aos outros. É esse lado produtivo que criou tantas inovações na arte, na tecnologia e na música que transformaram nosso mundo moderno. Esse período que vai da adolescência até os 20 e poucos anos é uma época de enorme potencial e de grande poder construtivo. O impulso contra a forma tradicional de agir e de pensar a realidade pode render maneiras diferentes de raciocinar, promovendo o surgimento de maneiras novas e criativas de fazer as coisas.

Com os problemas que nosso mundo enfrenta hoje – a crise energética, mudanças no meio ambiente, superpopulação, guerras, pobreza e ameaças à disponibilidade de alimentos, água e ar saudáveis –, nunca precisamos com tanta urgência de um modo de pensar que vá além de nossas estratégias costumeiras para desenvolver maneiras criativas de viver de forma sustentável. O que estou sugerindo é que o poder da mente adolescente tem aquela centelha de emoção e de impulso social, aquele impulso para explorar novas soluções ante as velhas maneiras de fazer as coisas, que poderia salvar a vida no planeta.

O importante é descobrir esses aspectos positivos ocultos da adolescência e trabalhar em conjunto, como adolescentes e adultos, para fazê-los trabalharem para nós em vez de contra nós.

Mesmo se não estivermos convencidos pela ideia de que os adolescentes salvarão o mundo, ao menos a ciência, para compreender o cérebro, pode ajudar a explicar como podemos encorajar um adolescente a decidir ligar ou a voltar para casa à uma da manhã em vez de às três. Por meio dessa ferramenta, podemos estar mais inclinados a notar como o essencial da adolescência pode ajudar os indivíduos a serem mais saudáveis e mais felizes. Mas a verdade é que essas características essenciais também podem ajudar a melhorar o planeta.

Deixe-me dizer aqui que se você, adolescente, começa a captar a ciência por trás das mudanças em seu cérebro durante esses anos, sua adolescência e sua vida adulta serão melhores. E se os adultos puderem obter discernimento desses mesmos aspectos fundamentais da mente adolescente, eles também terão vidas mais saudáveis e felizes. Temos muito a aprender com a mente adolescente à medida que ela se manifesta nesses anos e sobre como podemos manter sua essência ao longo de nossas vidas. Seja você um adolescente ou um jovem adulto, ou um adulto tentando entender os adolescentes em sua vida ou imaginando o que aconteceu quando tinha essa idade, essas características essenciais são parte importante do desenvolvimento da história pessoal de cada indivíduo.

OS RITMOS DA PUBERDADE, DA SEXUALIDADE E DA ADOLESCÊNCIA

Em todas as culturas do mundo, os anos entre a infância e a idade adulta são considerados um período distinto da vida. Os cientistas observaram que se trata de um período distinto também no reino animal – cães e guepardos, papagaios e tentilhões passam pela adolescência como um estágio de vida perceptível. É possível que esse período adolescente, então, seja algo codificado em nosso material genético, ou seja, que esteja em nossos genes.

Duas mudanças ocorrem de forma universal na adolescência humana: a primeira é que, quando a puberdade chega, começamos a experimentar alterações físicas e emocionais; a segunda é que nos afastamos de nossos pais, começamos a sair mais com gente da nossa idade e tentamos fazer as coisas de maneiras diferentes.

Com a puberdade, os órgãos sexuais se desenvolvem e criam alterações nos níveis hormonais e nas características sexuais secundárias, como seios nas meninas e pelos faciais nos meninos. Para muitos de nós as sensações da sexualidade começam a surgir depois da puberdade. Começamos a nos sentir atraídos por outras pessoas de maneiras que podem ser intensas, maravilhosas e assustadoras ao mesmo tempo. A puberdade e a maturação sexual costumam marcar o início da adolescência. Para alguns indivíduos, as alterações cerebrais da adolescência podem ocorrer mesmo antes da puberdade, nos casos, por exemplo, de uma maturação sexual lenta.

Sempre que a puberdade ocorre, a nova sexualidade emergente desperta a fertilidade – a capacidade de se reproduzir. Cem anos atrás, o período entre o início da adolescência e o das responsabilidades adultas, como trabalho e a criação de filhos, era muito curto, cerca de alguns anos. Naquela época, a puberdade nas meninas aparecia por volta dos quinze ou dezesseis anos, e, logo depois, elas já estavam criando uma nova família. Hoje, o que mudou é que agora há uma duração maior entre a puberdade e o "fim da adolescência", uma transição que não tem um ponto final nítido. A época para começar uma nova família e estar empregado pode ser de uma ou duas décadas em muitas culturas modernas. Atualmente, com o início da puberdade em uma idade mais nova do que nunca – nas meninas, costuma ser antes dos treze anos –, e com o adiamento do início de uma família e das responsabilidades adultas, a adolescência atualmente está bem prolongada.

Se continuássemos fazendo as coisas como os adultos faziam nas gerações anteriores, estaríamos usando as mesmas estratégias antigas que podem não funcionar em um novo ambiente, criado por um mundo em constante alteração. Ao nos afastarmos dos adultos e andarmos mais com gente da nossa idade na adolescência podemos encontrar novas formas de lidar com o mundo e criar novas estratégias para viver. Na realidade do "adapte-se ou morra" da evolução, os adolescentes são nossa força adaptável.

Ainda que afastar-se dos adultos seja um comportamento universal, o que também pode ser característico da vida moderna é o número cada vez maior de adolescentes que respondem a esses desafios excluindo totalmente os adultos de suas vidas. Tanto para o adolescente quanto para o adulto, manter as linhas de comunicação abertas é o princípio mais básico para navegar bem nesses anos.

Mesmo assim, os adultos às vezes se esquecem de sua própria adolescência e se acomodam no *status quo*, sentindo-se mais confortáveis com as coisas como elas são. Embora, como vimos, essa sensação de familiaridade seja compreensível em uma vida estressante de responsabilidades adultas, também pode ser a causa de uma relação adulto-adolescente ser, às vezes, repleta de tensão. Adultos querem que as coisas permaneçam como estão; adolescentes têm o ímpeto de criar um novo mundo. Essa é a parte que pode dar lugar a motivos de intensa fricção, por vezes destrutiva, e que pode provocar sofrimento em todos, adolescentes e adultos.

Vamos explorar detalhadamente como as relações moldam nossa identidade enquanto deixamos as importantes relações de vínculo com nossos pais e passamos para as que começamos a cultivar com nossos iguais durante a adolescência. Conforme nos afastamos dos adultos durante esses anos começamos a nos associar bem mais com pessoas da nossa idade. A associação com nossos iguais durante essa época é vital para a nossa sobrevivência. Há segurança no grupo à medida que "deixamos o ninho" e nos ajudamos mutuamente a enfrentar esse novo mundo. Esse engajamento social elevado também nos ajuda a colaborar com nossos iguais, com quem vamos criar um mundo totalmente novo.

Ao longo da história humana permanecemos juntos como comunidades, com os adolescentes explorando e estabelecendo independência enquanto mantinham um leque de interações importantes e instrutivas com os adultos mais velhos. Esses fios de conexão estão tensionados no mundo atual e às vezes são cortados, o que resulta nas consequências negativas de isolamento e alienação. Fomos criados para viver em comunidade, para viver em conexão uns com os outros. Então, se o ato de se afastar dos adultos leva um adolescente a se isolar até mesmo de seu grupo de amigos, aquela desconexão total pode ser desorientadora. Lembre-se, é natural o adolescente se afastar dos outros; mas fechar-se totalmente para os outros não ajuda (nem é natural para) ninguém. A mensagem importante aqui é a de que é vital manter as linhas de conexão e de comunicação abertas e lembrar que todos nós – adolescentes e adultos – precisamos ser membros de uma comunidade conectada.

O ESTRESSE E A ANGÚSTIA DE NOSSA ADOLESCÊNCIA PROLONGADA

Recentemente, eu me reuni com um grupo de adolescentes e adultos para tentar descobrir novas abordagens em relação à educação e à internet. Para começar a conversa nos concentramos em como foram nossos anos de adolescência. Realizamos um exercício em grupo que consistia em dizer uma palavra que capturasse o sentido daqueles anos. Aqui estão as palavras que foram oferecidas ao grupo: isolado, louco, confuso, bagunçado, sozinho, apavorado, fora de controle, perdido e assustado.

Eu ofereci a palavra *desconectado,* que era o que sentia, e na hora imaginei se o termo era abstrato e intelectual demais, distante de minha própria experiência emocional ou da deles. Tal dúvida, como veremos depois, pode ser parte de nosso temperamento, como é o meu caso. Mas os anos de adolescência são repletos de uma sensação de incerteza. Por quê? Porque essa é uma época de enorme transição. Saímos da relativa segurança e familiaridade do ninho para um período temporário – que pode durar décadas – no qual não temos nenhum lar verdadeiro como base. Então temos dois motivos para a angústia: perdemos o familiar e o seguro e ganhamos o desconhecido e o perigoso. Você nunca sabe o que o espreita no mundo fora da sua casa, não é?

Por enfrentar tamanha renovação, a adolescência é uma época difícil. Pode ser desorientadora, perturbadora, desconcertante e angustiante. Podemos nos tornar desligados, desiludidos e desencorajados. Talvez você possa pensar em outros termos que descrevam esses estados "des", como a sensação de que está desaparecendo ou se desintegrando. Esses são os aspectos desagradáveis da transição da dependência e da vida da infância no ninho para os anos de venha-o-que-vier no mundo exterior antes da interdependência mais resolvida da vida adulta.

Uma fonte não apenas de conforto, mas de sobrevivência básica, é se identificar mais com seus iguais do que com seus pais, conectar-se com outros adolescentes e se afastar dos adultos. Ao tomar parte de um grupo adolescente você ganha companheirismo nesse caminho transitório, assim como a segurança do bando: os predadores ficarão intimidados com uma turma grande, e você pode se perder na massa do grupo. Isso explica em parte porque, para muitos adolescentes, adequar-se parece tão importante – é um resquício evolutivo de vida ou morte. Você pode se sentir confortado por pertencer a um grupo, sentir-se mais forte e até mesmo ser mais criativo na inteligência coletiva do grupo.

Embora a colaboração do grupo possa ser de fato uma fonte de inteligência coletiva, também pode fazer você se jogar de um penhasco ou dirigir rápido demais. Provavelmente é por isso que alguma forma de ligação continuada com os adultos e com as perspectivas adultas deles ainda existe nas culturas tradicionais, e mesmo entre nossos primos animais. Sem adultos por perto jovens adolescentes podem, literalmente, perder o controle.

Em muitas culturas o período da adolescência é marcado por um ritual de passagem culturalmente sancionado. Para os meninos, há geralmente uma sensação de perigo real e de correr riscos, com a conclusão bem-sucedida marcada por uma cerimônia de boas-vindas ao mundo adulto da responsabilidade. Para as meninas, a adolescência é uma época de reconhecimento da fertilidade, da capacidade de gerar filhos e de cuidar deles, então elas são recebidas na comunidade como novos membros, prontas a se tornar parte da geração adulta. Esses ritos de passagem são reconhecimentos oficiais dessa importante transição na vida.

Na cultura moderna, nossos rituais de passagem são frequentemente deixados de lado ou sua importância minimizada. Aparentemente, perdemos muitos de nossos meios comunais e sancionados de assumir riscos e de reconhecer a transição da infância para a idade adulta. Adolescentes humanos – e mesmo adolescentes de muitas espécies de mamíferos – deixam a casa e se afastam daqueles de quem são geneticamente relacionados. Há quem argumente que os benefícios biológicos de tal migração geográfica torna menos provável a mistura de genes similares entre nossos parentes. Do ponto de vista do grupo de seres humanos, é preciso haver uma separação clara da dependência da criança e da responsabilidade do adulto.

No entanto, devido a falta de empregos e o alto grau de incerteza sobre como participar da sociedade contemporânea, o período da adolescência pode ser, de muitas maneiras, ainda mais prolongado. Como as práticas culturais modernas não oferecem relações transitórias com adultos não parentais para ajudar a reconhecer e facilitar o período da adolescência, temos alguns desafios importantes como adolescentes em nossos tempos modernos. Isso pode ser algo que queiramos mudar no futuro em nossas práticas culturais em evolução.

Com essa perspectiva talvez possamos criar coletivamente um ritual cultural de passagem, uma maneira por meio da qual os adolescentes estejam conectados aos novos adultos, que possam ajudar a apoiá-los nas experiências de assumir riscos e de criar novidades, minimizando o perigo enquanto aprimoram o essencial da adolescência. Há muita força na centelha emocional desse período. E, com algum envolvimento adulto, o engajamento social durante essa importante época pode alimentar o impulso por novidades e explorações criativas. A questão-chave é como podemos, todos, trabalhar juntos, através das gerações, para respeitar o essencial da adolescência, descobrir e cultivar o poder oculto e o objetivo da mente adolescente.

TRANSIÇÕES DA ADOLESCÊNCIA E A IMPORTÂNCIA DE NOSSOS RELACIONAMENTOS

Ao mesmo tempo em que inicio essa conversa com você, vivo essas transições em minha vida. Fui atingido recentemente pelo peso e pela beleza de tudo na manhã em que minha filha se preparava para nos deixar e ir para a faculdade. Quero compartilhar essa experiência com você, pois espero que se identifique com ela, não importa se você é um adolescente ou um pai que esteja passando por essa situação.

O sol estava nascendo lentamente em um dia nublado nesta cidade desértica à beira-mar. Los Angeles é o lugar onde cresci, e aqui é onde minha esposa e eu criamos nossos dois filhos – agora com 22 e 18 anos de idade. As roupas estão dobradas e amontoadas ao longo das paredes do corredor diante do quarto de nossa filha. Acordo cedo nesta manhã, inquieto na cama, saio para a luz obscura e entro no corredor que, durante 18 anos, serviu como nossa passagem até o quarto dela.

Ela nasceu quatro anos e meio depois do irmão, cujo quarto, vazio desde que ele se mudou para a faculdade, há tempos se tornou o depósito de caixas de coisas para ser arrumadas e guardadas em seu armário como lembranças de anos agora passados. Muita coisa vem acontecendo em nossa família nos últimos meses.

O recente falecimento de meu pai, a primeira morte mais próxima em nossa família em décadas, marca o desdobramento das gerações com uma finalidade que destaca o fluxo dessa vida que nós chamamos de ser humano. A vida é uma mudança constante, continuamente movendo-se, não importa o quanto desejemos que as coisas permaneçam como são. Esse é o último dia em nossa casa antes que nossa filha pegue todas aquelas roupas empilhadas, coloque-as em malas e em caixas, depois no quarto de seu irmão e no carro, e então vá para a faculdade.

Tanta coisa acontecendo ao mesmo tempo que não consigo entender tudo. Penso em um querido amigo da família, um poeta irlandês chamado John O'Donohue, que morreu subitamente pouco depois de completar 52 anos. John era um autor consumado e perspicaz, e um filósofo que deixou para trás livros magníficos sobre a vida e o amor. Em uma entrevista dada pouco antes de morrer, perguntaram a ele se ainda havia algo que o perturbasse, algo com que não conseguisse lidar. John respondeu que, não importava o quanto pensasse, não importava o quanto escrevesse, tinha uma sensação incômoda de que o tempo era como areia fina que ele não conseguia segurar, por mais apertado que tentasse agarrar – ele simplesmente escoava por seus dedos.

É assim que me sinto agora. Tanta coisa acontecendo, tanta vida e morte e mudança e, não importa o que eu faça, não consigo me agarrar a nada. Simplesmente escoa para o tempo adiante, sempre avança.

Estar consciente, despertar para a importância de tudo isso, sentir seu peso, sentir a inevitabilidade dessas marés da vida, esse fluxo de nascimento, infância, adolescência, emergência para a vida adulta, transição, doença e morte. Ter consciência de nossa dependência uns dos outros, de nosso desenvolvimento individual desde os primeiros dias até a maturidade – seja quando isso for – para uma vida repleta de descoberta, conexão, crescimento e, então, dissolução. Quando John e eu lecionávamos juntos, ele sempre ria e dizia que "o nível de dor está caindo agora" e que "o nível de alegria está subindo rapidamente" quando nos cumprimentávamos depois de um longo tempo distantes. O amor preenche esses momentos com risada e luz mesmo em face dessa transitoriedade de nosso ser.

Quando eu era adolescente, primeiro comecei a brigar com algumas dessas noções de vida e morte, tentando entender como poderíamos viver tranquilamente a vida quando conhecíamos o peso de sua finalidade. As ruas dessa cidade eram o meu *playground*, por onde eu andava de bicicleta por horas refletindo sobre essa jornada maluca e sobre como deveríamos estar conscientes da realidade de o que significa estar desperto e ser humano. Voltei para cá depois de ter saído para me educar, retornando para essas ruas e para essa cidade costeira onde o litoral encontra a areia, deixando as ondas do mar serem minha companhia todos esses anos depois.

Nossos próprios filhos andaram por esses mesmos caminhos arenosos, suas pegadas tão leves e temporárias como as minhas décadas atrás. As ondas lavando nossos passos pela vida, as ondas chegando e partindo com o ciclo dos nossos dias. Suas alegrias de infância e suas tristezas, tão reais e vivas para eles como eram então para mim, como são para cada um de nós agora. Não importa nossa idade, estamos juntos nesta jornada da vida.

Sinto o peso do tempo de vez em quando. Isso é tristeza por ela estar indo embora? A tristeza pela morte de meu pai? Esse é algum sentimento de desamparo perante a incerteza de tudo, sendo que a única coisa certa na vida é a mudança? Também eu não consigo segurar a areia em minhas mãos, não consigo impedir o tempo de seguir em frente. Sento-me aqui, agora, repleto de tudo.

Olho as roupas de minha filha e também vejo na minha memória os brinquedos de uma garotinha neste mesmo corredor. Sinto o ritmo da música que eu e ela tocávamos em seus anos de pré-escola, quando às quartas-feiras eu tirava folga do trabalho para pegá-la na escola e então dançávamos a tarde toda. Nós girávamos no ritmo, seus pés dançando no ar, os meus agarrados ao carpete enquanto a girava e girava. "Mais... Mais... Mais!", ela pedia, e girando continuávamos até cair no sofá, exaustos, alegres, rindo juntos. Também posso ver uma menininha animada segurando sua blusa enquanto carrega os sapatos para o andar de baixo, amarra os cadarços e pega a lancheira seguindo para a porta da frente. Quando as consultas permitiam, eu corria para casa no fim do dia para ver aquela ilimitada energia de animação enquanto ela me contava como tinha sido seu dia. Eu voltava ao trabalho, onde veria as pessoas na terapia cujos vínculos com seus próprios pais eram geralmente cheios de conflitos. Trabalharíamos para definir suas vidas, suas histórias, suas lutas. E eu estaria trabalhando para definir a minha própria vida, para compreender a profunda importância de nossos relacionamentos.

Como encontramos um equilíbrio entre as nossas decisões pessoais de adolescentes e nossas preocupações e regras de pais? Estrutura com autoridade é como minha esposa e eu consideramos nossa estratégia de educação. Como podemos apoiar nossos adolescentes e, ao mesmo tempo, permitir que eles encontrem suas próprias vozes? E como podemos, ao mesmo tempo, estabelecer limites e precauções que nossos anos de vida nos ensinaram?

A ciência chamaria isso de "autoridade paternal", uma abordagem útil repleta de calor, definição de limites e respeito à autonomia de uma forma que seja adequada a cada idade. Tal postura também é a abordagem equilibrada do vínculo seguro: dar apoio enquanto se favorece a independência. Na verdade, o vínculo é essa maneira de fornecermos um porto seguro enquanto também encorajamos a exploração. O vínculo se trata tanto de segurança em casa quanto da segurança no mundo. Fazemos o possível para fornecer os elementos básicos do vínculo, deixando nossos filhos serem vistos, sentirem-se protegidos, terem tranquilidade e se sentirem seguros. É desta base de vínculo seguro que os adolescentes podem então navegar as águas brancas e furiosas dessa tumultuada jornada com as melhores esperanças de equilíbrio e agilidade.

Desde aqueles primeiros dias da infância de meu filho, depois de meu professor Bill ter sido morto por aquele adolescente viciado em velocidade, sempre pensei, no fundo, que fornecer um vínculo afetivo seguro seria o melhor que poderíamos fazer, como pais, para criar o tipo de autoconsciência em nossos filhos que minimizasse as chances de comportamentos destrutivos evitáveis como esse. Um desafio em uma vida ocupada, mas crucial. À medida que nossos filhos entravam na adolescência, aquela segurança da infância parecia desaparecer, ao menos na superfície, e ser substituída pela tensão emocional, rápida reatividade e o sentimento de desrespeito e de indiferença. Quando saíram estudos dizendo que muitos adolescentes experimentam mais angústia e estados emocionais negativos, fez sentido como as experiências de nossos próprios filhos estavam se revelando durante aqueles primeiros anos da adolescência. E como um jovem aluno certa vez me disse sobre o que tinha aprendido com sua própria adolescência, precisamos lembrar que os adolescentes estão mudando um bocado, e às vezes serão de um jeito, com um tipo de identidade, sentindo muitas coisas e intensamente; às vezes serão de outro, não sentindo nada e nem interagindo muito. "Apenas deixe-os ser quem são no momento, não quem você espera que devam ser", foi seu grande conselho.

Felizmente, as mudanças tectônicas emocionais e de identidade daqueles primeiros anos adolescentes dão lugar a um estado mais estável para muitos jovens, conforme acabam os anos finais do Ensino Fundamental.

O Ensino Médio é o campo final de testes para esses atos de equilíbrio de relacionamentos, testes de vínculos conosco e de novos vínculos afetivos com amigos. Ser pai de adolescentes é uma tarefa emocionalmente difícil quando se está diante da decisão de falar ou não falar, de restringir ou permitir, de abraçá-los em tempos de incerteza, de dar conforto quando as coisas não saem direito. Encontrar uma rede de relações de apoio para os pais parece crucial a fim de lhes dar o espaço de reflexão para atravessar a adolescência. Quando lembramos que em nosso passado evolucionário criávamos as crianças de forma colaborativa e a família, amigos ou outros indivíduos responsáveis e confiáveis de nossa tribo também cuidavam de nossos filhos, percebemos como é pouco natural criar um filho de forma isolada. Quanto à vida de aldeia para o adolescente, durante a época em que ele estava em confronto com os pais havia outros adultos na tribo a quem ele poderia recorrer em busca de segurança e de conexão. Mas quando o único adulto próximo é o seu pai, o caminho natural a traçar na adolescência vai totalmente na direção de outros adolescentes.

Conforme nos desenvolvemos, nossas necessidades por vínculo não terminam quando a infância emerge na adolescência. Transferimos essas necessidades por relações de apoio aos nossos amigos e parceiros. Precisamos ser *vistos* por nossos amigos, que servem como importantes figuras de vínculo em nossas vidas; precisamos nos sentir *protegidos* por eles; precisamos ser *tranquilizados* por eles e precisamos nos sentir seguros com eles. Minha esposa é a minha figura de vínculo, e eu sou a dela. Buscamos conforto um no outro em épocas de estresse e internalizamos o sentido do outro para obter um sentido de segurança interior ao longo do dia.

Os últimos três anos da adolescência de nossa filha foram um teste de paciência, para ela e para nós. Assim como aconteceu com seu irmão, esse período intermediário da adolescência é como uma preparação para a partida física e a separação emocional. Dos quinze aos dezoito anos nossa filha, como outros adolescentes durante esse período, passou a compreender os momentos de decisão na vida com maior clareza, e a sentir os conflitos como momentos para expressar sua identidade. Tanto ela como nós abandonamos o revirar de olhos e a intensa luta emocional sobre o que ela vai vestir, quanto tempo vai ficar fora e que filmes pode ver e com quem, em troca de um espaço de respeito mútuo onde podemos dizer o que nos deixa preocupados e ela pode expressar o que precisa, o que quer e o que pensa sobre essas decisões diárias e sobre grandes escolhas da vida.

Levou um tempo, mas depois de muitos conflitos cheios de lágrimas de ambos os lados aprendemos que, ao dizer o que se passava em nossas cabeças – o que cada um de nós estava pensando, sentindo, esperando, como estávamos vendo as coisas e o que estávamos ouvindo –, seríamos capazes de ouvir atentamente a vida interior do outro e a intenção por trás do que havia se tornado simplesmente proclamações de ação, se não declarações diretas de guerra. Isso é reflexão, isso é conversa reflexiva. Sem tais diálogos reflexivos, a experiência desses anos teria sido bem diferente.

As roupas de minha filha estão meticulosamente dobradas ao longo da parede do corredor; os planos dela para as próximas 24 horas, antes que seu irmão a leve no carro lotado até a escola, onde vamos encontrá-los depois de pegar um avião, já estão feitos e serão compartilhados na maior parte do tempo com suas amigas. Eu fico aqui, com os pés cravados no chão, os olhos grudados na porta dela, o coração assombrado por ela, por seu crescimento e pelo que ela se tornou. Ela está pronta para partir. Mas, como tantos pais neste momento, não tenho certeza se estou pronto para vê-la partir.

No papel de pais, fazemos o melhor que podemos. É útil pensar que às vezes, em mais de um terço de nós, pelo menos, há um trabalho relacional e reflexivo intencional e ativo a ser feito para trocar uma história de insegurança por uma vida presente de segurança. Tal presença consciente de nossa parte pode ajudar a levar integração para as vidas de nossos filhos, dar segurança a eles enquanto se afastam e prosseguem em sua adolescência, para que guardem as nossas melhores intenções e conexões que podemos oferecer. Esse é um presente que podemos dar a nossos filhos e que também podemos oferecer a nós mesmos.

A intenção e todo o esforço de viver, de aprender e de amar de dentro para fora que os pais cultivam em suas vidas familiares irão, na verdade, fornecer as experiências formativas para ajudar seus filhos a terem sucesso enquanto vivem bem sua adolescência e guardam sua essência conforme prosseguem em seus anos de maturidade. Se você é um adolescente se preparando para deixar sua casa ou se já está vivendo por conta própria, espero que saiba que existe a possibilidade de ter um lar seguro para onde voltar a hora que quiser, ou que você pode encontrar sua maneira de criar um que lhe servirá como base no futuro. Essa abordagem de dentro para fora é do que trata este livro: criar a base de segurança que nos capacite, como família, a transformar as mudanças e os desafios do período da adolescência em forças que usaremos juntos, conforme seguimos a jornada que é a nossa vida.

FERRAMENTAS DE VISÃO MENTAL 1

VER E DAR FORMA AO MAR INTERNO

Nas seções de Ferramentas de Visão Mental vamos explorar maneiras práticas de fortalecer a mente, de tornar o cérebro mais flexível e resistente, e de melhorar os relacionamentos. Como vimos na **Parte 1**, as mudanças na adolescência não são algo a se superar; são qualidades que realmente devemos manter a fim de viver uma vida significativa e plena na idade adulta. Os exercícios que faremos irão reforçar essas qualidades essenciais de viver bem ao longo de nossas vidas.

Neste primeiro exercício, vamos nos concentrar no que quero dizer com "visão mental". Visão Mental[3] é a capacidade de realmente "ver" ou conhecer a mente. É uma expressão que criei anos atrás, na faculdade de Medicina, quando descobri que muitos professores não tinham essa habilidade – ou pelo menos não a exerciam com seus pacientes e alunos. Precisava de uma expressão que me lembrasse de que ver a mente, ser empático, solidário e bondoso eram habilidades importantes em todas as relações, principalmente na relação entre médico e paciente. Quanto melhor for a nossa capacidade de entender o funcionamento de nossas mentes, mais saudáveis se tornam nossos mundos interiores. Isso acontece porque, quando concentramos a atenção na mente, conseguimos formar circuitos específicos no cérebro. A mente é totalmente "plástica" – moldável pela experiência –, e é possível levá-la na direção de mais saúde e harmonia em qualquer idade.

A visão mental inclui três habilidades básicas.

A primeira delas é a *percepção,* a capacidade de sentir sua própria vida mental interior. A percepção permite que você saiba quem é no momento atual, quem foi no passado e quem gostaria de ser no futuro próximo. A percepção relaciona passado, presente e futuro

---

3 *Mindsight*, no original em inglês. [N. T.]

e, portanto, inclui uma capacidade mental de viajar no tempo que pode lhe dar um senso total e nítido de quem você é.

O segundo aspecto da visão mental é a *empatia*, ou a capacidade de perceber a vida mental interior do outro. A empatia nos habilita a "enxergar" a partir da perspectiva da outra pessoa, de imaginar o que é estar no lugar dela. A empatia é a porta de entrada para a compaixão e a bondade, e também é o segredo para a inteligência social, já que nos permite entender as intenções e as necessidades do outro para que possamos interagir de maneira mutuamente satisfatória.

O terceiro aspecto da visão mental é a *integração*, a capacidade de relacionar diferentes partes de algo em um todo interconectado. A integração faz com que nossos relacionamentos sejam mais gratificantes na medida em que respeitamos as diferenças e promovemos conexões compassivas na maneira que nos comunicamos. A integração dentro de nós nos ajuda a relacionar os diferentes aspectos de memória, juntando nosso passado, presente e futuro de modo coerente para que tenhamos uma história de vida que dê sentido ao que somos. A integração também nos ajuda a relacionar diferentes aspectos do cérebro e do corpo para que sejamos saudáveis e funcionemos bem. A integração cria a coordenação e o equilíbrio em nossos mundos, o interior e o interpessoal. Ela é a base para viver uma vida saudável e, portanto, as habilidades de visão mental, com a percepção, a empatia e a integração capacitam-nos a deixar nossos corpos, nossos relacionamentos e nossas mentes saudáveis.

A camada mais externa do cérebro, o córtex, faz "mapas" ou padrões de disparos de neurônios – as células básicas do sistema nervoso –, que criam uma imagem ou representação de várias coisas. A parte posterior do córtex faz mapas do que vemos, e as áreas laterais fazem mapas do que ouvimos. Na área frontal fazemos todo tipo de mapa, incluindo um mapa de eventos passados e outro de possíveis experiências futuras. A parte mais avançada dessa área frontal, o córtex pré-frontal, faz um mapa da própria mente. É ali que sentimos e imaginamos os sentimentos, pensamentos e memórias de outra pessoa, entre os muitos aspectos de nossa vida mental. Eu os chamo de "mapas de visão mental" porque eles nos deixam perceber que os outros têm uma mente como nós. Quando sentimos a mente de outra pessoa, estamos fazendo em nossos cérebros um mapa do que imaginamos que seja a experiência mental interior daquela pessoa naquele momento. É essa capacidade de fazer mapas da própria mente e da mente dos outros que chamo de visão mental, uma habilidade importante que muda significativamente como enxergamos a nós mesmos. Visão mental é a principal habilidade no centro tanto da inteligência social quanto da inteligência emocional. E visão mental é algo que podemos aprender, e aprender bem, para deixar as nossas vidas mais fortes.

Todo mundo tem sentimentos, pensamentos e lembranças. Mas ter visão mental permite que tenhamos uma imagem, um mapa da mente, para que possamos usar aqueles sentimentos, pensamentos e lembranças de maneiras novas e úteis. A visão mental, por exemplo, nos capacita a ir além de estar triste ou estar zangado e a reconhecer que temos esses sentimentos de tristeza e raiva, ver que eles não são a totalidade de quem somos, aceitá-los pelo que são e, então, permitir que se transformem para que não sigam em direção à depressão ou à cólera e fúria. Um mapa da visão mental é um tipo de fotografia tirada dentro de nós da nossa vida mental interior – dos sentimentos, pensamentos e perspectivas – dos outros ou de nós mesmos.

OS TRÊS TIPOS BÁSICOS DE MAPAS DE VISÃO MENTAL

Temos mapas de visão mental de *mim* para a percepção, às vezes denominados de autoconhecimento ou consciência do autoconhecimento. Temos mapas de visão mental de *você* por empatia ou conhecimento do outro. Temos até mesmo um mapa de visão mental de *nós* pelo modo como pensamos, imaginamos, raciocinamos e nos comportamos sabendo que somos parte de um todo maior, parte de um "nós". Esse mapa de visão mental de nós nos capacita a viver com moralidade enquanto consideramos o bem social maior. Percepção, empatia e moralidade emergem do mapeamento da visão mental em nossos cérebros.

Como adolescentes, podemos traçar esses mapas de maneiras novas e diferentes. Quanto mais aumentamos nossa capacidade de fazer esses mapas de visão mental de mim, de você e de nós, mais livres, repletas e flexíveis serão nossas vidas. Um aspecto importante de nossa jornada durante a adolescência é desenvolver uma maneira mais intrincada de entender a nós mesmos e aos outros.

A visão mental é uma técnica, mas não precisamos ir a um campo de treinamento para começarmos a formar essa importante capacidade integradora em nossas vidas. Podemos simplesmente começar a praticar regularmente a reflexão e as conversas reflexivas que vamos explorar ao longo das seções de Ferramentas de Visão Mental. Uma das coisas mais excitantes para lembrar quando nos propusermos a aprender essas habilidades é que a ciência sugere que esse treino aumenta as conexões entre os neurônios, que ajudam a criar no cérebro um conjunto de circuitos mais integrados. Esses circuitos integrados apoiam como equilibramos nossas emoções, focamos nossa atenção, entendemos os outros e a nós mesmos, abordamos os problemas e interagimos com as outras pessoas. É por isso que é tão importante criar a integração. As habilidades da visão mental formam integração no cérebro.

Como vimos, aprender as habilidades da visão mental significa três coisas. Uma é ver a própria mente para a percepção. A segunda é ver as mentes dos outros para empatia. E a terceira significa integrar nossa própria mente com a dos outros. Isso é a visão mental em poucas palavras.

VENDO DENTRO DO MAR INTERNO

Quando refletimos sobre o que está acontecendo dentro de nós, em nossa vida mental subjetiva interior, desenvolvemos o mapeamento da visão mental dos circuitos do cérebro. É isso mesmo. Conforme praticamos as habilidades da visão mental, ativamos esses circuitos pré-frontais e os ajudamos a se fortalecerem. Já que essa região do cérebro ajuda a coordenar e a equilibrar nossas vidas interior e interpessoal, desenvolver habilidades da visão mental pode ajudá-lo a entender o que está ocorrendo e a fazer funcionar melhor o que estiver ocorrendo.

Mas como fazer as coisas com a consciência de nossa mente, como nos tornar conscientes de nossa própria vida mental subjetiva e como fazer mapas de visão mental de nosso mar interior pode mudar a estrutura física de nossos cérebros? Isso é possível graças a um processo denominado neuroplasticidade, isto é, o modo como o cérebro muda suas conexões em resposta às experiências. E experiência, aqui, significa como você foca a sua atenção. Quando prestamos atenção em nossa vida mental interior fazemos crescer aquelas importantes fibras que nos ajudam a entender os outros e a nós mesmos. É isso o que mapas de visão mental podem fazer por nós. Eles ajudam a iluminar o mar dentro de nós mesmos e dos outros.

Mas o que é esse mar mental interior?

Esse rico mundo interior inclui sentimentos, pensamentos, percepções, memórias, imagens e sensações, assim como intenções, atitudes, crenças, esperanças, sonhos e desejos. Embora essa seja uma longa lista de processos mentais interiores, você pode imaginar que haja ainda mais coisas em nosso mar mental interior do que podemos estar cientes, como motivações, anseios e impulsos.

Essas atividades mentais, que configuram o conteúdo de nossa vida mental, podem ocorrer mesmo sem termos consciência delas. Mas quando prestamos atenção nessas experiências internas, quando as colocamos na consciência, algo muito importante acontece. Quando nossas vidas mentais se transformam em algo do qual estamos cientes, podemos desenvolver a habilidade da visão mental de sentir esse mar interno e de mudar nossa vida interior para uma direção positiva.

Como a visão mental pode realmente mudar nossas vidas mentais? Para saber como isso pode acontecer e aprender a fazer com que aconteça, precisamos saber o que é a mente. Se esse for um tema de seu interesse, por favor, leia uma exploração aprofundada sobre a mente em meu *Guia de Bolso para a Neurobiologia Interpessoal,* no qual discuto em detalhes o que vamos tratar aqui de forma prática. Se você quiser explorar como essas habilidades podem ser usadas para enfrentar os vários desafios ao longo da vida, consulte os vários exemplos em meu livro *Mindsight* (publicado em português sob o título *O Poder da Visão Mental: o caminho para o bem-estar*).

O que é a mente? Não há uma resposta única a essa pergunta. Na verdade, muitos campos científicos não têm resposta a essa indagação simples, mas difícil. Por mais estranho que possa parecer, é verdade. Aqui vamos explorar as aplicações práticas do que eu acho que é a mente de maneira que, espero, irá fortalecer a sua vida.

Embora o termo "mente" seja frequentemente usado para se referir a nossa experiência subjetiva de vida interior e ao processo de estar consciente ou ciente, a mente também regula o fluxo de energia e de informações. A mente regula tanto como a energia se move dentro de nós (energia pessoal) como entre nós e os outros (energia relacional). E já que essa regulação exige tanto monitoramento quanto modificação, a mente rastreia e muda a forma como determinadas energias e informações fluem ao longo do tempo. Uma representação ou mapa mostra o padrão de energia referente a uma imagem, memória ou pensamento específico no que é chamado de fluxo de informações.

Reconhecer o papel da mente na formação e regulação da energia nos permite aprender a dirigir seu fluxo de modo positivo. A fim de seguir em uma direção saudável, devemos engajar nossas mentes na integração – ligando diferentes aspectos de nossos mundos interior e interpessoal em um todo mais harmonioso e funcional.

É importante observar que: (1) a mente afeta não apenas nossos processos internos, mas também nossas relações com os outros e (2) a mente é um processo regulatório auto-organizador que nos capacita a sentir e depois a moldar como a energia flui dentro de nós e com os outros. É assim que as atividades mentais são formadas.

O que são, na realidade, as atividades mentais? O que todas elas têm em comum?

Atividades mentais, como sentimentos e pensamentos, podem ser descritas como padrões de energia e de informações que fluem dentro de nós. A energia chega de muitas formas, como a luz que nos permite enxergar essas palavras ou a energia do som que usamos para escutá-las. No cérebro, íons fluindo para dentro e para fora das membranas de suas células básicas, os neurônios, conduzem à liberação de elementos químicos que permitem que esses neurônios se comuniquem uns com os outros. Isso é energia eletroquímica. Em seu nível mais básico, não importa a forma, a energia é a capacidade de fazer coisas.

Certos padrões de energia contêm informações. Quando padrões de energia contêm informações, indica que o padrão significa algo além da mera sensação da própria energia. Quando escrevo "Ponte Golden Gate", aquela energia da luz das letras ou das ondas sonoras para ouvir as palavras não é a ponte construída sobre a Baía de São Francisco. As palavras são sim transmitidas em padrões de energia, mas são padrões que contêm informações. "Informação" é quando o fluxo de energia representa algo – ele *re*presenta algo para nós. E esse movimento através do tempo, esse fluxo que estamos dizendo ser um aspecto da mente e a forma como muda ao longo do tempo é energia e informações.

A percepção nos permite sentir esse fluxo de energia e informações dentro de nós. Como vemos esse mundo interior? Começamos a sentir o fluxo de energia e de informações direcionando nossa atenção para dentro. A atenção, aliás, é definida na forma como direcionamos o fluxo de informações. Prestar atenção à nossa vida mental interior conscientemente, então, significa que orientamos a informação de nossa mente até a consciência. Com consciência podemos aprender a navegar em nosso mundo interior, a ver claramente e a nos mover facilmente dentro desse mar interno. É assim que a visão mental nos capacita a desenvolver maior compreensão e força interior.

EXERCÍCIO DE VISÃO MENTAL A: PERCEBER E FILTRAR A MENTE

Neste exato momento, tente fechar os olhos e simplesmente se perguntar: o que estou *sentindo* agora em meu corpo? Você pode sentir tensão em seus músculos ou sentir seu coração batendo, seus pulmões respirando ou simplesmente um acúmulo de sensações do corpo como um todo.

Que *imagens* aparecem em sua mente? As imagens podem assumir muitas formas, incluindo as visuais, que são familiares. Mas você também pode ver imagens de sons e toque, uma imagem de uma época de sua vida ou de alguma esperança para o futuro. Pode ser difícil colocar em palavras algumas imagens, mas não se preocupe com isso – o que importa agora é apenas tomar consciência dessas experiências mentais interiores.

E que *sentimentos* estão dentro de mim? Emoções podem envolver sensações físicas, mas elas também ligam nossos corpos aos nossos pensamentos, a nossas lembranças e percepções. Tornar-se consciente de seus sentimentos emocionais pode enchê-lo de uma energia difícil de nomear, mas tudo bem. Apenas tomar consciência de seu estado emocional é um ótimo momento para começar.

E agora, que *pensamentos* estão passando pela minha consciência? É engraçado, mas ninguém sabe exatamente o que é um pensamento ou o que é pensar! Então não se preocupe se for difícil definir o que quer dizer quando diz isso ou aquilo. Alguns experimentam uma voz interior que conseguem ouvir, outros apenas uma sensação sem palavras. A forma como os pensamentos surgem não importa; você só precisa se permitir estar ciente do que lhe vem agora à mente.

Esse é o modo básico de como podemos filtrar o mar interno para ver o que está acontecendo. Quando filtramos as nossas mentes, checamos internamente as sensações, imagens, sentimentos e pensamentos que ocorrem dentro de nós a qualquer momento. "Filtrar" é um termo correto para descrever o processo, é claro, porque todas as muitas sensações, imagens, sentimentos e pensamentos que podem surgir na consciência costumam estar ligados uns aos outros em um processo de livre fluxo.

Não precisamos nos preocupar em descrever essas experiências interiores com palavras; ficarmos conscientes de nosso mundo interior é o componente essencial para essa prática de filtrar. Conforme nos familiarizamos com ela, podemos tentar registrá-la como base para futuras explorações.

VISÃO FÍSICA DO MUNDO MATERIAL *VERSUS* VISÃO MENTAL DO MUNDO INTERIOR

A forma como interagimos no mundo pode ser dividida em duas visões da realidade: a visão da mente, que chamamos de mental, e a visão da natureza física do mundo dos objetos. A vida moderna geralmente depende mais da visão física do que da visão mental interior. Essa falta de atenção sobre o mundo interior subjetivo é preocupante, pois não enxergar a mente pode fazer com que as pessoas tratem os outros sem respeito ou compaixão. Já que nossas experiências formam quem somos, em casa com a família ou com os amigos, na escola com os professores e os colegas, e em nossas interações com o mundo social mais amplo da cultura e da sociedade, como percebemos essas experiências pode promover a visão mental ou desencorajá-la. Então, se a maior parte dessas experiências é externamente focada, aproveitando apenas nosso sistema perceptual físico-objeto, então não estaremos desenvolvendo nossas habilidades para ver e moldar o mundo pessoal de nosso interior e nossa vida interpessoal.

Quando fechamos um olho conseguimos enxergar o mundo em apenas duas dimensões. Depois, com ambos os olhos abertos, podemos enxergar em visão binocular as três dimensões que nos cercam. Essa mudança na percepção de 2-D para 3-D é uma analogia sutil sobre como nos movemos da visão de objeto para a visão da mente. Quando temos a visão mental, enxergamos a mente dentro de nossas vidas humanas em suas dimensões totais. Sem ela, nossa percepção é limitada ao nível da superfície de espaços físicos cheios de objetos que nos cercam, e não enxergamos o mar interno.

Certa vez comecei a trabalhar com alguém que estava com uns 90 anos, alguém a quem chamarei de Stuart e que, infelizmente, não possuía a capacidade de visão mental. Ele vivia a maior parte do tempo em uma realidade fisicamente definida e plana. Stuart não estava preparado para enfrentar alguns dos muitos desafios e mudanças em sua vida naquela idade, incluindo as doenças que apareciam nele e em sua esposa de 65 anos. À medida que aprendeu as habilidades de visão mental, sua vida se tornou mais completa e livre e agora está imbuída de um profundo sentimento de gratidão e alegria.

Como Stuart pôde aprender uma nova habilidade? Ao concentrar sua atenção, ele conseguiu estimular a atividade de seu cérebro de novas maneiras, e quando o cérebro é ativado pode mudar as conexões entre os neurônios de forma útil. Focar a mente pode alterar a estrutura do cérebro, não importa a sua idade.

Conforme avançamos na vida, o cérebro pode ser o responsável pela direção que tomamos. Para Stuart, isso significava viver em um mundo plano com o qual se acostumara. Seu cérebro era o chefe. Nossos cérebros podem criar comportamentos, pensamentos e respostas automáticas. O cérebro pode mandar no *show*, certamente. Mas nossas mentes podem fazer com que nossos cérebros se excitem e cresçam a partir das novas formas que escolhemos. Isso parece bem louco, mas é verdade. A ciência tem mostrado claramente que o modo como orientamos a nossa atenção desenvolve nosso cérebro de formas específicas. Surpreendentemente, quando aprendemos a ver dentro do mar interno com mais profundidade, podemos usar a mente para alterar o cérebro para uma função e estrutura mais integradas. Integração no cérebro é o que cria saúde e flexibilidade na vida.

Esse é o segredo do poder da visão mental. Podemos aprender as habilidades que possam nos colocar no banco do motorista na nossa jornada de vida. Podemos fazer isso compreendendo o cérebro, como veremos na **Parte 2**, e aprendendo a usar a comunicação com os outros de uma forma mais eficaz, como veremos na **Parte 3**. E podemos aprender as habilidades para enxergar a mente mais nitidamente para que possamos moldá-la como escolhermos, e para que ela possa alterar as descargas cerebrais e mesmo as conexões físicas que compõem sua rede. É o que faremos em todos esses exercícios para formar a visão mental.

Se passarmos bastante tempo aprendendo a tocar um instrumento musical, isso instigará as partes ativadas do cérebro a se desenvolver. Se passarmos muito tempo concentrando nossa atenção em um esporte, as regiões do cérebro envolvidas nessa atividade atlética vão crescer. Da mesma forma, os tipos de mídia social e *videogames* que usamos na internet também vão moldar nossos cérebros. A boa notícia é que, com equilíbrio, o cérebro pode aprender muitas habilidades, não apenas uma. O segredo é encontrar coisas que amamos e desenvolver essas paixões em nossas vidas. Reservar algum tempo todo dia para ver dentro do mar interno vai nos ajudar a aprimorar nossos circuitos de visão mental.

EXERCÍCIO DE VISÃO MENTAL B: VISÃO MENTAL ILUMINADA

Olhe em volta e localize um objeto inanimado, como uma cadeira ou uma pedra. Caso você esteja fora de casa, veja se consegue perceber algo se movendo, como uma nuvem ou corrente de água. Agora tente ver as pessoas andando pela rua, em um programa de televisão ou em uma fotografia, e imagine-as apenas como objetos movendo-se pelo espaço, objetos sem uma vida mental interior. Essa é sua visão física, que lhe permite perceber as características da superfície dos objetos. Agora acione a sua visão mental, olhe para aquelas mesmas pessoas e imagine o que elas poderiam estar sentindo em suas mentes.

A energia que recebemos dessas mesmas imagens de pessoas pode ser processada dentro de nós de duas maneiras. Podemos vê-las apenas como imagens de objetos – esse é o nosso sistema de percepção física que faz um mapa do mundo físico no tempo e no espaço. E podemos acionar o sistema de percepção da visão mental, que nos capacita a mapear a mente da outra pessoa. É assim que podemos "enxergar", ou sentir, a vida mental interior do outro.

Se você nunca praticou olhar ao seu redor com a visão mental, isso pode ser novo para você, então, por favor, seja paciente. Se já conhecia isso, sempre há novas habilidades a desenvolver conforme avançamos. E se você já passou bastante tempo sentindo a mente, essa será uma grande revisão e um reforço para suas habilidades.

EMPATIA

Quando usamos nossas habilidades para fazer mapas de visão mental de nós mesmos chamamos a isso de *percepção*. Quando usamos essa mesma habilidade para sentir e respeitar a vida mental interior de outra pessoa, para fazer um mapa da visão mental do outro, isso pode ser denominado compreensão compassiva ou simplesmente empatia. O modo como cultivamos a empatia pode fazer a diferença entre uma relação gratificante para ambos ou frustrante e insatisfatória.

Mas o que, exatamente, é uma relação?

Quando você fala com uma amiga está enviando energia na forma de moléculas de ar que se movem de você até ela. O tímpano dela capta aquela energia e o nervo em seu ouvido traduz essa energia de moléculas de ar em movimento em energia eletroquímica, que flui até o cérebro. Os padrões daquele fluxo de energia contêm informações que significam os sons que você está enviando, as palavras com significados ligados a elas. Porque vocês falam a mesma língua, sua amiga recebe a informação nos padrões de energia enviados por você. A energia e o fluxo de informações compartilhado entre as pessoas são como de fato nos comunicamos uns com os outros.

Portanto, uma relação pode ser definida como o *compartilhamento* de energia e do fluxo de informações.

Quando esse compartilhamento inclui informações sobre a própria mente, quando você está interessado no que está acontecendo dentro do mar interno de sua amiga, você está *sintonizando* a vida interior dela. Essa harmonização é como você cria um mapa de visão mental dela dentro de você. E esse é o aspecto essencial da empatia.

Em vez de simplesmente reagir às coisas físicas que alguém faz com seu comportamento, a visão mental permite que você mapeie a vida mental interior de seus amigos, revelada pelos sinais que eles enviam fisicamente, pela comunicação deles. A visão mental permite que você sinta a mente que está criando o comportamento.

Você deve ter notado que há três elementos da comunicação relacional. Um é sentir o que está acontecendo entre você e a outra pessoa. O segundo é estar em contato com o que está acontecendo dentro de você, ou percepção. O outro é o que está acontecendo dentro da outra pessoa, ou empatia. Para o sentido do "entre" de sua relação, você pode sentir como a comunicação está acontecendo entre você e a outra pessoa. Isso significa que os sinais que estão sendo enviados combinam com os que estão sendo recebidos. A pessoa escuta o que você está dizendo realmente? Está prestando atenção em você ou está distraída? Ela está tentando entender o que você diz? E será que essa amiga está fazendo um mapa interno de quem você é e de sua mente, e não só do seu comportamento? Quando percebemos que a outra pessoa sente nossos sentimentos, isso pode ser denominado "sentimento sentido". Esse sentimento é um dos aspectos mais importantes de uma relação próxima e de apoio.

No lado da empatia dos relacionamentos podemos mapear essas experiências mentais interiores que imaginamos que estejam acontecendo a partir dos sinais que estamos recebendo das outras pessoas. Esses sinais incluem o que elas dizem com palavras e sinais não verbais, que incluem contato visual, expressões faciais, tom de voz, postura, gestos e toques, além da duração e intensidade das respostas. Tais sinais não verbais costumam ser um indicador direto do que está acontecendo na mente antes e além do mundo das palavras. Prestar bastante atenção a esses sinais pode ser o segredo para fazer mapas de visão mental da mente de outra pessoa.

EXERCÍCIO DE VISÃO MENTAL C: EMPATIA

Concentrar-se em sinais não verbais pode nos dar uma sensação interior difícil de expressar em palavras, mas é uma forma importante de acionar nossos circuitos de visão mental. Um exercício divertido é tentar desligar o som de um programa ou filme na televisão e ver se conseguimos absorver os sentimentos transmitidos pelos sinais não verbais na tela. Tente fazer isso com um filme em uma língua estrangeira que lhe é desconhecida, sem legendas, e deixe o som ligado para absorver o tom da voz dos personagens na história. Apenas deixe sua mente esquadrinhar o mundo imaginado do personagem, explorando em seu próprio mapeamento de visão mental quais poderiam ser as sensações, imagens, sentimentos e pensamentos dos personagens em cada cena. Não se preocupe em acertar. Apenas no ato de imaginar a mente de outra pessoa você ativa as regiões pré-frontais em seu cérebro que serão fortalecidas por esse exercício de perspectiva ao tentar ver através das lentes mentais de outra pessoa.

INTEGRAÇÃO

Visão mental não é apenas a capacidade de sentir o mar interno dos outros com a empatia, ou o nosso com a percepção; visão mental também cultiva a integração, uma habilidade que nos capacita a coordenar e equilibrar nosso mundo interior e o dos outros, e os relacionamentos que temos uns com os outros.

O que realmente significa a integração e por que ela é capaz de processar clareza da confusão, calma do caos?

A integração é a ligação de partes diferentes de algo. Quando estamos integrados dentro de um relacionamento, por exemplo, respeitamos as diferenças entre nós e o outro. Então promovemos a ligação por meio da compreensão compassiva e da comunicação. No cérebro, a integração ocorre quando respeitamos as diferenças entre as suas regiões superior e inferior, e então as relacionamos; ou entre o nosso hemisfério esquerdo e direito, e então os colocamos em contato.

Quando estamos integrados, um sistema como um relacionamento ou um sistema nervoso com seu cérebro e corpo se torna um fluxo flexível e harmonioso. A integração cria harmonia. A integração é criada quando as partes de um sistema ganham a permissão para ser únicas e especializadas, como você e eu em um relacionamento ou como membros de um coral cantando harmoniosamente. As partes diferenciadas retêm seus aspectos únicos e também se tornam conectadas. O hemisfério esquerdo e o hemisfério direito do cérebro funcionam de maneira coordenada e equilibrada, e a comunicação entre você e eu respeita as diferenças e promove a conexão compassiva para que nossa relação floresça.

Caso a diferenciação ou a ligação não ocorram, algo muito específico acontece. Quando a integração é bloqueada um sistema se move em direção a um ou a ambos os possíveis extremos: caos, de um lado; rigidez, do outro.

Penso nisso como um rio. O fluxo central é criado da integração e da harmonia. Uma margem fora desse fluxo harmonioso central é o caos; a outra é a rigidez. Quando as coisas estão caóticas, estão fora do controle, malucas, exasperadoras e são totalmente imprevisíveis. E quando as coisas estão rígidas estão presas, imutáveis, monótonas e são totalmente previsíveis. A vida tem um movimento natural para a frente e não deve ficar empacada nas margens do caos e da rigidez conforme navegamos pelo rio da vida, o rio da integração.

Você pode estar se perguntando: "Onde ocorre essa integração?". E pode estar imaginando: "O que, exatamente, está sendo integrado?".

Ótimas questões. A integração ocorre dentro de você e entre você e os outros. É onde a mente está – dentro de nós e entre nós. A mente é tanto incorporada quanto relacional. Então, o que está sendo integrado? Os elementos centrais da mente conforme os definimos: energia e informações.

O rio da Integração

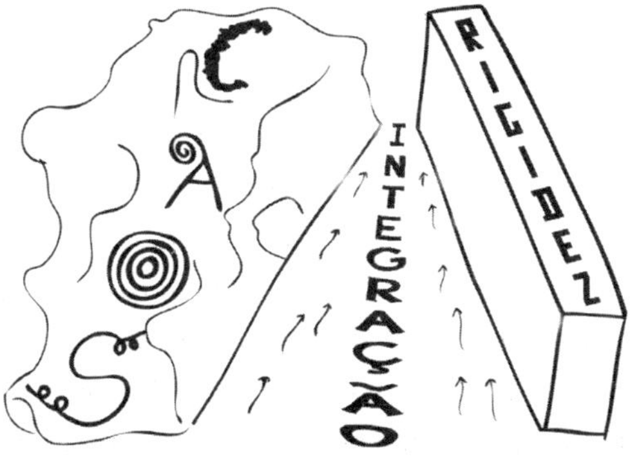

O rio da integração representa o movimento de um organismo ao longo do tempo. Quando o organismo está integrado, é adaptativo e harmonioso em seu funcionamento. Quando a ligação de elementos diferenciados (integração) não ocorre, o organismo se move para a rigidez, para o caos, ou para uma combinação de ambos. (SIEGEL, Daniel J. *Mindsight:* The New Science of Personal Transformation. EUA: Bantam Books, 2010. DE LANGE, Brigitte. *Mind Your Brain*. 1. ed. EUA: Createspace Pub, 2015. Inc. adaptado com permissão.)

O processo da visão mental implica a percepção, com a qual olhamos para dentro e respeitamos as nossas experiências diferenciadas e as ligamos dentro da consciência. A visão mental inclui a empatia, com a qual respeitamos nossas diferenças com os outros e fazemos mapas de nossas mentes dentro de nossa própria personalidade diferenciada. Isso é relacionar partes diferenciadas dentro de uma relação empática. E assim podemos ver como a percepção e a empatia naturalmente apoiam a terceira força básica da visão mental para promover a integração. Onde? Dentro e entre.

Eis outra surpreendente descoberta. As pessoas que usam suas mentes para refletir sobre a natureza interior de suas vidas mentais desenvolvem circuitos no cérebro que ligam áreas bastante separadas. Essa ligação, denominada "integração neural", cria a coordenação e o equilíbrio do sistema nervoso. Outro termo que alguns pesquisadores costumam usar para isso é "autorregulação". No sistema nervoso, a regulação é criada por meio da integração neural. E as pessoas que desenvolvem a habilidade de visão mental promovem não apenas a autocompreensão e a empatia, como também criam integração e regulação dentro de si mesmas, dentro de suas relações e dos outros.

Se usarmos ativamente nossa atenção para explorar o mundo interior, começamos a perceber como a visão mental pode ter efeitos positivos que ajudam a tornar a vida, principalmente durante a adolescência, uma experiência mais positiva.

Como veremos na próxima parte, o crescimento do cérebro adolescente tem a ver com os níveis crescentes da integração neural. Então, com esses exercícios que cultivam a visão mental, nós realmente estaremos criando mais integração em nossos próprios cérebros e nos dos outros!

Quando aprendemos a usar as habilidades de visão mental, aprendemos a concentrar nossa atenção de uma maneira que desenvolve as fibras importantes no cérebro que ligam áreas bastante diferenciadas umas às outras. Você poderá ver essa ideia repetida aqui: a visão mental é uma maneira de focar a atenção que integra o cérebro! E é por isso que aprender habilidades da visão mental é algo tão poderoso para se fazer em qualquer idade.

EXERCÍCIO DE VISÃO MENTAL D: SENTIR A HARMONIA DA INTEGRAÇÃO

Para essa prática você vai aprender a detectar vários estados de integração. Quando um relacionamento entre você e outra pessoa, ou com você mesmo, em determinado dia, está funcionando bem, você consegue sentir a sensação de conexão? Tente observar como um estado de harmonia tem as qualidades de ser flexível, adaptativo, conectado, energizado e estável. Se você estiver considerando sua conexão com outra pessoa, veja se consegue sentir como suas diferenças estão sendo respeitadas e a comunicação compassiva está sendo cultivada entre vocês. Caso esteja focado em sua própria vida interior, veja se nesse momento harmonioso ativou diferentes aspectos de si mesmo para serem respeitados e então conectados pelo modo como reservou tempo para as suas várias necessidades. Por exemplo, em minha vida, como muitas pessoas, tenho diferentes estados de espírito, diferentes "partes" de mim mesmo com necessidades diferentes. Uma parte gosta de ser social, enquanto outra parte realmente ama e precisa de solidão. O que posso fazer? É literalmente impossível satisfazer minhas necessidades distintas ao mesmo tempo. Então, a solução para criar harmonia em minha vida é estabelecer um tempo durante o dia em que cada uma das necessidades em conflito possa ser satisfeita separadamente. Essa coordenação e equilíbrio de minhas várias necessidades criam uma profunda sensação de ser **f**lexível, **a**daptável, **c**onectado, **e**nergizado e **s**eguro dentro de mim. Se você gosta de acrônimos tanto quanto eu, vai gostar de saber que esse grupo de palavras forma a palavra FACES, e é esse fluxo de FACES que descreve um estado harmonioso integrado.

QUANDO A INTEGRAÇÃO NÃO ESTÁ PRESENTE: CAOS OU RIGIDEZ

A visão mental nos habilita não apenas a detectar a integração e a harmonia, mas também a sentir quando a integração não está ocorrendo. Todos nós temos momentos em que perdemos a paciência; momentos em que dizemos coisas que não deveríamos dizer; em que reagimos de forma negativa e às vezes ofensiva. Somos todos humanos. O segredo para viver uma vida integrada é adotar a realidade humana desses momentos de integração debilitada e repará-la, assumir a responsabilidade pelo feito, reconhecer essas ações e seguir em direção a um modo mais integrado de estar de volta ao caminho certo e reparar a conexão com nós mesmos e os outros. Quando percebemos – como acontece com muitas pessoas nas oficinas que realizo, com pacientes que trato ou com meus amigos – que estar desconectado é ruim e fazer uma nova conexão é bom, isso nos faz perceber o sentido de harmonia interior que surge com a integração. Quando o seu organismo – que também é o seu corpo, cérebro *e* suas relações – respeita as diferenças e promove conexões, quando cria integração dentro de nós e entre nós, essa é a harmonia da integração. É uma boa sensação.

Quando não se consegue equilibrar o fluxo de energia e de informações que, nesse estado não integrado, encontram-se no caos ou na rigidez, nossos mundos interior e interpessoal não são muito agradáveis, para dizer o mínimo. Internamente, sentimos como se tivéssemos perdido a cabeça. Em nível interpessoal, podemos nos sentir descontrolados e assustadores não apenas para os outros como para nós mesmos. Essas explosões emocionais são momentos em que "perdemos as estribeiras" ou "fazemos a coisa errada". As ações que podem acontecer nessa situação não são, necessariamente, "a verdadeira pessoa revelada", como argumentam alguns. Elas são as áreas mais antigas do cérebro – nossos circuitos primitivos de mamíferos e antigos cérebros reptilianos, como veremos na **Parte 2** – agindo sem a supervisão da região pré-frontal.

Para alguns, o período entre o evento de desencadeamento e essa reação desproporcional pode ser bem curto. Essas pessoas precisam trabalhar para identificar os sinais internos que revelam o início de uma reação desproporcional. Para outras, o período pode ser mais longo, embora a consciência de que um processo de desintegração está se desenrolando, levando à debilitação do córtex pré-frontal e nos deixando malucos, simplesmente pode não ser acessível. Em retrospecto, o desencadeamento pode ser compreendido, mas não enquanto está acontecendo.

EXERCÍCIO DE VISÃO MENTAL E: NOMEAR PARA DISCIPLINAR

A percepção de estados desintegrados de reação desproporcional começa com a autorreflexão da visão mental. O que desencadeou esse estado? Qual é o significado daquele ponto que provocou essa reação? Quais foram os sinais que lhe permitiram saber que algo estava sendo desencadeado? Quando você assumiu a reação desproporcional fez uma pausa e, se possível, deixou o local? Conseguiu cautelosamente diminuir a caótica inundação de seu sistema nervoso ou desligar a rigidez? Beber um copo de água, fazer um alongamento, tomar ar fresco e andar pela sala são maneiras de alterar seu estado presente de agitação ou retração.

É claro que se você for o recipiente de tais estados de reação desproporcional poderá fazer pouca coisa naquele instante além de se afastar da situação. Fora do calor do momento pode ser extremamente útil batizar esse processo de "reação excessiva" ou "perder as estribeiras". Esses são estados reativos, distantes do estado receptivo de que precisamos para nos conectar com os outros verdadeiramente. E, portanto, declarar "estou reativo agora, preciso de um tempo" é melhor do que simplesmente explodir.

No cérebro, nomear uma emoção pode ajudar a acalmá-la. É aqui que encontrar palavras para rotular uma experiência interior se torna realmente útil. Chamamos a isso de "nomear para disciplinar". Às vezes esses estados de reação excessiva não são apenas desagradáveis e confusos – eles tornam a vida horrível. Se for o que está acontecendo, fale sobre isso. Dividir sua experiência com outras pessoas geralmente pode tornar momentos aterradores compreensíveis em vez de traumatizantes. Seu mar interno e seus relacionamentos interpessoais vão se beneficiar se você der um nome ao que está acontecendo e promover mais integração na sua vida.

EXERCÍCIO DE VISÃO MENTAL F: DETECTAR O CAOS OU A RIGIDEZ E EQUILIBRAR A MENTE

Tente lembrar de uma época em que sua vida ficou repleta de caos ou de rigidez. Pode ter sido durante a interação com outra pessoa, quando você sentiu o caos de ser inundado com emoções como raiva, tristeza ou medo. Ou pode ter sido uma época de rigidez, na qual um pensamento repetitivo o incomodou ou você se sentiu afastado das interações com os outros. Se essa lembrança se origina em um incidente específico, você consegue detectar o evento desencadeador que possa ter feito parte de uma experiência não integrada? A diferenciação não estava ocorrendo, como no caso de uma pessoa ficar insistindo que as coisas fossem feitas do jeito dela, sem respeitar o seu ponto de vista? Ou a relação estava ausente e você se sentiu ignorado, incompreendido ou excluído? Perceba como esses bloqueios à integração colocam você em um período de caos ou de rigidez.

Se esse período foi prolongado, tente sentir o que poderia ter acontecido em sua vida então, quando pode ter ficado em um estado rígido e imutável sentindo-se entediado ou desencorajado. Ou o caos pode ter sido seu estado prolongado, inundando-o com emoções, pensamentos, imagens ou lembranças fora de controle. Tente sentir como alguma integração básica pode ter faltado naquela época de sua vida e como você tentou sair daqueles estados desconfortáveis.

O segredo para esse exercício é, primeiro, detectar o caos ou a rigidez. Em seguida, você pode explorar que aspecto de sua vida pode não ter estado integrado para que incapacitasse a ocorrência da diferenciação ou de uma ligação. Um exercício simples para tentar praticar quando se sentir angustiado pela lembrança desse tempo caótico ou rígido é fazer com as mãos a postura a seguir. Quando a lembrança de uma época caótica ou rígida estiver em sua mente, tente colocar uma mão sobre o peito – em cima da região onde fica o coração – e a outra sobre a barriga. Pressione levemente cada mão e veja como se sente. Agora, tente mover a mão sobre seu peito para sua barriga, enquanto sobe a outra mão para seu peito. Aplique uma pressão gentil e observe em como você se sente. Agora, coloque as mãos na posição que for mais confortável para você. O que você percebe? Sente uma sensação de tranquilidade? Pode dizer se sentiu alguma diferença quando as suas mãos esquerda e direita estavam na parte de cima?

Propus esse exercício a muitas pessoas nas oficinas que realizei e obtivemos resultados fascinantes. Por motivos que ainda não compreendemos, esse posicionamento das mãos no corpo é calmante para a maioria dos indivíduos que o experimentam. Cerca de três quartos das pessoas preferem a mão direita sobre o peito, e um quarto, a mão esquerda. Essa preferência não parece refletir o fato de a pessoa ser canhota ou destra. Realizei um pequeno estudo de uma pessoa mostrando que, para mim, esse movimento (sou dos que preferem a mão esquerda em cima) cria maior integração, maior coordenação e equilíbrio em meu sistema nervoso, segundo estimativa de monitoramento fisiológico do meu coração. Uma possibilidade sugerida por esse "estudo" de uma pessoa só é que a região pré-frontal é ativada para equilibrar os freios e aceleradores de nossos corpos – as ramificações parassimpática e simpática do sistema nervoso autônomo –, e depois para acalmar o coração e criar o estado de tranquilidade em nossas mentes, como veremos mais na **Parte 2**. Embora ainda não saibamos exatamente como ou por que esse exercício funciona, muitos o consideram útil para trazer a tranquilidade interior. Portanto, eu o convido a usá-lo sempre que seu mundo interior ficar encalhado nas margens de caos ou de rigidez, fora do fluxo da harmonia integradora.

Na **Parte 2**, mergulharemos nas funções do cérebro e nos modos para promover a integração para alcançar estados equilibrados. Depois, na **Parte 3**, exploraremos como nossas relações de vínculo podem ter moldado a integração durante nosso desenvolvimento para que possamos nos tornar mais familiarizados com maneiras de criar mais harmonia a partir do caos e da rigidez em nossas vidas.

A VISÃO MENTAL FORTALECE A MENTE, O CÉREBRO E NOSSAS RELAÇÕES

Ao mesmo tempo em que seguimos esses registros de exercícios, construímos as habilidades de visão mental para apoiar o desenvolvimento da percepção interior, da empatia e da integração em nossas vidas. Já que a mente está tanto dentro de nós quanto entre nós e os outros – é pessoal e é relacional –, podemos entender de que modo conhecer nossos cérebros e nossos relacionamentos é vital para reforçar nossas mentes. Nas páginas seguintes, encontraremos conceitos importantes que podem ajudar a levar integração a nossas vidas interiores e a nossas vidas interpessoais. Isto é usar a visão mental para criar uma vida vigorosa para nós mesmos, de dentro para fora.

2:

SEU CÉREBRO

Aluna de 17 anos do ensino médio, Katey estava apavorada enquanto passava por uma lavagem estomacal no pronto-socorro do hospital local depois de uma noite de bebedeira. Ela se contorcia de dor por causa dos vômitos provocados pelo remédio, e ainda estava bêbada das sete doses de tequila e dos quatro copos de vinho que havia consumido em uma reunião naquela noite para comemorar o fim do verão. Pelo menos essa foi a versão dos pais dela, baseada no que os amigos de Katey lhes contaram. De sua parte, Katey não podia se lembrar de muita coisa.

Como se descobriu depois, Katey levou a bebida para a festa, dividindo-a com os colegas e atraiu a anfitriã do evento – a filha do diretor da escola – para a bebedeira. Katey foi expulsa da escola na semana seguinte, a semana em que compareceu à sua primeira sessão de terapia. Falando sobre o ocorrido, entendi que ela tinha planejado "se divertir" na festa, embora a festa tivesse sido na casa do diretor de sua escola.

Katey sabia por que tudo isso soava "errado".

"No que estava pensando antes daquela festa?", perguntei a ela. Katey parecia envergonhada, desviando o olhar com o princípio de um sorriso aparecendo no rosto. "O que você achou que poderia acontecer depois da festa, quando as regras da escola declaram que há 'tolerância zero' para álcool em funções relacionadas ao ano escolar?" Katey olhou para mim, os olhos abertos e presos aos meus, seu meio sorriso se alargando, sugerindo que talvez sua ansiedade estivesse aumentando ou que ela estivesse, de alguma maneira, se divertindo com a situação.

"Bem...", ela começou a dizer com um sorriso que agora ocupava todo o rosto. "Eu *cheguei* a pensar nisso." Ela parou e olhou ao redor da sala como se alguém pudesse estar escutando, e então olhou novamente para mim. "Eu sabia o que poderia acontecer, acho, mas a *diversão* de ficar totalmente bêbada na própria casa do diretor pareceu grande demais para recusar." Seus olhos brilhavam com uma centelha de prazer.

O fato de que a própria Katey admitiu ter "planejado" o que iria acontecer na festa, mesmo sabendo das potenciais consequências, ressoa em estudos recentes revelando que adolescentes geralmente têm consciência dos riscos dos comportamentos potencialmente perigosos. Como adolescentes, geralmente não ignoramos as consequências negativas de nossos atos. Embora as consequências negativas – os contras – sejam perfeitamente conhecidas, colocamos mais ênfase nos aspectos positivos em potencial – os prós – de uma experiência: a emoção, a experiência compartilhada, a diversão, a excitação de estar rompendo as regras. Essa ênfase no positivo, agora sabemos, é resultado de alterações na estrutura e no funcionamento cerebral durante o período da adolescência.

DOPAMINA, DECISÕES E O IMPULSO POR GRATIFICAÇÃO

A ênfase acentuada de Katey sobre o positivo foi na realidade uma consequência natural do impulso aumentado por gratificação no cérebro adolescente. O cérebro é um conjunto de células que se comunicam entre si usando elementos químicos denominados neurotransmissores. Durante a adolescência há um aumento na atividade dos circuitos neurais utilizando a dopamina, um neurotransmissor importante na criação do impulso por gratificação. Começando nos primeiros anos e atingindo o máximo na metade da adolescência, essa liberação aumentada de dopamina faz com que os adolescentes gravitem em torno de experiências estimulantes e sensações revigorantes. Pesquisas chegam a sugerir que o nível basal de dopamina é menor, mas sua liberação em resposta à experiência é maior, o que explica por que adolescentes podem relatar uma sensação de "tédio" a menos que estejam ocupados em atividades estimulantes e novas. Essa liberação aumentada de dopamina natural pode dar aos adolescentes uma sensação poderosa de estarem vivos quando se lançam em uma aventura. Também pode levá-los a se concentrar unicamente nas gratificações positivas, que têm certeza que os esperam, enquanto deixam de perceber ou de valorizar os riscos potenciais e os contras.

O impulso aumentado do cérebro por gratificação na adolescência manifesta-se nas vidas adolescentes de três maneiras diferentes. Uma é simplesmente a *impulsividade* elevada, onde os atos ocorrem sem uma reflexão cuidadosa. Em outras palavras, o impulso inspira ação sem nenhuma pausa. Fazer uma pausa nos permite pensar sobre as outras opções além do impulso imediato alimentado pela dopamina que esmaga nossas mentes. Dizer àquele impulso para se acalmar exige tempo e energia, então é mais fácil simplesmente não fazê-lo. Dito isto, com o impulso por gratificação mais forte e mais premente do que nunca quando somos adolescentes, arranjar o tempo necessário para o processamento – para a reflexão e a autoconscientização – torna-se muito importante. Se qualquer noção se transforma imediatamente em uma ação sem reflexão, estamos vivendo as nossas vidas pisando no acelerador e sem freios. Isso pode ser muito estressante para os adolescentes e para os adultos que cuidam deles.

A boa notícia é que tais impulsos podem ser interrompidos se certas fibras na camada mais externa do cérebro trabalharem para criar um espaço mental entre o impulso e a ação. É durante a época da adolescência que essas fibras reguladoras começam a crescer para neutralizar o acelerado "vai" do sistema de gratificação de dopamina. O resultado é uma diminuição na impulsividade. Isso às vezes é chamado de "controle cognitivo" e é fonte importante de redução de perigo e riscos conforme os adolescentes se desenvolvem. Como veremos mais adiante, há maneiras de aumentar o crescimento dessas fibras reguladoras que criam uma pausa e elas podem ser desenvolvidas em qualquer idade.

Uma segunda forma pela qual a liberação aumentada de dopamina nos afeta durante a adolescência é a elevação documentada em nossa suscetibilidade para o vício. Todos os comportamentos e substâncias viciantes envolvem liberação de dopamina. Adolescentes não só estão mais propensos a experimentar novas aventuras como também estão mais inclinados a responder com uma robusta liberação de dopamina que, para alguns, pode se tornar parte de um ciclo viciante. Uma droga como o álcool, por exemplo, pode levar à liberação de dopamina, e o jovem pode se sentir compelido a ingerir cerveja, vinho ou bebidas fortes. Quando o álcool evapora, a dopamina despenca. Então, o adolescente é levado a usar mais da substância que reforçou os circuitos de dopamina. Estudos revelam que alimentos com alto índice glicêmico – como os industrializados ou carboidratos simples como batatas ou pão, que levam a um rápido aumento de açúcar no sangue – também podem conduzir a aumentos rápidos no nível de dopamina e atividade nos circuitos de gratificação do cérebro. Infelizmente, nos Estados Unidos acredita-se que tal vício por comida de alto teor calórico e baixo valor nutricional seja a responsável pela perigosa epidemia de obesidade nos adolescentes, o que causou uma crise médica criada e reforçada por nossa sociedade ao oferecer apenas esse tipo de alimento viciante. Como acontece com qualquer vício, continuamos com esse comportamento apesar de conhecer seus impactos negativos sobre a saúde. Esse é o poder dos centros da dopamina como recompensa.

Um terceiro tipo de comportamento moldado pelos impulsos elevados de gratificação do cérebro adolescente é algo chamado de *hiper-racionalidade.* É como pensamos em termos concretos e literais. Examinamos apenas os fatos de uma situação e não enxergamos o todo: perdemos o cenário ou contexto nos quais esses fatos ocorrem. Com tal raciocínio literal, os adolescentes podem dar mais importância aos benefícios calculados de uma ação do que aos riscos em potencial daquela ação. Os estudos revelam que os adolescentes costumam estar bem cientes dos riscos, chegando às vezes a superestimar a chance de algo ruim acontecer; eles simplesmente dão mais importância aos excitantes benefícios em potencial das suas ações.

O que ocorre com o raciocínio hiper-racional não é uma falta de pensamento ou de reflexão, como acontece com a impulsividade, e não se trata meramente de vício em determinado comportamento ou em algo que ingerimos. Esse processo cognitivo vem de um cálculo do cérebro que dá maior peso ao resultado positivo e não muito peso aos possíveis resultados negativos. Por peso quero dizer que os centros de avaliação do cérebro subestimam o significado de um resultado negativo, enquanto amplificam, ao mesmo tempo, o significado dado a um resultado positivo. As escalas que os adolescentes usam para pesar suas opções tendem em favor do resultado positivo. Os prós superam em muito os contras, e o risco simplesmente parece valer a pena.

Essa escala pendendo para o positivo pode ser ativada especialmente quando os adolescentes andam com outros adolescentes ou quando acreditam que seus amigos, de alguma forma, verão suas ações. O contexto social e emocional que experimentamos na adolescência prepara o palco para o modo como nossos cérebros vão processar a informação. Embora isso seja verdade para qualquer pessoa, não importa a idade, a influência de seus iguais é especialmente forte durante a adolescência.

Em outras palavras, na situação de Katey o cérebro dela se concentrou nas imagens gratificantes da emoção, na essência da busca por sensações e rejeitou os potenciais aspectos negativos. O significado emocional de suas ações foi tecido junto com sua capacidade de planejar e ela calculou, de forma hiper-racional, que esse era o caminho a seguir. O comportamento de Katey não foi impulsivo – ela tinha planejado aquela noite há muito tempo de um modo hiper-racional.

Conforme a passagem de nossos anos adolescentes, trocamos o raciocínio literal da hiper-racionalidade para as considerações mais abrangentes denominadas "pensamento essencial"[4]. Com o pensamento essencial, consideramos o contexto maior de uma decisão e usamos a intuição para alcançar valores positivos com os quais nos preocupamos, em vez de apenas nos concentrarmos na gratificação imediata impulsionada pela dopamina.

Então fica claro como o assunto não é tão simples como dizer que os adolescentes são simplesmente impulsivos. E também não é tão simples como dizer "ah, hormônios enfurecidos", como às vezes dizemos. Pesquisas apontam que os comportamentos de risco na adolescência têm menos a ver com desequilíbrios hormonais do que com alterações no sistema de gratificação de dopamina do cérebro combinadas com a arquitetura cortical que apoia a tomada de decisões hiper-racionais, e cria a perspectiva positiva que é dominante durante os anos da adolescência.

Quando o circuito de dopamina está com o nível bem alto, funciona como um amplificador de alta potência. A liberação elevada de dopamina nos conduz em direção à gratificação e à satisfação. A potência é aumentada fazendo com que nossa atenção seja atraída para os prós, colocando-nos sob o risco de minimizar a importância dos contras durante esses anos.

A hiper-racionalidade pode ser ilustrada com o exemplo extremo da roleta-russa, um jogo em que uma bala é colocada em uma das seis câmaras de um revólver. Se vencer, você tem cinco chances em seis de ganhar seis milhões de dólares. Isso significa que, no geral, se centenas de pessoas jogarem esse jogo, a média que provavelmente obtemos, estatisticamente, vencendo cinco das seis vezes, é de cinco sextos de seis milhões de dólares, ou cinco milhões de dólares. Vamos lá! O problema, claro, é que, se você for o sexto, você morre. E para essa sexta pessoa é 100 por cento

4 *Gist thinking*, em inglês. [N. T.]

certo de que a vida vai acabar. Você percebe o problema. É verdade que é "bem provável" que você ganhe milhões de dólares. Se os seus circuitos cerebrais se concentrarem nesse resultado positivo, nos prós, e minimizarem a chance menor do risco, os contras, você vai participar da atividade. "Por que não?" Sim, parece matemática primária. Mas *não* aceitar essa avaliação de probabilidade, a armadilha do "é mais provável acontecer a opção positiva, então vou correr o risco", exige um pressentimento, uma intuição que é a base do pensamento essencial, que livra a pessoa dos cálculos hiper-racionais. Com o desenvolvimento e o crescimento do cérebro, o pressentimento cresce e percebemos que o jogo da roleta-russa não faz sentido.

Paradoxalmente, a intuição desempenha um papel muito importante na tomada de boas decisões. Isso acontece porque nossas intuições, ou pressentimentos e sensações profundas, tendem a se concentrar nos valores positivos, como as vantagens de permanecer na escola, de dirigir no limite da velocidade ou de se manter em forma. Muitos adolescentes podem ser racionais demais e precisam incorporar a inserção não racional de seus pressentimentos e sensações profundas, sentimentos que os capacitam a se concentrar nos valores positivos opostos às gratificações míticas que, na realidade, geralmente estão fora do alcance. Aprender a viver a vida desse ponto de vista não se trata de reprimir impulsos, como dirigir em alta velocidade ou comer *junk food*, mas de adotar metas positivas que intuitivamente signifiquem algo para nós. O comportamento de Katey não foi impulsivo nem intuitivo nem essencial. Foi motivado pela dopamina e pela hiper-racionalidade. Ela precisa se esforçar para ser mais consciente do que seus sentimentos profundos e sua intuição dizem sobre os potenciais danos de um comportamento imprudente.

FAMÍLIA, AMIGOS E FICAR À TOA

Outro fator importante que contribuiu para a tomada de decisões de Katey foi que ela estava bem preocupada a respeito de como seus amigos iriam reagir se ela conseguisse fazer a travessura bem debaixo do nariz do diretor da escola e, ainda por cima, com a filha dele! Aqui vemos outro aspecto do cérebro adolescente. Além da centelha emocional e do impulso por gratificação trazido pela novidade, o engajamento social intenso com pessoas da mesma idade também faz parte do essencial da adolescência. Infelizmente, os comportamentos de risco aumentam de forma significativa na companhia dos iguais, como foi demonstrado em experimentos que mediram a reação dos adolescentes quando dirigiam sozinhos e quando dirigiam com seus amigos em um programa simulado de automóvel.

Benji, o amigo de meu filho, hoje com 20 e poucos anos, conta a história de quando esteve no sul da Espanha com a família, aos 13 anos de idade. Meia dúzia de rapazes da mesma idade andava pelos penhascos perto da linda cidade costeira onde ele estava hospedado. Um dos rapazes do lugar decidiu pular no mar de uma rocha a cerca de 16 metros de altura. Então, um a um, a dinâmica do grupo pressionou os outros a pularem. Quando Benji saltou, deveria ter caído alguns metros além de onde os outros rapazes entraram na água, ele me disse, ou talvez tenha sido porque nenhum dos garotos locais lembrou-se de lhe dizer que ele deveria dobrar as pernas logo depois de cair na água. O resultado foi que ele caiu em linha reta, indo direto para o fundo e batendo em uma pedra debaixo da superfície, fraturando gravemente a perna direita. Lutando para chegar à superfície com o choque de tal ferimento esmagador, ele estava perdendo a consciência quando foi resgatado por dois dos garotos e carregado cerca de 1 quilômetro de volta à cidade, onde ficou internado no hospital pelo resto do tempo naquele verão na Espanha. Se aqueles garotos não estivessem na água, Benji não teria o que me contar.

Perguntei a Benji se ele achava que teria pulado se estivesse sozinho. "Você está maluco?", ele respondeu. "De jeito nenhum."

O processo coletivo de estar com amigos, ou mesmo de imaginar o impacto sobre eles como no estágio de planejamento da travessura de Katey, aumenta o impulso pela recompensa, o impulso pela novidade e o impulso em assumir riscos, e esses reduzem a capacidade de pesar os perigos em potencial. Então, quando estamos rodeados de nossos iguais somos bem mais propensos, quando jovens, a nos engajar em comportamentos que podem funcionar a maior parte do tempo mas nem sempre, e então podem ter consequências sérias e, algumas vezes, irreversíveis. Os comportamentos de Benji e de Katey não foram impulsivos. Ambos tiveram bastante tempo para ver o que estava para acontecer e para mudar de curso. Suas decisões foram uma combinação de impulso por gratificação, influência dos companheiros e pensamentos hiper-racionais e não essenciais. Essa é a natureza dos comportamentos de risco que surgem do cérebro adolescente.

Portanto, os dois modos mais completos em que o comportamento de risco emerge na adolescência são a hiper-racionalidade, ou seja, subestimar os contras de uma ação e a impulsividade ou, simplesmente perder a calma, como discutiremos mais tarde. Assim como Benji e a maioria dos adolescentes, Katey não demonstrou uma tendência à impulsividade. E foi isso que deixou seus pais loucos quando a pegaram. Katey não é impulsiva, então por que cometeu um ato aparentemente tão impulsivo?

A causa é a hiper-racionalidade combinada com um aumento do impulso de dopamina. Às vezes há outras coisas em jogo, como os primeiros sintomas do vício de dependência de dopamina que não estão limitados aos adolescentes, mas podem também influenciar o uso e o abuso de drogas, como iremos discutir na **Parte 4**.

O PROPÓSITO DA ADOLESCÊNCIA

Nos últimos anos, descobertas surpreendentes nos estudos de imagens cerebrais revelaram mudanças na estrutura e no funcionamento do cérebro durante a adolescência. Como vimos, interpretações desses estudos conduziram a uma versão bem diferente da velha visão de hormônios ensandecidos do cérebro adolescente. Uma visão comumente declarada pela mídia, embora imprecisa, é a de que o principal centro de controle do cérebro, o córtex pré-frontal, na parte dianteira do lobo frontal, ainda não está suficientemente maduro antes do final da adolescência. Essa "imaturidade" do córtex pré-frontal do cérebro "explica o comportamento imaturo dos jovens". Essa noção também explica por que empresas de aluguel de carros geralmente não prestem o serviço para menores de 25 anos. Mas, embora fácil de engolir, essa história simples não se sustenta frente às descobertas científicas além de não abordar uma questão essencial.

Em vez de considerar a etapa adolescente do desenvolvimento cerebral apenas como um processo de maturação, um processo de deixar para trás modos de pensar antiquados ou de pouco uso e rumo à transição para a maturidade adulta, seria mais preciso e útil considerar a adolescência como uma parte vital e necessária de nossas vidas individuais e coletivas. A adolescência não é apenas uma etapa a ser superada e sim uma etapa da vida para ser cultivada da forma certa. Essa nova e importante mensagem, inspirada nas ciências emergentes, sugere que as mudanças que ocorrem no cérebro adolescente não são meramente uma questão de maturidade *versus* imaturidade, mas de mudanças de desenvolvimento vitalmente importantes, que permitem o surgimento de novas habilidades. Essas novas habilidades, como discutimos, são cruciais tanto para o indivíduo quanto para a nossa espécie.

Por que nos importar com isso, sejamos adolescentes na casa dos 20 anos ou mais velhos? Porque, se enxergarmos o período adolescente apenas como uma época que devemos atravessar com dificuldade, uma época que temos de suportar, deixaremos de dar alguns passos muito importantes para aproveitar o essencial da adolescência. Quando encaramos nossa centelha emocional, nosso engajamento social, nossa busca por novidades e nossas explorações criativas como aspectos positivos e necessários do que os adolescentes *são* – e de quem poderiam se tornar como adultos se puderem cultivar essas qualidades –, essa fase se torna de grande importância a qual não se deveria apenas sobreviver, mas cultivar.

Sim, há desafios em ficar aberto ao "trabalho" da adolescência. Oportunidades importantes para a expansão e o desenvolvimento durante essa época podem ser associadas ao estresse para adolescentes e para os pais que os amam. Por exemplo, o afastamento da família que os adolescentes tendem a adotar pode ser visto como um processo necessário que os capacita a deixar a casa. Essa coragem para sair de casa e ir embora é criada pelos circuitos de gratificação do cérebro, que se tornam cada vez mais ativos e inspiram os adolescentes a buscar novidades, a encarar o que não é familiar, enquanto caem no mundo. Afinal de contas, o familiar pode ser seguro e previsível, enquanto o não familiar pode ser imprevisível e repleto de perigos em potencial. Uma visão histórica para nós, mamíferos sociais, é a seguinte: se os adolescentes mais velhos não deixassem suas casas e fossem para longe de seus familiares, nossas espécies teriam mais chances de procriação consanguínea e nossa genética sofreria muito. E, para a história humana em geral, a saída dos adolescentes para explorar o mundo permite à nossa família humana ser bem mais adaptável conforme as gerações prosseguem. Nossas vidas, como indivíduo e coletividade, dependem desse afastamento característico do adolescente.

Por mais difícil que seja para os pais se preocuparem com o comportamento potencialmente arriscado de seus filhos adolescentes, o viés positivo do pensamento hiper-racional ajuda os jovens a correrem riscos que vão *precisar* correr se pretendem deixar o ninho e explorar o mundo. Como vimos, o impulso para ter cada vez mais contatos sociais pode nos manter seguros conforme nos associamos com nossos iguais adolescentes, que também estão fazendo a jornada para o mundo não familiar. A maior sensibilidade com relação a nossos estados emocionais aumentados e à influência de nossos pares – nossa centelha emocional e engajamento social – também são fundamentais para essa jornada. Buscar novidades e criar novas maneiras de fazer as coisas também ajuda a nossa espécie a se adaptar a um mundo que muda o tempo todo. Se ao longo da vida o cérebro é de fato um "trabalho em processo", como sugerem estudos recentes, então o que ocorre durante a adolescência é muito mais do que um processo de transição da imaturidade para a maturidade. O essencial da adolescência enriquece nossa jornada de vida para que a abracemos completamente.

O que estamos percebendo é que há um conjunto crucial de alterações cerebrais durante a adolescência que cria novos poderes, novas possibilidades e novos sentidos que alimentam a mente e os relacionamentos juvenis que simplesmente não existiam na infância. Esses potenciais positivos costumam estar ocultos, mas ainda podem ser descobertos e usados de forma mais eficaz e sábia quando sabemos como encontrá-los e como cultivá-los. Podemos aprender a usar a ciência de ponta para tirar o máximo proveito desse período da vida. É um investimento a ser pago no futuro para todos os envolvidos.

Para o adolescente, o desenvolvimento do próprio corpo, com alterações na fisiologia, hormônios, órgãos sexuais e as mudanças arquiteturais no cérebro também podem contribuir para a nossa compreensão da adolescência como um importante período de transformação. As emoções em transição revolucionam o modo como sentimos, quando adolescentes, tornando mais complexos os modos de processar as informações e nossas ideias sobre nós mesmos e sobre os outros, e até mesmo criando grandes mudanças de desenvolvimento e transições no sentido interior de quem somos e de quem podemos nos tornar. É assim que se move e evolui o sentido de identidade ao longo da adolescência.

A partir do interior, essas alterações podem se tornar devastadoras, e podemos mesmo perder o caminho e achar que a vida às vezes é "demais". Do exterior, tais mudanças podem às vezes dar a impressão de que estamos perdidos e "fora de controle". Nossos anos adolescentes, uma época da vida repleta de desafios que podem reforçar quem somos, podem sem dúvida ser difícil. Mas a ótima notícia é que, com o aumento da autoconsciência de nossas vidas emocionais e sociais, e com uma maior compreensão da função e da estrutura do cérebro, os efeitos positivos poderosos das mudanças complexas que ocorrem durante a adolescência podem ser aproveitados com a postura e a compreensão adequadas.

TOMAR DECISÕES

Ao longo da adolescência, diferentes áreas do cérebro se ligam em um processo que já discutimos, denominado "integração". Uma consequência da integração é o aumento das fibras de controle cognitivo que levam à diminuição da impulsividade. Como resultado, os adolescentes recebem cada vez mais espaço na mente para fazer uma pausa e considerar outras opções de resposta além do impulso inicial. Outra consequência desse aumento de integração é que o pensamento essencial é aguçado. Por meio do pensamento essencial, o adolescente se torna capaz de confiar cada vez mais na intuição para enxergar uma situação como um todo e, assim, tomar decisões mais inteligentes.

Vamos ver como um foco maior no desenvolvimento do pensamento essencial em nosso exemplo anterior do acidente de carro poderia ter ajudado o adolescente a tomar decisões melhores, que teriam salvo uma vida. Se o adolescente ou os pais dele tivessem sido capazes de reconhecer o desejo do jovem por velocidade como um impulso natural de gratificação de dopamina, esse desejo poderia ter sido canalizado de modo construtivo. Há muitas opções, inclusive participar de esportes que envolvam competição, velocidade e força – dirigir um carro de corrida, ciclismo, corrida ou esqui, por exemplo –, atividades arriscadas e aventureiras que não colocam inocentes em perigo. Por exemplo, quando meu filho estava no início da adolescência, passávamos horas durante os fins de semana descendo com enormes *skates* as várias rampas da garagem fechada da universidade onde eu trabalhava. Quando chegávamos ao fim, pegávamos o elevador até o último andar e recomeçávamos. Usar capacetes e luvas grossas para evitar ter a pele arranhada pelo concreto enquanto fazíamos aquelas curvas acentuadas ajudava a minimizar os danos aos nossos corpos; danos que eu parecia sofrer muito mais do que ele. Não há nada de errado com o anseio por emoções – a questão é como aproveitar esses impulsos de forma a minimizar os danos a si mesmo e aos outros. A ideia aqui é respeitar a necessidade por velocidade ou outras atividades arriscadas impulsionadas pela dopamina, e então canalizar esse impulso de maneira útil. Se pudermos incutir a consciência dos aspectos positivos desses impulsos, e então encontrarmos abordagens construtivas para lidar com eles, os resultados trágicos, como a morte de meu professor, poderão ser evitados. Não só Bill ainda poderia estar vivo, mas o jovem não teria o fardo de viver com o sentimento de responsabilidade por aquele acidente.

Infelizmente, em vez de abordar um problema potencialmente perigoso com o filho, os pais do rapaz sem querer podem ter recompensado o comportamento de risco anterior ao lhe darem um outro carro. Então, por que ele não iria tentar algo perigoso de novo? É assim que o comportamento arriscado sem uma consequência negativa pode ser reforçado para acontecer vezes seguidas. Muitos de nós conhecemos outros exemplos de comportamento adolescente irresponsável que passou incólume: dirigir um carro sem carteira de motorista e perder o direito de dirigir mais tarde; aproveitar a chance de fazer sexo sem proteção e correr o risco de pegar uma doença ou de engravidar; experimentar combinações de drogas sem conhecer os seus efeitos potencialmente letais; fazer uma tatuagem em um lugar de má reputação e se arriscar a pegar hepatite. Existem ainda riscos menores, como não dormir direito antes de um exame porque você ficou conversando com amigos ao telefone até tarde da noite, errar na mídia social e postar um comentário insultante sobre a aparência de alguém ou uma foto de alguém bêbado em uma festa, que mais tarde será vista pela autoridade responsável pela admissão em uma faculdade. Em todas essas situações, o adolescente está enxergando os prós e subestimando os riscos. Essa é a perspectiva positiva da mente adolescente.

Respeitar as mudanças importantes e necessárias na mente e no cérebro adolescente em vez de desrespeitá-las é crucial tanto para adolescentes quanto para seus pais. Quando compreendemos essas mudanças necessárias, quando oferecemos ao adolescente o apoio e a orientação de que precisa em vez de apenas lavar as mãos e pensar que estamos lidando com um "cérebro imaturo, que simplesmente precisa crescer" ou com "hormônios ensandecidos que precisam ser controlados", deixamos os adolescentes desenvolverem capacidades vitais de que podem se valer para levar vidas mais felizes e mais saudáveis.

O pensamento essencial surge tanto com a experiência quanto com o desenvolvimento programado do cérebro. Em outras palavras, o momento do desenvolvimento do cérebro é formado pela ativação neural induzida pela experiência e pela informação genética. A experiência molda as conexões no cérebro, mesmo se não puder afetar o momento geral de tal maturação. Estudos sugerem que o pensamento essencial surge com o crescimento da integração no cérebro quando somos adolescentes. O momento pode ser geneticamente determinado em parte, mas podemos decidir o grau de desenvolvimento da integração no nosso cérebro. A experiência molda o desenvolvimento durante a adolescência e o resto de nossas vidas, e pode promover maior integração no cérebro ao conectar mais suas diferentes partes para que funcionem de maneira coordenada. Então, dependendo de como estabelecemos a vida e os contextos em que vivemos, o que fazemos e com quem, seja uma forma de ajudar a moldar não apenas como o cérebro é ativado, mas também como ele vai cultivar seus circuitos de engajamento. Por essas razões, ter um conhecimento básico do cérebro pode ser útil na vida, pois podemos facilitar o crescimento da integração cerebral de maneira que nos seja útil agora e no futuro.

DIZER "NÃO FAÇA ISSO" NÃO ADIANTA: O PODER DE PROMOVER O POSITIVO

O pensamento essencial se aproveita da intuição e do sentimento profundo de um valor positivo, de *almejar* algo em vez de inibir. Por isso, em vez de tentar barrar um impulso inibindo-o, os adultos com adolescentes em suas vidas, e os próprios adolescentes, deveriam se concentrar em promover um fator positivo. Optar por não fazer uma tatuagem em um lugar desconhecido porque você dá valor à sua saúde é bem diferente de dizer "não vou fazer porque minha mãe não quer". Pelo contrário, o pensamento hiper-racional valoriza o impulso e percebe o mecanismo de gratificação para concretizar a emoção positiva, a onda de adrenalina da busca da sensação de fazer uma tatuagem com alguns amigos. Isto não quer dizer que você esteja violando as regras de seus pais.

Os esforços dos defensores da saúde pública para reduzir o fumo entre os adolescentes são exemplos poderosos de como apelar para a força emergente do jovem em termos de pensamento essencial pode ajudar a promover comportamentos mais saudáveis. O período adolescente é, como já vimos, uma época de grande vulnerabilidade para se tornar viciado em várias substâncias, incluindo cigarros. Não é só porque os adolescentes fumam mais, mas também porque o próprio cérebro adolescente em mudança está aberto a se tornar viciado, em parte por causa de sua resposta aumentada de dopamina. É muito provável que pessoas que tenham o hábito de fumar o tenha adquirido na adolescência. É a mesma coisa com as drogas. A estratégia mais eficiente para fazer com que os adolescentes evitem o fumo não é oferecer a eles informações médicas ou tentar assustá-los com imagens de cemitérios, duas estratégias que nada fizeram para reduzir a atração dos adolescentes pelo cigarro. A estratégia que funcionou foi a de informá-los de que os adultos que dirigem as empresas de cigarro estavam fazendo lavagem cerebral nos jovens para que fumassem, conseguindo, dessa forma, continuar a ganhar dinheiro. Em vez de fazer os adolescentes dizerem não ao cigarro porque algum adulto os assustou, essa estratégia se concentrou no valor positivo de ser forte diante de adultos manipuladores e gananciosos. Quando essa ideia de como a mente adolescente funciona foi adotada por defensores da saúde pública, o índice de adolescentes fumantes despencou. Dizer simplesmente "Não faça isso" não foi o suficiente. Visar a um valor positivo, como não deixar alguém – principalmente um adulto – fazer lavagem cerebral em você, funcionou.

Conhecer essas alterações compreensíveis e geneticamente baseadas produzidas no cérebro adolescente pode ajudar os adultos a apoiarem a necessidade de o jovem se afastar do *status quo* adulto e de explorar novas possibilidades. Encorajar a reflexão sobre valores e sobre o instinto, não simplesmente a inibição dos impulsos, é a diferença entre rejeitar um impulso irresistível e adotar crença e valores sérios.

INTEGRAR O SEU CÉREBRO

A maneira como decidimos fazer as coisas na vida revela quem somos naquele momento. Quando compreendemos como o cérebro muda durante a adolescência conseguimos entender como o processo de tomada de decisões também muda. Durante esse período, o cérebro se altera em duas dimensões. Uma é a forma como *reduz* o número de células básicas, os neurônios, e suas conexões, as sinapses. Essa diminuição de neurônios e sinapses é denominada "poda neuronal" e parece ser geneticamente controlada, moldada por experiência e intensificada pelo estresse. Como conseguimos tolerar a perda de alguns neurônios? Durante a infância há uma superprodução de neurônios e de suas conexões sinápticas. O florescer de nossas populações neuronais começa já no útero e se estende ao período pré-púbere, que se dá por volta dos onze anos de idade, nas meninas, e dos doze e meio, nos meninos. Parte da poda neuronal começa cedo, conforme aprendemos e desenvolvemos habilidades, mas a retirada de nosso número excessivo de neurônios e de suas conexões alcança o pico durante o robusto período de remodelação da adolescência. Na adolescência, podamos esse excesso de conexões, deixando as que vínhamos usando e descartando as que aparentemente não precisamos mais.

A experiência determina que os circuitos neurais – os neurônios e suas conexões sinápticas – serão podados. Então, se você quer ter uma habilidade musical, melhor começar cedo, antes do fim da adolescência. E se quer ser um atleta olímpico medalha de ouro, melhor começar a treinar antes do início da adolescência. Mesmo se não tiver por objetivo proezas atléticas, é importante lembrar que o seu cérebro vai responder a como você concentra sua atenção nas atividades. A atenção transmite energia e informações através de circuitos especiais, ativando-os. Quanto mais você usa um circuito, mais forte ele se torna. Quanto menos você usa um circuito, mais provável se torna que ele seja podado durante a adolescência.

O modo como você foca a sua atenção ao longo da vida, e, principalmente, durante o período da adolescência, desempenha um papel importante na formação do desenvolvimento cerebral. A atenção mantém e reforça conexões existentes e, como veremos, ajuda a desenvolver novas conexões e a tornar aquelas conexões mais eficazes. Nossas seções de Ferramentas de Visão Mental mostram como aprender a concentrar a atenção da mente para integrar suas conexões cerebrais.

Um segundo modo como o cérebro se transforma nesse período é produzindo mielina, um revestimento que cobre as membranas entre os neurônios interligados. O revestimento de mielina possibilita a passagem do fluxo elétrico, as ativações neuronais, entre os neurônios remanescentes ligados, permitindo um fluxo de informações mais rápido e sincronizado. Quando esse fluxo é rápido e coordenado, promove um processo mais eficaz e eficiente. À medida que aprendemos habilidades específicas e adquirimos conhecimento, desenvolvemos novas conexões e até mesmo novos neurônios. Com essas novas ligações sinápticas podemos estabelecer a mielina para tornar aquele circuito mais rápido, mais coordenado e mais eficaz.

Essas duas alterações básicas – poda neuronal e mielinização – ajudam o cérebro adolescente a ficar mais integrado. A integração, a ligação das partes diferentes, cria mais coordenação no próprio cérebro.

Desenvolvemos o pensamento essencial conforme essa poda e mielinização criam integração no cérebro.

Essas conexões mais precisas e eficazes no cérebro contribuem para a melhora da capacidade de julgar e discernir, com base no contexto maior e não apenas nos detalhes, no essencial que enxerga o todo. Usamos a intuição para guiar as nossas decisões à medida que visamos valores positivos, respeitando o que importa para nós. Isso é pensamento essencial, uma das muitas coisas criadas pelo desenvolvimento da integração no cérebro durante os anos da adolescência.

Como veremos, essas formas tão específicas de mudança na arquitetura cerebral permitem ao adolescente começar a usar o julgamento baseado no pensamento essencial, informado pela experiência e pela intuição, em vez de confiar no impulso de gratificação e nos cálculos literais dos anos anteriores.

Pense assim: com aquelas conexões neurais da infância, tão numerosas, muitos detalhes enchiam nossas cabeças. Era do que precisávamos quando crianças, absorvendo fatos e números na escola. Com a adolescência, temos um impulso por gratificação, reações emocionais e sensibilidade a engajamentos sociais elevados. Essa combinação significa que teremos muitos detalhes ainda enchendo nossas mentes antes da poda neuronal, e a intensidade das emoções unida à preocupação crescente com a aceitação de nossos iguais vai provocar o comportamento impulsivo ou a tomada de decisões hiper-racionais impulsionadas pela gratificação, que se baseia principalmente em cálculos literais. O lado bom desse período de funcionamento é a perspectiva que precisamos adotar para assumir os riscos necessários a fim de nos preparar para explorar o mundo como adolescentes. Em termos de tomada de decisões, o processo se parece assim: detalhes sem a perspectiva da experiência assumem o controle enquanto as probabilidades são avaliadas e a arma da roleta-russa é disparada. A probabilidade é de tudo acabar bem. Mas, às vezes, isso não acontece. Apenas pense em algumas coisas que você pode ter tentado nos seus anos de juventude, ou que está tentando agora. Quando pensa nos riscos que correu, pode até balançar a cabeça em descrença por realmente ter feito aquilo tudo. Se o seu pensamento essencial e sua sabedoria intuitiva estão trabalhando, você pode refletir sobre aqueles momentos e se perguntar em que diabos estava pensando. Agora você sabe.

Podemos entender por que os pais costumam ficar muito preocupados com a tendência adolescente de buscar emoções. O triplicar de lesões acidentais e da mortalidade acidental durante esse período não está apenas na imaginação paternal: é um fato estatístico. Pode ser difícil para você, como adolescente, ter empatia por aquilo que seus pais estão passando, porém, no quadro geral, essa compreensão pode ser útil para você também, não apenas para eles. Quando você se comunica com seus pais sobre essas questões estatísticas, e depois lida com suas necessidades e planos individuais, todos podem se sentir ouvidos, e maneiras mais eficazes de chegar a uma decisão podem ser criadas.

Precisamos aumentar nossa comunicação a respeito dessas questões, compreendendo os aspectos essenciais necessários e saudáveis dos anos de adolescência e aprendendo a canalizar esse poder de maneiras mais úteis. Conhecer os circuitos cerebrais específicos que criam essa maneira mais integrada de funcionamento pode nos ajudar a antever uma abordagem mais construtiva de como vivemos e tomamos decisões como adolescentes e como adultos.

UM MODELO "MANUAL" DO CÉREBRO

O motivo para conhecer alguns detalhes básicos do cérebro é simples. Quando conhecemos as partes do cérebro, aprendemos a direcionar nossa atenção de modo a ajudar aquelas partes a funcionarem de maneira mais coordenada e equilibrada. O que conhecemos sobre o cérebro pode nos ajudar a desenvolvê-lo para a integração. É isso, é bastante útil.

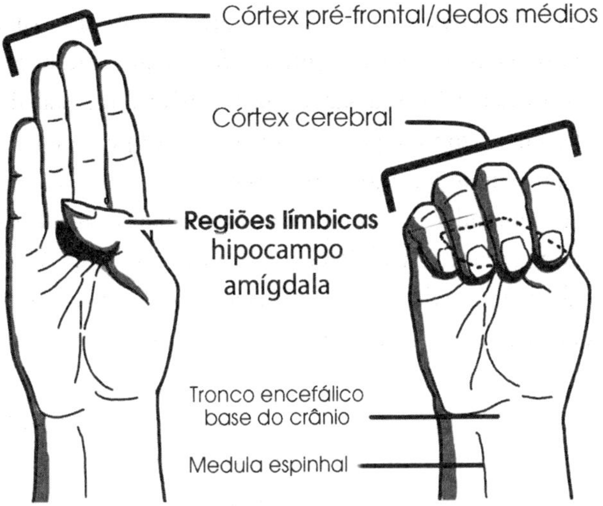

Modelo manual do cérebro

O cérebro na palma da mão. Esse modelo manual retrata as principais regiões do cérebro: o córtex cerebral nos dedos, a região límbica no polegar e o tronco encefálico na palma. A medula espinhal é representada no pulso. Fonte: SIEGEL, Daniel J. *The Developing Mind*: How Relationships and the Brain Interact to Shape Who We Are. 2. ed. Nova York: Guilford Press, 2012. DE LANGE, Brigitte. *Mind Your Brain*. 1. ed. EUA: Createspace Pub, 2015.

Vamos estudar o cérebro não apenas porque é o que está mudando em nós, adolescentes, mas também porque conhecê-lo pode ajudar a aproveitar as oportunidades desse período da vida. Essa compreensão pode ajudá-lo a pensar, a sentir e a se comportar de maneiras que o ajudarão a se sair melhor na vida, a se sentir melhor e a ser a pessoa que você quer ser. Não vamos precisar de um modelo plástico nem de um grande pôster do cérebro para essa exploração. Estamos prestes a conhecer um modelo manual do cérebro, que você pode levar para onde for.

Se dobrar o polegar na palma de sua mão e então dobrar os dedos sobre o polegar, você estará olhando para um modelo conveniente do cérebro. Tente fazer isso agora e veja como essas partes se encaixam. Nesse modelo, a área de suas unhas, que estão de frente para você, é a área bem atrás do rosto – e o dorso de sua mão é onde ficaria a parte posterior do cérebro na sua cabeça.

A camada mais exterior do cérebro, representada pelos dedos, fica bem debaixo de seu escalpo dentro do crânio. Ali é o *córtex,* ou a camada externa. Pensamos e refletimos, sentimos e nos lembramos, planejamos e tomamos decisões com o nosso córtex. A consciência vem, em parte, do que acontece no córtex, portanto, o autoconhecimento vem dessa região cortical. Erguendo os dedos, verá debaixo deles o polegar, que representa a área límbica do cérebro, geradora das emoções. A área límbica é responsável por várias coisas, inclusive o que nos motiva, como focamos nossa atenção e como nos lembramos das coisas. Levante o polegar e vai encontrar em sua palma a área mais inferior e mais antiga do cérebro, o tronco encefálico. Essa região está envolvida em nos manter acordados ou em nos deixar dormir. É a parte do cérebro que pode interagir com a região do polegar acima dela, a área límbica, para criar estados reativos de raiva ou medo. Já que as áreas límbica e do tronco encefálico estão abaixo do córtex, nós as chamamos de regiões subcorticais.

O cérebro está sobre a medula espinhal, representada aqui pelo seu pulso. Informações desse tubo neural dentro da espinha dorsal, junto com outras informações neurais do corpo e de órgãos como o coração e o intestino, habilitam os processos de nossos órgãos, músculos e ossos a influenciar diretamente os disparos neurais no próprio crânio, atividade neuronal dentro das áreas cortical e subcortical do cérebro. O *cerebelo* não está aqui representado diretamente, mas ele fica bem atrás da área límbica e desenvolve um papel importante no equilíbrio dos movimentos do corpo e também equilibrando a interação de nossos pensamentos e sentimentos. Um grupo de neurônios denominado *corpus callosum* liga os hemisférios esquerdo e direito do cérebro e coordena e equilibra suas atividades.

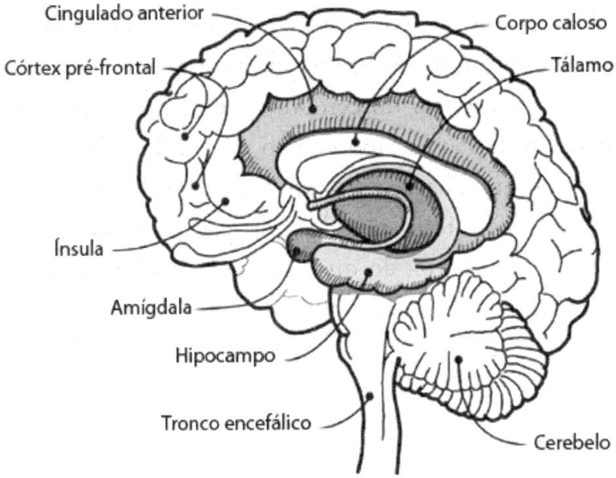

Esta é uma ilustração do hemisfério direito do cérebro voltado para a esquerda. O tronco encefálico e o cerebelo fazem parte do "rombencéfalo" e regulam os processos básicos, como a frequência cardíaca e os estados de alerta. Conectando os dois hemisférios do cérebro há uma faixa de tecido chamada corpo caloso. A amígdala e o hipocampo, que são parte da antiga região dos mamíferos chamada de área límbica, formam o mesencéfalo, e ajudam em funções como o equilíbrio emocional e os processos de memória. O córtex, também conhecido como lobo frontal, cria as representações ou imagens das coisas. A parte dianteira do córtex é o córtex pré-frontal, que coordena e equilibra as funções de muitas áreas ligando as informações do córtex, da área límbica, do tronco encefálico, do corpo e as interações sociais. A ínsula é um circuito que liga os processos físicos à região pré-frontal para obter a consciência dos mesmos. Fonte: SIEGEL, Daniel J. *The Developing Mind*: How Relationships and the Brain Interact to Shape Who We Are. 2. ed. Nova York: Guilford Press, 2012. DE LANGE, Brigitte. *Mind Your Brain*. 1. ed.. EUA: Createspace Pub, 2015.

O córtex nos ajuda a estar consciente em nossas vidas, a pensar claramente, a avaliar uma situação e racionalizá-la, a recordar outros eventos e a parar e refletir sobre o que está acontecendo. Essas são funções bastante importantes, e é a razão pela qual o córtex, especialmente a parte frontal, ser chamado de região executora. É o principal centro de controle, coordenando e equilibrando cérebro e corpo. A parte da frente do córtex, o lobo frontal, desenvolve-se muito durante a infância e continua a crescer durante os últimos anos desse período da vida. Quando a nossa adolescência começa, ocorrem alterações ainda mais dramáticas nessa região frontal. A razão dessa área ser tão importante é que ela participa na ligação de diferentes regiões neurais. Desse modo, o córtex tem um papel integrador à medida que coordena e equilibra grande parte do que ocorre no cérebro e no sistema nervoso do corpo como um todo.

Como veremos adiante, as áreas frontais do córtex também ligam nosso disparo neuronal à atividade de outros sistemas nervosos, interagindo com o cérebro de outras pessoas. Dessa forma, a área frontal está envolvida tanto na formação de nossos processos mentais internos como raciocínio e tomada de decisões, quanto de nossos processos sociais, como a empatia e o comportamento moral. Então, quando falamos sobre mudanças no cérebro adolescente, veremos que muitas dessas importantes mudanças envolvem níveis crescentes de integração, especialmente realizados no córtex. Essa integração cortical aumentada faz com que habilidades tão diversas quanto o controle cognitivo, a regulação emocional, o pensamento essencial, o autoconhecimento e as funções sociais mudem e surjam ao longo da adolescência.

Um dos núcleos centrais que liga os nódulos de nossas redes extensas de circuitos social, emocional e cognitivo em um todo funcional está na região frontal do córtex. Uma rede contém componentes muito diversos, os nódulos, e o núcleo é o aspecto da rede que liga esses diferentes nódulos uns aos outros. Um nódulo no sistema nervoso, por exemplo, pode ser um ajuntamento de neurônios na área límbica ou no córtex. Um núcleo importante do sistema nervoso, que liga os nódulos, está bem atrás da testa. Por estar na frente das áreas frontais, é denominado córtex pré-frontal. Perceba como no modelo de sua mão essa região pré-frontal integradora, localizada nas extremidades de seus dedos, sua região pré-frontal-das-unhas, liga o córtex às regiões do polegar-límbica-subcortical e à palma-tronco-encefálico. Além disso, essa região pré-frontal liga as informações do próprio organismo e do organismo de outras pessoas. A região pré-frontal coordena a energia e as informações do córtex, da área límbica, do tronco encefálico, do organismo e do mundo social. É esse papel integrador, conectando e coordenando muitas informações diferenciadas, que torna o crescimento do córtex pré-frontal tão central à nossa compreensão de como mudamos e nos tornamos adolescentes mais integrados.

A ADOLESCÊNCIA COMO PORTA DE ENTRADA PARA A EXPLORAÇÃO CRIATIVA

Em resumo: o principal objetivo do desenvolvimento do cérebro é se tornar mais *integrado.* Isso significa que as áreas vão se tornar mais especializadas e depois interligadas umas às outras de formas mais eficientes. É por isso que a poda neuronal e a mielinização das conexões criam – a diferenciação de regiões especializadas e sua integração coordenada. O resultado de tal processo é ter um processamento de informações mais eficiente e especializado. Isso reafirma nossas discussões sobre o pensamento essencial, que enxerga através de todos os detalhes para encontrar o julgamento mais inteligente em uma situação. Quais são as formas básicas pelas quais pode ocorrer tal transformação de pensamento? Quais são as unidades básicas da estrutura cerebral que favorecem tais mudanças reconstrutivas e integradoras na adolescência?

Como já vimos, nossos genes e nossas experiências contribuem para as formações das conexões sinápticas e a interligação das várias partes da rede em circuitos. Isso significa que as mudanças no cérebro se devem, de um lado, à informação genética que herdamos e, de outro, a experiências com as quais nos ocupamos. A experiência jorra um fluxo de energia através de determinados neurônios e reforça suas conexões mútuas. É importante conhecer nossas conexões neurais porque elas definem como nos sentimos, pensamos, raciocinamos e tomamos decisões.

Já que a poda neuronal e a mielinização reestruturam as redes de conexões cerebrais, costumam ser denominadas de "remodelação". As alterações da remodelação nas áreas frontais integradoras do córtex são responsáveis pela descoberta que fazemos na adolescência ao começarmos a nos tornar conscientes de nós mesmos e a pensar sobre a vida de forma conceitual e abstrata. Nossas mentes adolescentes emergentes começam a explorar de forma criativa e consciente os significados mais profundos da vida, das amizades, dos pais, da escola – de tudo. Mesmo a capacidade de refletir sobre nossas próprias personalidades emerge durante esses anos. Embora os genes determinem em parte o momento dessas mudanças, a experiência – sobre o que pensamos, o que discutimos com os amigos, como passamos nosso tempo – vai ajudar a expandir essa nova maneira de pensar o mundo. Alguns adolescentes, por exemplo, podem não se envolver em pensamentos ou conversas meditativas com os amigos ou com a família. Nessa situação, a experiência interpessoal deles de cultivar o autoconhecimento pode não estar muito bem desenvolvida.

No que concentramos a atenção e como passamos o tempo estimulam diretamente o desenvolvimento daquelas partes do cérebro que realizam essas funções.

Em vez do modo de pensar concreto e do aprendizado baseado em fatos que dominam as crianças durante os anos do Ensino Fundamental, a curva de aprendizado adolescente envolve um foco maior em conceitos mais complexos. Nossa experiência literal de estar consciente da vida explode em novas visões do que é real, visões que na infância podem nem mesmo ter cruzado nossos pensamentos. É por isso que a adolescência é uma época tão incrível. O desenvolvimento dos lobos frontais nos permite experimentar nossa capacidade humana de conhecer o conhecimento – de refletir sobre como pensamos, sentimos, por que fazemos o que fazemos e como poderíamos fazer as coisas de forma diferente. Como Dorothy disse em *O Mágico de Oz*: "Não estamos mais em Kansas".

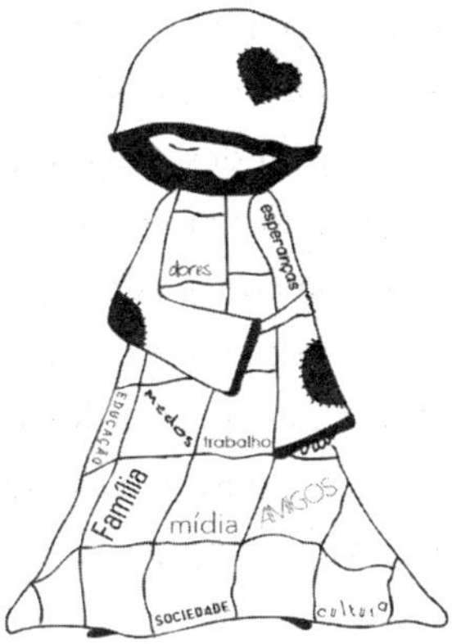

Quem está debaixo disso?

Lembro-me de que achei essa nova consciência devastadora quando era adolescente. Em vez de sorrir bastante como fazia durante a infância, passei a ficar mais emburrado, introspectivo, confuso e pensativo. Quando estava nos primeiros anos da adolescência, meu pai me perguntou por que eu não sorria mais, e eu simplesmente não soube o que dizer. Quando fiquei mais velho, assisti ao filme *Ensina-me a viver* com alguns amigos e não pude parar de pensar na letra da música clássica de Cat Stevens, "*If you want to sing out, sing out*": "*Well, if you want to sing out, sing out. And if you want to be free, be free*"[5]. Havia um milhão de coisas que eu poderia ser, dizia a música, e eu poderia fazer o que quisesse, poderia fazer as coisas se realizarem. Costumava cantar a música na cabeça repetidamente; ela tocava como uma fita sem fim. Hoje em dia, quando escuto essa música, posso ver que a letra captura a essência de nossa jornada por aqueles anos adolescentes. É uma canção que fala sobre amadurecer, sobre deixar os adultos em segundo plano enquanto criamos um novo mundo como adolescentes.

Esse desabrochar da mente adolescente é nosso direito inerente como seres humanos.

---

5 "Se você quer cantar, cante. E se quer ser livre, seja livre." [N. T.]

O nome de nossa espécie é *Homo sapiens sapiens. Sapiens* significa conhecimento. Então, com o duplo conhecimento, somos não apenas os que sabem, mas os que *sabem* que sabem. E esse conhecimento de que conhecemos surge na adolescência. As explorações criativas e conscientes do pensamento conceitual e do raciocínio abstrato capacitam o cérebro a abordar velhos problemas de novas maneiras. Um garoto de 15 anos não é simplesmente um garoto de dez anos com mais cinco anos de experiência. O desenvolvimento cerebral significa que, como adolescentes, podemos pensar de maneiras conceituais e abstratas que um garoto de dez anos não pode sequer imaginar. Um aspecto dessa exploração pode ser o pensamento divergente, um modo de abordar problemas criativamente, de pensar "fora da caixa". Podemos abordar os problemas de novas maneiras e podemos abordar nossa autocompreensão de maneiras nunca antes vistas. Essa exploração criativa engloba formas de perceber, de raciocinar e de resolver problemas com habilidades abstratas e estratégias de pensamento e capacidades reflexivas que nos permitem enfrentar os desafios da vida de formas mais inovadoras.

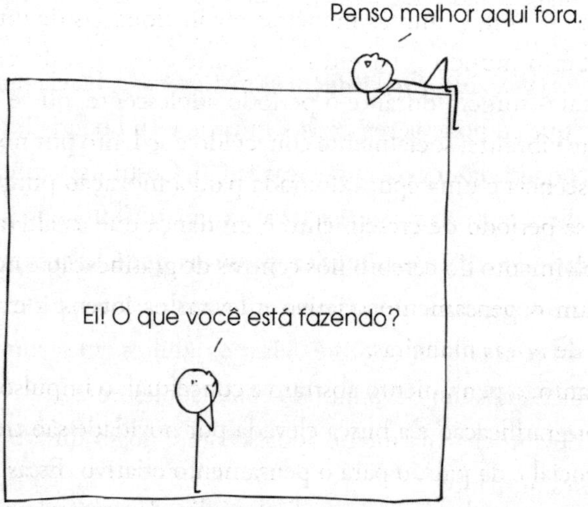
Penso melhor aqui fora.
Ei! O que você está fazendo?

As mudanças em nosso modo de pensar e as expansões em nossa consciência ocorrem por causa do remodelamento do cérebro e são parte saudável da adolescência. A reconstrução do córtex capacita o surgimento e o desabrochar do raciocínio conceitual e das explorações criativas.

Com essa capacidade expandida da consciência entramos em um modo potencialmente novo de abordar o mundo e como nos encaixamos nele. Em vez do antigo padrão de apenas seguir com o conhecimento anterior adquirido dos adultos quando éramos crianças no Ensino Fundamental, como adolescentes, nossos cérebros agora permitem essa nova forma de pensar que pode desafiar os modos antigos de fazer as coisas. Esse novo raciocínio conceitual nos capacita a ver que o antigo modo de fazer as coisas, embutido em nossos cérebros, é apenas uma abordagem – e agora podemos criar outra tão boa quanto ou talvez melhor.

A força da mente adolescente surge dessas alterações cerebrais, que nos permitem solucionar problemas de maneiras novas e inovadoras. Podemos dizer que esse é também o principal propósito e função desse período da vida – o essencial da adolescência.

Como já vimos, muitas maneiras revolucionárias de interpretar e conceber o mundo – na música, na arte e na criação recente da era digital – surgem durante o período adolescente, que é emocionalmente vibrante, socialmente conectado e sedento por novidades. A adolescência é uma época dourada para a inovação porque é durante esse período de crescimento e mudança que as alterações no desenvolvimento do cérebro nos centros de gratificação e no córtex, encorajam o pensamento criativo e levam os jovens a explorar o mundo de novas maneiras.

Portanto, o pensamento abstrato e conceitual, o impulso aumentado por gratificação e a busca elevada por novidade são três fontes do potencial e da paixão para o pensamento criativo. Essas aptidões precisam ser mescladas com estudo disciplinado, naturalmente, para permitir que o conhecimento dê forma à inovação.

Sim, esses podem ser anos difíceis de navegar porque, além da inovação, também envolvem risco e rebelião, como vimos. A impulsividade e o pensamento hiper-racional nos deixam dirigir rápido demais, assumir riscos desnecessários e colocar em perigo a nós mesmos e aos outros. Saltamos de penhascos para o mar e nos machucamos. Mas há um meio-termo, um lugar para respeitar o impulso por novidade e a criação de novas explorações. Se nós, adultos, reprimirmos severamente essas mudanças naturais, rejeitando os adolescentes ao mesmo tempo em que eles nos rejeitam, o resultado pode ser uma paralisação de toda comunicação entre as gerações.

É preciso aumentar a compreensão empática e a comunicação respeitosa, criando integração entre as gerações.

Assim como quando elefantes adolescentes são privados dos elefantes mais velhos em um bando e então enlouquecem e se tornam destrutivos sem a presença de adultos, o isolamento total dos adolescentes humanos da comunidade adulta pode resultar em um impasse inútil. Produtos da tecnologia – carros, drogas sintéticas, armas, internet – elevam as apostas. Portanto, uma lição importante para adultos e adolescentes é que o afastamento do adolescente não é a mesma coisa que seu isolamento completo. Se os dois lados da divisão geracional se entenderem completamente, talvez esses anos importantes de inovação e transição possam ser mais bem navegados, ajudando os adolescentes a se transformarem nas pessoas que têm o poder e o potencial para ser.

Colocado de forma simples, nosso desafio é ver o poder e o potencial do cérebro adolescente e a emergência da mente adolescente como vantagens em vez de desvantagens.

CRIAR COLABORAÇÃO ENTRE AS GERAÇÕES

No Ensino Fundamental, meu filho e seus colegas de banda, todos com 14 anos de idade, certa vez empilharam todos os amplificadores na sala de música para ver até que altura poderiam fazer um "muro de som" com os instrumentos tocados ao mesmo tempo através do mesmo sistema. No andar acima da sala de música ficavam os escritórios administrativos da escola. Nem é preciso dizer, as janelas quase estilhaçadas do edifício foram um incentivo para que o diretor da escola caísse em cima de meu filho e de seus amigos com graves consequências. Uma dessas consequências foi proibi-los de usar a sala de música por três meses. O resultado foi que aqueles adolescentes, incapazes de ter o escape criativo da música na escola, começaram a fazer coisas ainda piores. Iniciou-se um ciclo de pressão sobre os adolescentes e, consequentemente, sobre os adultos. Em uma reunião, sugeri que os administradores, como os adultos nesse ciclo, tentassem enxergar através do ciclo vicioso de *feedback* e levassem em consideração o impulso por novidade e exploração que tinha sido o verdadeiro objetivo do experimento dos amplificadores.

Felizmente, uma das administradoras lembrou o caso de seu próprio irmão em uma mesma cascata de eventos. Ela sugeriu que tentássemos uma abordagem diferente. Os administradores da escola então chamaram os rapazes da banda, disseram-lhes quais eram os efeitos negativos de suas ações, devolveram a eles o privilégio de utilizar a sala de música com a condição de não violarem as regras básicas da escola. O "problema de conduta" dos garotos desapareceu nos cinco anos seguintes.

O mais importante dessa solução criativa foi respeitar o impulso natural adolescente por inovação e pela criação de novas maneiras de fazer as coisas. Respeitar não significa não estabelecer limites. Significa reconhecer a intenção por trás das ações. A adolescência tem a ver com experimentações. Se os adultos proibirem isso, a paixão por novidade será frustrada, os adolescentes ficarão desiludidos e desconectados e ninguém irá se beneficiar. Senti-me agradecido por aqueles administradores conseguirem pensar de modo criativo e colaborativo, usando a essência de seus próprios "adolescentes internos" para criar um plano apropriado, comportamental e psicologicamente eficaz. Eles entenderam que a cachoeira continuaria a cair, então usaram suas habilidades de adultos para canalizar a força da água. Foi uma situação em que todos saíram ganhando. E a banda continuou a criar, tocando músicas bastante boas.

Às vezes nós, adultos, enxergamos o impulso adolescente em direção à experimentação para criar novidade como uma mudança negativa, como um problema, um sinal de que os adolescentes estão "loucos". Como adulto e como pai entendo a ideia por trás desse sentimento. Porém, perpetuar a noção de que esses impulsos naturais e saudáveis em direção à novidade significam que os adolescentes estão "fora de si" não é uma mensagem útil para ninguém. Quando adolescentes, trocamos nossa mente antiga por uma nova, repleta do poder positivo e do potencial para a criatividade. Esse poder é algo que todos precisam respeitar. O segredo é aproveitar esse potencial e ajudar a cultivar aquele poder.

VULNERABILIDADE E OPORTUNIDADE

A adolescência pode ser vista como um período transformador no qual os indivíduos passam do estado de abertura de tudo (infância) para o estado de especialização em poucas coisas (vida adulta). Vimos que um aspecto dessa remodelação é a poda neuronal, ou cortar as conexões que não são necessárias no cérebro. Em geral, a poda pode levar a importantes mudanças na maneira como funcionamos quando adolescentes – e às vezes pode desmascarar problemas potenciais. É por isso que uma série de desafios da saúde mental – como dificuldades de humor, a exemplo da depressão e do transtorno bipolar, ou dificuldades de raciocínio, como a esquizofrenia – pode surgir mais na adolescência do que na infância. A poda combinada com as alterações hormonais e as mudanças genéticas moldam nossa atividade neuronal e o desenvolvimento sináptico, transformando o funcionamento cerebral de forma dramática durante os anos adolescentes.

Qualquer vulnerabilidade na constituição do cérebro durante a infância, a adolescência pode revelar essas diferenças cerebrais com a redução do número existente, mas insuficiente, de neurônios e suas conexões. Tal vulnerabilidade pode ter um leque amplo de causas, de genéticas e exposições tóxicas a experiências prejudiciais na infância, como abuso ou negligência. Essa visão do desenvolvimento propõe que a vulnerabilidade do período adolescente pela poda dos circuitos da infância que podem ter estado "sob risco" leva ao desmascaramento daquelas deficiências. A reativação dos genes durante a adolescência, que define como os neurônios crescem e interagem com outros neurônios, também pode influenciar a vulnerabilidade do cérebro adolescente. Mesmo que ocorra a poda normal, o que resta pode ser insuficiente para manter o estado de ânimo equilibrado ou o raciocínio coordenado com a realidade. Em caso de grande período de estresse, esse processo de poda pode ser ainda mais intenso, e um número maior dos circuitos sob risco podem ser diminuídos em quantidade e efetividade. O resultado é o desmascaramento da vulnerabilidade oculta durante a poda da adolescência. O desenvolvimento integrador do cérebro não vai ocorrer da melhor forma, e, dependendo de quais circuitos forem afetados, pode ocorrer a descoordenação e o desequilíbrio cerebral.

Durante os anos do Ensino Médio e Superior podem aparecer pela primeira vez grandes transtornos psiquiátricos como depressão, distúrbio bipolar ou esquizofrenia, mesmo em indivíduos que, fora isso, funcionam bem. Quando o estado de espírito ou o pensamento tornam-se disfuncionais, repletos de rigidez ou caos que interrompe o funcionamento adaptativo por longos períodos, é possível que um adolescente esteja experimentando algo além das inevitáveis emoções intensas da adolescência. Talvez seja apenas um período de integração deficiente durante o remodelamento do cérebro que leve temporariamente a tal rigidez e caos, e o desenvolvimento posterior possa corrigir essa deficiência. Mas, às vezes, o surgimento de problemas sérios de comportamento é sinal de um transtorno que precisa ser avaliado e cuidado, como acontece com um distúrbio de humor, de pensamento ou de ansiedade com comportamento obsessivo-compulsivo ou de pânico. Já que algumas dessas condições psiquiátricas graves andam junto com pensamentos e impulsos suicidas, pode ser extremamente importante buscar ajuda para entender o significado dessas mudanças em si mesmo, em seu amigo ou filho adolescente. Eu mesmo tive um amigo cuja filha desenvolveu um transtorno emocional na faculdade e ninguém alí se dispôs a encontrar ajuda para ela. Simplesmente a isolaram, chamando-a de "maluca". A ajuda só chegaria tarde demais.

Naturalmente, com uma integração deficiente no cérebro, a mente não será tão flexível nem terá tanta plasticidade. Às vezes, essa falta de integração pode melhorar com a psicoterapia também ou pode exigir medicação, mas sempre deve começar com uma mente aberta e uma boa avaliação. Quando a sua própria mente para de funcionar direito, pode ser muito angustiante para todos os envolvidos. E o estresse de ter uma mente em tumulto pode em si mesmo criar mais estresse. Aqui, a remodelação descobriu uma vulnerabilidade subjacente, e a disfunção que se segue à integração deficiente pode criar a própria intensificação do processo de poda. É por isso que buscar ajuda é muito importante para reduzir o estresse e a poda excessiva. O principal ponto que está sendo atualmente explorado nas pesquisas é como esse processo de poda, intensificado pelo estresse, pode criar maneiras inadequadas pelas quais as conexões no cérebro podem funcionar.

Fica claro que as intervenções iniciais para criar uma experiência de vida estável para o indivíduo e reduzir o estresse são essenciais para apoiar o desenvolvimento saudável do cérebro durante esse período de mudança e desenvolvimento. Essa não é uma proposta de "tudo ou nada", na qual uma vulnerabilidade genética sempre se torna um transtorno psiquiátrico. A realidade é bem mais complexa. Mesmo gêmeos idênticos, que compartilham a mesma composição genética, não têm 100 por cento de probabilidade de desenvolver o mesmo transtorno. A experiência desempenha um papel importante em como o cérebro se desenvolve, mesmo frente à genética ou a outros fatores de risco. Podemos observar os genes e outras variáveis importantes como alguns dos muitos fatores que contribuem para o desenvolvimento cerebral. Os genes podem influenciar alguns aspectos do desenvolvimento neuronal, mas há um conjunto de fatores bem maior que contribui para nosso bem-estar além da genética. Como a mente evolui, como os relacionamentos são favoráveis, como as pessoas têm uma sensação de pertencer a um grupo maior, tudo isso influencia a forma como o cérebro alcança e mantém o desenvolvimento integrador, que está na raiz do nosso caminho em direção à saúde.

Durante a adolescência, a poda neuronal, a mielinização e o remodelamento que elas criam acontecem principalmente nas regiões corticais. Embora uma dessas áreas seja o córtex pré-frontal, é importante lembrar que essa parte mais externa do córtex frontal não é superespecial. É mais acertado dizer que a região pré-frontal e as áreas relacionadas são importantes porque coordenam e equilibram outras regiões do cérebro. Desse modo, podemos dizer que o córtex pré-frontal é integrador, já que liga áreas diferentes umas às outras. Essa integração permite que "o todo seja maior do que a soma de suas partes". Com essa integração alcançamos funções mais complexas e úteis. Como vimos, exemplos incluem autoconsciência, empatia, equilíbrio emocional e flexibilidade.

Como a região pré-frontal funciona como um núcleo integrador principal, o que poderíamos chamar de centro de controle principal ou de região executora, seu reajuste durante o período da adolescência permite que uma forma mais extensa de integração seja alcançada na transição da infância para a vida adulta. Como observamos anteriormente, esse núcleo é tanto para as redes de circuito dentro do cérebro e o organismo quanto para as redes de cérebros interconectados a que chamamos de relacionamentos. Aqui vemos como a integração de nossas redes internas e de nossas redes interpessoais moldam nossa experiência da mente. A mente está incorporada dentro de nós e embutida entre nós. Nossa mente está dentro de nós e entre nós.

O CÉREBRO REMODELADO E A PERDA DE CONTROLE

Sob a influência de várias drogas, inclusive do álcool, a mente pode parar de funcionar corretamente porque a região pré-frontal deixa de ser capaz de realizar a coordenação e o equilíbrio dos fluxos de informações de dentro do organismo e do mundo exterior. Embora várias drogas possam desligar o funcionamento integrador do cérebro em curto prazo e o uso crônico de drogas possa distorcer essa coordenação e o equilíbrio em nossas vidas em longo prazo, também estamos propensos a perder a integração de outras maneiras que não envolvem as drogas. Às vezes podemos simplesmente "perder o controle", com as fibras integradoras pré-frontais do cérebro interrompendo a coordenação de todo o sistema. Já que a área pré-frontal está sendo reconstruída durante a adolescência, em certos momentos ela pode estar especialmente propensa a perder temporariamente sua função integradora na ligação de áreas separadas.

Mesmo quando estamos nos desenvolvendo adequadamente, durante esse período de remodelação a capacidade da região pré-frontal de realizar a coordenação e o equilíbrio de seu papel integrador pode não funcionar da melhor maneira. A remodelação do cérebro é uma parte necessária de seu desenvolvimento e forma a integração ao longo dos anos adolescentes. Essa remodelação envolve diferentes fases, passando pela poda neuronal e pela mielinização em regiões e épocas diferentes. E remodelação consome energia. Porém, embora as trajetórias realmente difiram entre os gêneros, esse processo de remodelação é bem similar entre os sexos.

O cérebro funciona de forma dependente do estado, o que significa que, em um estado calmo, certas funções integradoras podem funcionar bem e de forma eficiente. No entanto, em outras situações essas mesmas funções podem não funcionar tão bem. Para muitos de nós, na fase da adolescência, quando estamos longe de nossos iguais e nossas emoções estão equilibradas, podemos ser tão eficientes quanto os adultos. Mas em cenários com emoção em destaque ou na presença dos iguais, o raciocínio pode se tornar distorcido. O contexto no qual estamos e o estado emocional interno de nossas mentes moldam diretamente o quanto somos suscetíveis a perder certas funções. Isso pode ser interpretado como ser "emocional demais" ou "influenciado demais pelos amigos", mas outro ponto de vista é que a nossa sensibilidade emocional e o interesse nos amigos são adaptáveis. Isso não é imaturidade, mas um passo necessário no desenvolvimento humano. Precisamos escutar nossos pares a fim de nos tornarmos parte daquele grupo vital de sobrevivência enquanto deixamos nossa família.

Do ponto de vista da família, essa emoção aumentada e a influência social podem ser prejudiciais à vida doméstica. Uma forma extrema é quando ficamos realmente agitados e "perdemos o controle" ou "surtamos". Tal estado de não integração pode acontecer de forma abrupta para qualquer pessoa, mas no início da adolescência podemos estar especialmente propensos a isso sob certas condições, como quando nossos pais nos interrompem sabendo que estamos ocupados ou quando um amigo não liga depois de dizer que o faria.

Se você utilizar o modelo manual do cérebro e subitamente levantar os dedos, verá o modo anatômico através do qual podemos simbolizar a forma como perdemos o papel integrador do córtex pré-frontal. Sem a influência calmante daquela região cortical, explosões repentinas de lava límbica e rajadas de reatividade – as antigas reações de briga, fuga, paralisação ou desmaio – podem surgir repentinamente, às vezes sem nenhum aviso. Essas são nossas reações primárias, primitivas e subcorticais à ameaça. Uma vez que o córtex é um centro para a consciência, essas áreas inferiores do cérebro podem se tornar ativas sem que nossa mente consciente saiba o que se agita nas profundezas. Aí... *bang*! Surge uma série de reações que sequer sabíamos que estávamos guardando dentro de nós. Parece familiar? Aconteceu muito comigo quando eu era adolescente. E certamente pode acontecer com adultos também. É nessas horas, quando o córtex pré-frontal vulnerável não está em seu melhor desempenho monitorando e gerenciando o mundo subcortical, que tais reações equivocadas podem surgir. Quando não dormimos bem, não comemos, estamos sob pressão ou sentimos alguma agitação emocional oculta, as influências calmantes do córtex pré-frontal podem não funcionar direito e podemos perder o controle. Adolescente ou adulto, isso faz parte do ser humano.

Agora, quando se trata de jovens, essa perda de controle geralmente é vista como consequência de ser um "adolescente louco". Vamos chegar a um acordo para não usar a palavra *louco*; vamos chamar isso do que realmente é – remodelação e alterações de integração. Em um canteiro de obras às vezes os antigos encanamento e rede elétrica são temporariamente desligados. Não chamamos isso de construção defeituosa – é apenas um projeto de reconstrução. A remodelação tem suas inevitáveis desvantagens. Por um curto período a energia elétrica e a água na construção não funcionam. Não há luz, nem encanamento, nem escadaria viável. Isso tudo são mudanças temporárias no que funciona bem. A boa notícia é que a remodelação é um processo que vai criar novas e melhores maneiras de funcionar. A remodelação é necessária para adaptar a estrutura de nossa fundação neuronal para que se ajuste a novas necessidades, e também é necessária para adaptar nossa família humana às novas necessidades de um mundo em transição. Novos níveis de integração estão sendo criados e novas capacidades estão sendo estabelecidas e reforçadas. A remodelação constrói uma nova integração.

Dito isto, às vezes a remodelação é acompanhada de formas desafiadoras de pensar, sentir e interagir, que são inseparáveis do curso da remodelação neuronal.

A área de reconstrução do córtex pré-frontal em particular significa que muitas das funções que essa área frontal do cérebro realiza por meio de seu papel integrador – equilíbrio de emoções, planejamento para o futuro, percepção e empatia – são mais facilmente desconectadas com emoções intensas e influência dos semelhantes. Elas podem ser mais frágeis, mais facilmente interrompidas do que serão nos anos seguintes. Na verdade, um de meus amigos, cujo filho é alguns anos mais jovem que o meu, certa vez disse que sentiu total diferença quando seu filho passou dos 19 para os 20 anos. Depois que o jovem completou o primeiro ano de faculdade, meu amigo contou que ele "parecia ter voltado ao mundo das interações humanas normais". O que ele quis dizer com isso? O equilíbrio de emoções de seu filho tinha sido desligado, o planejamento para o futuro não acontecia, a percepção sobre si mesmo – ou a empatia pelos outros – parecia não existir, pelo menos para o pai desse jovem. Como podemos definir essa experiência comum?

Quando compreendemos que a região pré-frontal é necessária para que cada uma dessas funções ocorra, podemos entender por que a mudança em direção a uma organização depois de alguns períodos intensos de remodelação parece tão diferente – provavelmente porque o período de remodelação está se estabilizando e a região pré-frontal pode fazer seu trabalho.

Mas do que se trata, exatamente, esse trabalho? Essa região coordena e equilibra o cérebro com o organismo e nossas redes interiores com o mundo social. Sim, essa região atrás da testa liga todas as partes do cérebro no crânio umas às outras, e liga essas funções ao que está acontecendo no organismo (sinais do coração, intestinos, músculos). Em seguida, esses sinais conectados são entrelaçados com as informações de outras pessoas. A ligação dessas partes diferentes implica muita integração. Então, como adolescentes, precisamos dar a nós mesmos uma colher de chá, e como adultos precisamos respeitar a remodelação pela qual passam os adolescentes. Isso não significa que a loja esteja fechada, significa apenas que estamos fazendo ajustes porque a mente adolescente está sendo moldada.

A ADOLESCÊNCIA FORNECE A INTEGRAÇÃO NO CÉREBRO

Dê uma olhada no seu modelo manual do cérebro. Coloque sua área límbica (polegar) sobre sua área do tronco encefálico (palma da mão). Essas são as partes mais inferiores do cérebro, as que geram emoção, reatividade e o impulso por gratificação, entre outros. Agora coloque seus dedos por cima do seu polegar, e olhe as unhas dos dois dedos do meio. Essa é a região pré-frontal. Perceba como quando você ergue seus dedos (o córtex) e os abaixa de novo, pode ver como essa área das unhas (área pré-frontal) está ligada ao córtex; ela fica em cima da região límbica (polegar) e também se liga diretamente ao tronco encefálico (palma). Além disso, sinais do próprio corpo – dos músculos e ossos, dos intestinos e coração – também vão para essa região pré-frontal. Não bastasse isso, a região pré-frontal também faz mapas do que está acontecendo dentro dos sistemas nervosos de outras pessoas. É isso mesmo! A região pré-frontal mapeia o mundo social. É a área pré-frontal que cria os mapas de visão mental de você, para empatia; e de nós, para moralidade, assim como um mapa de visão mental de mim para a percepção.

Então vamos rever isso, tendo nosso modelo de mão em mente. Cinco áreas separadas de fluxo de informações são coordenadas e equilibradas pela região pré-frontal. São elas: o córtex, a área límbica, o tronco encefálico, o tronco e o mundo social. Quando esses fluxos de informações de fontes separadas se relacionam, chamamos isso de "integração". E integração é o que cria as principais funções da autoconsciência, raciocínio, planejamento, tomada de decisões, empatia e até moralidade – pensar no bem social maior.

Quando a região pré-frontal alcança um novo estado de ser remodelado, essas funções importantes se tornam mais confiáveis e fortes. A integração agora pode ocorrer de forma mais consistente e confiável. Cérebro, corpo e mundo social se entrelaçam em um todo graças ao córtex pré-frontal. Saber como essa remodelação pré-frontal acontece pode nos ajudar não apenas a entender melhor o que está ocorrendo dentro do cérebro, mas a fazer algo construtivo com isso, como logo veremos. Na verdade, os exercícios de visão mental que vamos explorar ao longo do livro podem promover o desenvolvimento dessas regiões integradoras do cérebro. Sim, podemos cultivar o desenvolvimento das fibras integradoras do córtex pré-frontal. Interações positivas com os outros e a autorreflexão são dois modos de aumentar a integração pré-frontal. É isso mesmo: você pode cultivar essas fibras se optar por aprender a fazer isso!

A PARTE INFERIOR DO CÉREBRO EMOCIONAL

Você sabia que, junto com essas alterações pré-frontais, as áreas na parte inferior do cérebro abaixo do córtex (seu polegar/área límbica e sua palma da mão/tronco encefálico) são mais ativas nos adolescentes do que em crianças e adultos? Isso significa que as emoções podem aparecer rápida e intensamente sem as influências calmantes do córtex pré-frontal. A região pré-frontal pode enviar circuitos tranquilizadores, denominados "fibras inibitórias", para essas áreas inferiores e acalmar sua atividade.

Escaneamentos cerebrais revelam que, quando os adolescentes veem um rosto neutro em uma fotografia, uma área grande da região límbica, a amígdala, é ativada, enquanto nos adultos a mesma fotografia ativa apenas o raciocínio do córtex pré-frontal. O resultado para os adolescentes pode ser uma convicção interna de que mesmo a resposta neutra de outra pessoa está repleta de hostilidade e não pode ser confiável. Uma expressão vazia ou um encontrão no corredor podem ser interpretados como intencionais, e um adolescente pode responder com uma observação irritada, mesmo se o olhar e o encontrão forem totalmente inocentes. Conhecer essa descoberta científica me ajudou, como pai, a entender as reações geralmente intensas de meus próprios filhos adolescentes a comentários que fiz e que, em minha opinião, eram bem neutros, embora eles os tenham recebido como agressivos.

As informações chegam à amígdala por dois percursos. Um é lento, no qual o córtex superior filtra a informação, raciocina, reflete e depois informa a amígdala de maneira calma e racional. O segundo ignora o córtex e simplesmente envia os fluxos de percepção diretamente à amígdala. Esse é o percurso rápido. Estudos revelam que, mesmo sob circunstâncias calmas, o percurso rápido para a ativação da amígdala geralmente ocorre mais prontamente em adolescentes que em adultos; o percurso lento é mais frequente em adultos. Isso significa que as emoções intensas de uma resposta pura da amígdala podem aumentar mesmo quando nada está bloqueando o córtex, como quando perdemos o controle em um estado agitado e caótico ou nos fechamos em um estado rígido. Como adolescentes, podemos simplesmente ter uma resposta emocional mais imediata, que não é filtrada pelo raciocínio cortical. Esse é o percurso rápido em ação. É o que queremos dizer, em parte, quando falamos que a adolescência é um período de maior intensidade emocional, de mais centelha emocional. O percurso rápido para a amígdala é ativado com maior rapidez durante esse período do que em qualquer outra época da vida.

Para todos nós, adolescentes ou adultos, quando emoções intensas irrompem em nossas mentes precisamos aprender a senti-las e a lidar com elas. Como Fred Rogers[6] costumava dizer na televisão: "Se as sensações forem mencionáveis, elas podem se tornar controláveis". Como vimos nas Ferramentas de Visão Mental número 1, podemos usar a noção de "nomear para disciplinar". Aprender a lidar com as emoções significa estar ciente delas e modificá-las internamente para que possamos pensar com clareza. Algumas vezes podemos nomeá-las para domá-las e ajudar a equilibrar a intensidade emocional de nosso cérebro, descrevendo com palavras como nos sentimos. Se dissermos o nome de uma emoção dentro de nossas mentes, isso pode ajudar. Existem até

6 Fred McFeely Rogers, mais conhecido por Fred Rogers ou Mr. Rogers, foi um pedagogo e artista norte-americano, pastor da Igreja Prebisteriana que se notabilizou como apresentador televisivo de programas infantil e juvenil. [N. T.]

alguns estudos do cérebro que mostram como esse processo de nomear pode ativar o córtex pré-frontal e acalmar a amígdala límbica! Aprender a controlar as emoções na adolescência é uma parte importante no processo de se tornar independente dos pais e se tornar forte na vida. Nas seções de Ferramentas de Visão Mental vamos explorar as muitas e úteis estratégias de equilíbrio de emoções que podem auxiliar nosso desenvolvimento durante a adolescência e além.

PREPARADO PARA A AVENTURA E A CONEXÃO

Quando comparamos nosso próprio período adolescente com a transição similar de outros animais, encontramos paralelos surpreendentes. Em *Zoobiquity*, um livro que aborda o que temos em comum com os nossos primos animais, Barbara Natterson-Horowitz e Kathryn Bowers escrevem: "É provável que um limiar de risco similarmente reduzido – de fato, um novo *prazer* em assumir riscos – impulsione aves quase crescidas para fora de seus ninhos, hienas para fora de seus esconderijos, golfinhos, elefantes, cavalos e outros a formarem grupos de jovens; e os adolescentes humanos para os *shopping centers* e dormitórios estudantis. Como vimos, ter um cérebro que o deixa menos medroso possibilita, e talvez encoraje, encontros com ameaças e competidores que são cruciais para a segurança e o sucesso. A biologia do medo diminuído, do maior interesse na novidade e da impulsividade servem a um propósito em todas as espécies. Na verdade, poderíamos dizer que a única coisa mais perigosa do que correr riscos na adolescência é *não* corrê-los".

Na realidade, o processo natural de deixar o ninho é repleto de riscos. O risco de não correr riscos ao qual se refere Natterson-Horowitz e Bowers é que o indivíduo não será capaz de correr o risco necessário para deixar o ninho, e com tal estagnação nossa espécie não sobreviverá. O risco traz vida nova para a forma rígida de fazer as coisas. Podemos perceber que no fundo da estrutura do nosso cérebro talvez sintamos a ânsia de assumir comportamentos de risco como se fossem questões de vida ou morte. Pelo bem de nossa família, através das gerações, eles são essenciais. E para nossa espécie como um todo, elas são *de fato* uma questão de sobrevivência. O cérebro adolescente estabelece uma perspectiva positiva, enfatizando os prós e em grande parte minimizando os contras a fim de preservar nossa família humana.

Podemos ter o mesmo impulso de conexão com nossos semelhantes que também estão saindo para o mundo porque, em grupos, podemos encontrar a segurança. Mais olhos para observar os predadores, mais compatriotas para se juntar em nossa jornada compartilhada para longe de casa, mais companheiros com quem se conectar enquanto criamos um novo mundo necessário para a sobrevivência de nossa espécie.

Certa vez, um paciente entrou em meu consultório com a cintura da calça bem abaixo do quadril. Isso era moda há alguns anos (ainda pode ser), e isso me confundiu. Não consegui deixar de questioná-lo. Então, curiosamente, mas também de forma respeitosa, perguntei: "Por que você usa as calças desse jeito, abaixo da bunda?". Nunca me esquecerei da resposta franca dele: "Preciso usar essas calças assim para ser como todo mundo que está tentando ser diferente. Estou tentando ser como todo mundo que está tentando não ser como todo mundo". Exatamente.

Isso nos ajuda a entender a situação. Os adolescentes geralmente acham que precisam mais uns dos outros do que precisam dos adultos. Adolescentes são nosso futuro, e é por meio da coragem deles e de seus esforços às vezes exagerados, mas criativos, de "não ser como todo mundo", que nossa espécie vem se adaptando. Se quisermos sobreviver neste planeta frágil e magnífico vamos precisar de toda a ingenuidade da mente rebelada adolescente para encontrar soluções para os graves problemas que a nossa geração adulta e as anteriores criaram.

Como pai, tentei levar em consideração essas lições da ciência sobre a adolescência. Respiro fundo e tento lembrar a mim mesmo, da melhor forma possível, que o comportamento de rejeição dos jovens está embutido não apenas nos cérebros *deles,* mas também em *nosso* DNA. A rejeição deles agora foi a nossa rejeição no passado, quando éramos adolescentes. Com essa qualidade humana universal em mente, o desafio é, no mínimo, encontrar um modo de ajudar os adolescentes a navegar esses anos sem prejudicar seriamente a si mesmos ou aos outros. Este pode ser um objetivo básico: "ao menos não faça mal". Depois disso, tudo é lucro. Naturalmente, podemos começar dali e ter expectativas bem maiores. Outro objetivo central é manter a linha de comunicação mais aberta possível. Essa visão estabelece um quadro que pode ajudar as situações mais difíceis a ficarem um pouco mais controláveis e fazer desse período uma época de colaboração entre as gerações.

FERRAMENTAS DE VISÃO MENTAL 2

TEMPO INTERIOR

Quer criar integração em seu cérebro? Um modo comprovado pela ciência de fazer isso é reservar um tempo para refletir interiormente.

Chamo isso de arranjar um "tempo interior".

Discutimos como um cérebro integrado proporciona uma mente forte e habilita os relacionamentos saudáveis. Se você está interessado em desenvolver a integração em seu cérebro, foi demonstrado em pesquisas que reservar um tempo para concentrar a atenção em seu mundo interior desenvolve as importantes fibras pré-frontais que integram a vida. Essa ferramenta de visão mental vai ensiná-lo a desenvolver as fibras integradoras de seu cérebro ao aprender como concentrar sua atenção de uma maneira muito prática.

TEMPO INTERIOR, VISÃO MENTAL E CONSCIÊNCIA PLENA

Tempo interior é o termo que uso para descrever o tempo que podemos reservar – seja um minuto por dia, dez minutos ou o dia todo – para focar de forma intencional nossa atenção no mundo interior de nossa experiência mental e subjetiva. Muito do que acontece nas famílias e nas escolas, e mesmo na internet com as mídias sociais, atrai nosso foco de atenção para o mundo exterior. Pense em quanto tempo passamos nos *smartphones*, *tablets* e outros dispositivos, absorvendo um fluxo infinito de informações. Para muitos adolescentes que cresceram com a internet, escrever *e-mails*, participar de *chats* e surfar na *web* são uma parte normal do dia a dia, e, embora haja muitas conexões ótimas que podem ser feitas por meio das mídias sociais e que aprimoram as amizades e as conexões sociais em geral, o perigo é deixarmos de prestar atenção em outros aspectos de nossas vidas. Horas e dias podem passar sem que reservemos um tempo interior para estarmos com a nossa vida interior, a vida de nossa própria mente.

Por que isso é uma questão? Porque, se não passarmos pelo menos algum tempo exercitando nossos circuitos de visão mental no mundo interior – o nosso e o dos outros –, esses circuitos não continuarão saudáveis e fortes. Para levar a vida em direção à integração não podemos apenas nos concentrar no mundo exterior dos objetos físicos. Precisamos da visão mental para desenvolver a integração na vida interior, que cultiva a empatia e a percepção.

Reservar um tempo interior regularmente é útil porque exercita os circuitos de visão mental, que podem integrar o cérebro e capacitar a vida. Uma maneira de reservar um tempo interior é desenvolver a consciência plena, uma forma de treinar a mente que ajuda a desenvolver a capacidade de estar presente no que está acontecendo no momento e se desapegar dos julgamentos, concentrando-se em aceitar a vida como ela é em vez de em como esperamos que seja. Em geral, o modo como concentramos a atenção para treinar a mente é chamado de "meditação", e estudos sobre a meditação mostram como essa prática auxilia no funcionamento mais saudável do organismo, da mente e dos relacionamentos. Estudos mostraram que, quanto mais presentes estamos na vida, maior o nível da enzima telomerase, que mantém e repara as extremidades dos cromossomos, denominadas telômeros, em nossos corpos. Com o estresse diário e a progressão natural do processo de envelhecimento, os telômeros podem se desgastar lentamente. Produzir mais telomerase pode nos ajudar a ficar mais saudáveis e a viver mais. Algumas pessoas conseguem isso naturalmente; outras precisam aprender treinando a atenção. Para aquelas que aprenderam a treinar suas mentes para serem atentas, a habilidade de estar presente aumenta, o sistema imunológico funciona melhor e o nível de telomerase sobe. Surpreendente, mas verdadeiro: o modo como você concentra a atenção da sua mente para dentro de si pode mudar as moléculas de seu corpo, tornando-o mais saudável e fazendo com que as suas células vivam mais.

A partir da presença, também nossa capacidade de estarmos conscientes de nossas emoções e de fazê-las trabalhar para nós, em vez de contra nós, é aprimorada. E nossa capacidade de concentrar a atenção para aprendermos o que quisermos aprender será reforçada. Como se isso não bastasse, outros estudos sobre meditação mostram que, com ela, seremos capazes de abordar situações desafiadoras, em vez de recuar delas, e encontrar realmente mais sentido e satisfação na vida. Algumas pessoas chamam isso de felicidade. É uma maneira de viver uma vida de significado, compaixão e propósito. Para dizer de maneira mais simples: o tempo interior ajuda a pessoa a ser mais sábia.

Sobre os relacionamentos, o tempo interior e a consciência da visão mental que ele cria ajudam as pessoas a serem mais empáticas. Não só a compaixão que surge de tal habilidade nos orienta a sermos conscientes dos sentimentos dos outros e de ajudá-los a se sentirem melhor, como também nos ajuda a nos sentirmos mais compassivos conosco. Então, sim, o tempo interior é parte fundamental da visão mental, e é uma situação vantajosa para todos, pois ajuda nossos corpos e cérebros, nossas mentes e vidas interiores e nossos relacionamentos. Ajuda até a nos relacionarmos conosco de um modo mais bondoso e incentivador.

Então por que a escola não ensina exercícios de tempo interior? Os professores poderiam expandir seu foco para além das tradicionais disciplinas de leitura, redação e cálculo ensinando reflexão, relacionamento e resiliência. Acho que isso não é feito porque as pessoas simplesmente não estão cientes dos resultados cientificamente comprovados de tais práticas interiorizadas. E ensinar tal educação interior em escolas significaria se afastar das rotinas e dos calendários movimentados e criar uma nova abordagem à educação de modo geral. Entretanto, há muita pesquisa sugerindo que buscar um tempo interior e desenvolver as bases de visão mental da inteligência emocional e social aumentam a realização acadêmica. As escolas poderiam aceitar esses resultados e auxiliar os adolescentes a desenvolver um programa pré-frontal que apoiasse uma mente saudável. Um grupo de programas inovadores está sendo adotado em algumas escolas para levar essa nova abordagem de educação interior para a sala de aula. Já que foi comprovado que a presença promove felicidade, a presença que tal currículo com tempo interior cria pode até mesmo tornar mais feliz um grupo de alunos e, provavelmente, de professores também.

Nas famílias, podemos tornar o tempo interior parte de nossas vidas diárias. De muitas maneiras, os pais são os primeiros professores de seus filhos. Então, por que não começar essa educação interior em casa para todos os membros da família?

Não há melhor lugar para começar do que em nós mesmos. Mahatma Gandhi tem um grande ditado: "Devemos ser a mudança que desejamos ver no mundo". Com essa ideia em mente, convido você a se unir a mim no desenvolvimento desses exercícios básicos de tempo interior para que possa se tornar um especialista em visão mental e desenvolver mais presença em sua vida. Esteja você no início de sua adolescência, ou no meio dela, esteja você no fim da adolescência ou já na vida adulta, esses exercícios de tempo interior podem trazer presença para a sua vida, catalisar a integração em seu cérebro e fortalecer sua mente.

PREPARANDO-SE

Primeiro, gostaria que você pensasse no tempo interior como uma prática regular diária para ativar os circuitos de visão mental no cérebro. Um pouco como escovar os dentes para a higiene oral, o tempo interior deveria ser um hábito diário que você simplesmente cultiva porque é parte necessária de uma vida saudável. Quando exercitamos um músculo, a repetida contração e distensão, contração e distensão termina por fortalecê-lo. Não há músculos no cérebro, mas a prática de ativar e fortalecer a parte de seu corpo vale também para fortalecer o cérebro. Aqui o exercício não é mover um músculo, mas concentrar a atenção.

Quando se concentra a atenção, o fluxo de energia e de informações é conduzido através do sistema nervoso. Os disparos neurais no cérebro ocorrem aonde a atenção é conduzida. Onde aqueles ocorrem, as conexões neurais são reforçadas. A atenção é o modo de ativarmos circuitos específicos no cérebro e de fortalecê-los, e, quando se fortalece as conexões neurais que ligam áreas diferentes do cérebro umas às outras, cria-se integração no cérebro.

Dito de maneira simples: concentrar sua atenção em exercícios regulares de tempo interior pode integrar seu cérebro.

O tempo interior e a consciência plena, e a presença que criam, vão capacitar o seu cérebro a desenvolver, literalmente, mais fibras integradoras, que criarão a capacidade de regular as emoções, atenção, raciocínio e o comportamento, aprimorando o sentimento de bem-estar e as conexões com os outros. Se estudos científicos cuidadosamente conduzidos não revelassem isso, eu mesmo iria olhar para essa lista e dizer "isso é bom demais para ser verdade!".

Todos esses resultados positivos foram comprovados. Então, a questão é simplesmente a seguinte: você está pronto para começar?

Se estiver, leve o tempo que quiser, mas vamos nos preparar para mergulhar no tempo interior.

ESTAR PRESENTE PARA O QUE ESTIVER ACONTECENDO ENQUANTO ESTÁ ACONTECENDO

O tempo interior pode ser realizado a qualquer hora do dia. Se eu estiver lavando a louça posso simplesmente adotar a postura interna, chamada de "intenção", para deixar que esse momento seja um ato de lavar a louça atenciosamente. Isso significa que deixarei as sensações internas da experiência preencherem minha consciência. Quando minha mente vaguear e eu começar a pensar sobre o que fiz na semana passada, ou sobre o que farei no próximo mês, não estarei mais consciente da experiência do momento presente, não estarei mais absorvendo as sensações da água, do detergente ou da louça em minhas mãos naquele exato momento, não estarei mais permitindo que minha mente esteja repleta apenas da consciência das sensações daquele momento. Ter o tempo interior e estar atento significa estar presente para o que está acontecendo enquanto está acontecendo.

Você pode se perguntar: "E a consciência dos próprios pensamentos sobre o passado ou o futuro, não poderia ser o que está acontecendo naquele momento presente?" ou "esse pensar interior não acontece porque seu pensamento sobre o passado e o futuro está *dentro* de você naquele exato momento?". Além disso, já que é o que está "acontecendo enquanto está acontecendo", isso também não significa que você está sendo atencioso com relação a seus pensamentos naquele exato momento? Essas perguntas teriam respostas positivas se *pretendêssemos* deixar nossas mentes vaguear de propósito e estivéssemos abertos ao que surgisse em nosso processo reflexivo. Porém, se a intenção for se concentrar nas sensações da experiência de lavar a louça e a mente *sem querer* se distrair enquanto a atenção vagueia e a consciência fica repleta do foco não convidado sobre o passado e o futuro, então não, isso não é estar atento, e não, não é isso o que queremos dizer quando falamos sobre exercício de tempo interior.

Quando reservamos um tempo interior, nos concentramos intencionalmente em algum aspecto de nosso mundo interno. Estamos filtrando nossa mente enquanto nos concentramos em algum aspecto de nossas sensações, imagens, sentimentos e pensamentos. É assim que fortalecemos nossa habilidade de estar presente, de estar consciente de algo que está acontecendo enquanto acontece. Aprender a estar presente na vida, em qualquer idade, nos ajuda a nos tornar mais resilientes. Resiliência significa ser flexível e forte frente ao estresse, e é disso que precisamos para abordar quaisquer desafios da vida e superar a adversidade, aprender com a experiência e seguir em frente com vitalidade e paixão. Essas são algumas das razões prováveis de, segundo as pesquisas, a presença criar felicidade e bem-estar em nossas vidas.

Antes de dar os passos para estar presente com força e segurança, é preciso aprender o primeiro passo da presença, que é usar a consciência para estabilizar a atenção. É assim que reforçamos a capacidade de monitoração da mente.

EXERCÍCIO DE VISÃO MENTAL A: RESPIRAÇÃO CONSCIENTE

Eis as instruções básicas para esse exercício de tempo interior com a respiração. A tarefa é se concentrar na sensação da respiração. Quando a mente se distrair, observe e redirecione a atenção para a sensação da respiração.

É só isso.

Essa atenção plena universal da respiração pode ser realizada sentada ou em pé. Pode ser feita em dois minutos ou em 20. Você pode fazer isso uma ou várias vezes ao dia. Muitas pessoas gostam de reservar um horário fixo para esse exercício de respiração e acham as manhãs um ótimo momento. Alguns pesquisadores sugerem que o segredo para os benefícios a longo prazo seja uma prática diária regular. Alguns dizem que para adultos parece ser importante reservar pelo menos 12 minutos ao dia. Mas é melhor fazer pelo menos alguns minutos ao dia se esses 12 não forem possíveis. Assim como acontece com os exercícios aeróbicos, em que 30 a 45 minutos por dia é ideal em uma base regular, se você não tiver tempo é melhor fazer um pouco todo dia do que nada.

Ótimo. Então, o que você faz com o corpo enquanto está se concentrando na mente? Algumas pessoas gostam de se sentar confortavelmente em uma cadeira, os pés no chão, as pernas descruzadas, a coluna ereta, mas confortável. Outras gostam de sentar no chão, com as pernas cruzadas. Pessoas com problemas de coluna gostam de se deitar no chão, com as pernas elevadas e apoiadas no assento de uma cadeira ou em cima de uma almofada para aliviar a tensão sobre a lombar e os joelhos. Se você conseguir evitar cair no sono, o que funcionar para você está valendo.

E o que fazer com os olhos? Há quem goste de ficar com os olhos abertos, outros com os olhos parcialmente fechados e outros ainda com eles totalmente cerrados. Faça o que funcionar melhor para que você se concentre nas sensações da respiração. Já que o foco é o tempo interior, desligue qualquer objeto digital e tente reservar algum tempo quando não será facilmente distraído ou interrompido. Você pode fazer isso sozinho ou acompanhado. O que funcionar está valendo!

Para quem nunca se concentrou no mar interno, fazer isso pela primeira vez pode ser difícil. Então embora eu diga que seja simples, não significa que seja fácil. Um aspecto desafiador dessa experiência é que estamos tão acostumados a nos concentrar no mundo exterior de sons e visões estimulantes que o mundo interior de sensações pode ser menos cativante. Em resumo, você pode ficar entediado!

Parte do exercício é monitorar se você vai cair no sono de tédio. Por favor, não fique desencorajado, mas, se você se sentir assim, ou de qualquer outra maneira, apenas esteja aberto para qualquer sentimento que surgir. É isso que significa estar presente. Caso determinado sentimento fique no caminho de sua concentração na respiração, nomeie-o para domá-lo, dizendo algo como "desencorajado" ou "ansioso" ou simplesmente "sentindo, sentindo". Em seguida, deixe o sentimento parar de ser o foco de sua atenção e volte para a respiração. O segredo não é tentar se livrar de algo, como um sentimento de desencorajamento, mas, ao contrário, estar aberto a ele, senti-lo simplesmente como um objeto de atenção, e então deixar sua mente redirecionar a atenção para a sensação da respiração.

Estar consciente traz uma sensação de bondade, um olhar positivo para si mesmo e para os outros. Algumas pessoas chamam isso de autocompaixão, querendo dizer que você tem paciência consigo mesmo e percebe que é apenas humano. A mente tem uma mente própria, e se distrair é algo inerente às pessoas. Bem-vindo à família humana! Em vez de se castigar por ser "ruim" no exercício do tempo interior, você deve simplesmente reconhecer que sua atenção se desviou para a conversa no corredor, e então, amorosa e gentilmente, redirecioná-la para a respiração. Seguidas vezes, uma respiração por vez.

O exercício da atenção interior implica os elementos de COAL – isto é, ficar ***curioso*** com o que está acontecendo, ficar ***aberto*** ao que está acontecendo, ***aceitar*** o que está acontecendo sem fazer julgamentos e olhar de um modo ***amoroso*** a experiência e a si mesmo. Essas são as principais características do tempo interior[7].

VAMOS COMEÇAR

Você pode preferir que alguém leia essas instruções enquanto faz o exercício, ou pode gravá-las para ouvir sozinho. Se preferir me ouvir

---

7 O autor usa o acrônimo COAL ("carvão", em inglês) para explicar isso. C, *curious* (curioso); O, *open* (aberto); A, *accepting* (aceitar) e L, *loving* (amoroso). [N. T.]

narrando uma versão do exercício de tempo interior com o exercício da respiração onsciente, vá até o meu *site*, http://www.drdansiegel.com, e clique na aba "Ferramentas" e nas Ferramentas diárias de Visão Mental, onde vai encontrar o exercício da respiração consciente.

Na primeira vez, comece focando o mundo visível exterior. Com os olhos abertos, deixe a atenção se concentrar no centro do aposento. Agora, direcione a atenção para a parede ou o teto. Depois, direcione a atenção visual novamente para o meio do aposento. Por fim, traga a atenção visual para cerca de um palmo de distância, como se tivesse um livro ou revista nas mãos. Observe como você pode direcionar o foco da atenção.

Para essa prática, deixe a sensação da respiração ser o objeto principal da atenção. Começamos no nível das narinas, com a sensação do ar entrando e saindo sutilmente. Desfrute a respiração, inspirando e expirando, apenas sentindo essa sensação. Agora, perceba como você pode direcionar a atenção que estava em suas narinas para o peito. Deixe a sensação do peito subindo e descendo encher sua percepção. Para cima e para baixo, apenas desfrute da respiração que entra e que sai. Agora, redirecione a atenção para o abdome. Se você nunca fez respiração abdominal antes, pode colocar uma mão na barriga para notar como o abdome se move para fora quando o ar enche os pulmões, e como se move para dentro quando o ar sai dos pulmões. Apenas desfrute a respiração, concentrando a atenção na sensação do abdome para fora e para dentro.

Nessa prática respiratória consciente, apenas deixe sua percepção se encher da sensação da respiração onde parecer mais natural. Pode ser o abdome movendo-se para fora e para dentro, o peito subindo e descendo ou o ar entrando pelas narinas. Ou pode ser simplesmente o corpo todo respirando. Apenas deixe a sensação da respiração preencher a sua percepção onde você sentir isso mais facilmente.

Enquanto você desfruta da respiração entrando e saindo, vamos aproveitar alguns segundos para nos concentrar em uma antiga história que vem sendo passada de geração para geração. A história é essa: a mente é como o oceano. Bem debaixo da superfície do oceano tudo está calmo e transparente. Desse local de transparência abaixo da superfície é possível olhar para cima e perceber as condições na superfície. As águas podem estar calmas ou agitadas pelas ondas, uma tempestade pode estar em curso, mas, independente dessas condições, bem abaixo da superfície, tudo continua calmo e transparente.

A mente é como o oceano. Apenas sentir a respiração leva você para debaixo da superfície mental. Nesse lugar profundo da mente é possível perceber a atividade na superfície, como sensações, pensamentos, lembranças ou ideias. Nesse lugar nas profundezas da mente tudo está calmo e transparente. Ao concentrar-se em sentir a respiração, você chega a esse lugar de transparência e tranquilidade.

Agora vamos voltar a focar a atenção na sensação da respiração onde você achar mais fácil. Apenas desfrute da respiração, para dentro e para fora.

Nessa atenção básica ao exercício da respiração, vamos reservar o tempo interior para simplesmente deixar a sensação de respirar preencher a percepção. Quando algo desviar sua atenção da respiração e você perceber que a percepção não está mais repleta dessa sensação, apenas observe a distração e deixe-a ir embora, então retorne o foco da atenção para a respiração preenchendo a percepção com essa sensação.

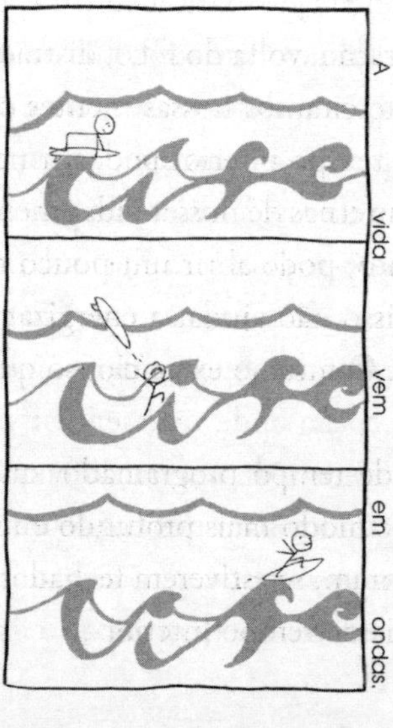

Vamos praticar essa atenção na respiração por alguns minutos (se você tem um alarme pode acertá-lo para a duração que quiser, seja cinco, 12 ou 20 minutos). Durante o exercício você pode notar que sua atenção vai para outra coisa além da respiração. Para alguns, nomear a distração ajuda a deixá-la ir. Para outros, arranjar um nome para ela é, em si, uma distração. Se optar por tentar essa manobra, é geralmente útil dar à distração o mesmo nome genérico, como o tipo de distração que desviou sua atenção. Por exemplo, se a lembrança de estar na praia desvia sua atenção, você pode simplesmente dizer para si mesmo "lembro, lembro, lembro", e deixar a lembrança partir. Para algumas pessoas isso pode ser útil para fortalecer a habilidade de abrir mão de uma distração e voltar o foco da atenção para a respiração. Para outros, não é útil e pode até atrapalhar. Descubra o que funciona melhor para você.

Lembre-se de que, além da tarefa de se concentrar na respiração, é recomendável que você se observe com bondade enquanto pratica o exercício. A mente de todo mundo vagueia às vezes e isso é ser humano. Na verdade, parte do aspecto de fortalecimento desse exercício é o redirecionamento da atenção, que é como contrair um músculo. As distrações não intencionais são como relaxar o músculo, voltar a concentração para a respiração é a contração do músculo. Foco, distração, volta do foco, distração, volta do foco novamente. É como exercitamos nossas mentes com esse exercício de tempo interior. Esse tempo interior pode ser novidade para muitos, focar nas sensações internas de nossas vidas mentais. Se perceber que está ficando sonolento, pode abrir um pouco os olhos, se eles estiverem fechados. Se isso não ajudar a energizar a mente, tente fazer esse exercício em pé. O mesmo exercício, só que agora na vertical.

Vamos tentar.

Depois do período de tempo programado, quando estiver pronto, você pode respirar de modo mais profundo e intencional, permitindo que os olhos se abram, se estiverem fechados. E, assim, encerrar a prática de consciência do tempo interior.

Como você se sentiu? Se for novato nisso, seja bem-vindo! Como dissemos, embora seja simples, não se trata de um exercício fácil para a maioria das pessoas. A mente se distrai facilmente e isso faz parte da realidade de ter uma mente humana. Ao fazer esse exercício, treinamos nossas mentes para estarmos presentes. Com a repetição, já foi demonstrado que esse exercício de treinamento da mente desenvolve partes importantes do cérebro conectadas não apenas à atenção, mas também à emoção e à empatia. Como esses são circuitos integradores, essa prática básica da atenção da respiração ajuda a integrar o cérebro. Trata-se de uma forma da saúde cerebral, um meio de criar resiliência mental e bem-estar.

CRIANDO AS LENTES DA VISÃO MENTAL

Podemos pensar no tempo interior como uma forma de fazer as lentes que nos permitem enxergar o mar interno com mais clareza, focar melhor o que vemos, com mais detalhes e com maior profundidade. Pense na visão mental como lentes metafóricas, estabilizadas sobre um tripé. Cada uma das três pernas representa um aspecto do que o tempo interior cria para nós. Ter presentes esses três fatores que estabilizam a atenção pode nos ajudar enquanto praticamos o tempo interior e fortalecemos nossas habilidades de visão mental.

A primeira perna do tripé é a *abertura*. Corresponde, no acrônimo COAL, à maneira como estamos abertos ao que surgir, no momento em que surgir. É um convite para deixar acontecer o que tiver de acontecer, com uma profunda aceitação desse tempo interior em nossa consciência.

A segunda perna do tripé é a *objetividade*. Ela está relacionada com a aceitação de nosso acrônimo COAL, estado em que simplesmente aceitamos o objeto da atenção em nossa percepção. Não tentamos distorcer o que achamos que está acontecendo; apenas deixamos entrar em nossa percepção o que estiver acontecendo no momento e depois observamos como um objeto de nossa atenção, como algo conhecido dentro da experiência mais ampla do conhecimento. Quando fizermos nosso próximo exercício de visão mental, essa distinção entre conhecer e conhecido vai se tornar o foco de nossa experiência.

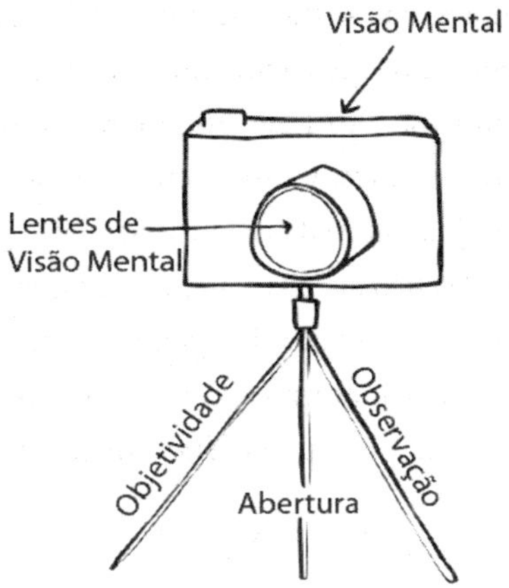

SIEGEL, Daniel. J. *Mindsight*: The New Science of Personal Transformation. EUA: Bantam Books, 2009. DE LANGE, Brigitte. *Mind Your Brain*. 1. ed. EUA: Createspace Pub, 2015.

A terceira perna do tripé que estabiliza as lentes da visão mental é a *observação*. Quando estamos rastreando nossa meta escolhida para um exercício e prestando atenção em nossa intenção, estamos observando a nossa experiência.

O interessante é que dois circuitos distintos foram identificados no cérebro. Um é o circuito sensorial, que conduz as sensações diretamente para a percepção. Outro é o circuito observador, que nos permite testemunhar um evento e depois ser capaz de narrar aquele momento no tempo em nossas vidas. Essa capacidade de observação nos oferece uma certa distância da sensação direta para que possamos ser mais flexíveis no modo como reagirmos a ela. Como um de meus alunos observou, é assim que "nos apropriamos" de uma experiência – observando, testemunhando e narrando.

É essa capacidade de observação que nos permite fazer algo assim durante o exercício de tempo interior da respiração: Hmmm... Conversa interessante no corredor. Preciso falar com Steve... Ah, opa [notando a distração]... Certo... Quero falar com ele, mas esse é um exercício de tempo interior sobre a respiração [testemunhando]... ouvindo, ouvindo, ouvindo [narrando]... [o circuito de observação agora redireciona propositalmente a atenção para a respiração]... Agora: a sensação da respiração preenche a percepção enquanto engaja os circuitos de sensação, que preenchem a consciência com as informações da sensação da respiração. O observador sente-se satisfeito que agora esteja seguindo a intenção dessa prática de tempo interior de se concentrar na respiração, atento às sensações da respiração. Agora ele se "apropria" do exercício de tempo interior.

A distinção entre sentir e observar pode parecer sutil, mas é muito importante. O tempo interior desenvolve os dois circuitos, permitindo que fiquemos simplesmente no fluxo das sensações e também que observemos nossas atividades internas, como o foco da atenção, para que possamos modificá-las conforme a necessidade, dependendo de nossa intenção. Estar atento abrange ao menos essas duas correntes de consciência, a sensação e a observação. Para formar a capacidade para as duas habilidades, vamos agora nos voltar para o próximo exercício e aprofundar a forma de desenvolver nossas habilidades de visão mental.

INTEGRANDO A CONSCIÊNCIA COM A RODA DA PERCEPÇÃO

Um exercício de tempo interior especificamente projetado para integrar a consciência é a Roda da Percepção. Em nossas vidas diárias a experiência consciente, do que nos damos conta e mesmo a natureza de nossa percepção, manifesta-se através de muitos aspectos. Quando permitimos que esses diferentes aspectos da consciência, de estar ciente, sejam vistos por suas qualidades únicas – como distinguir a visão da audição, o sentir o corpo e o pensar –, e depois os conectamos, concentrando a atenção sistematicamente em cada um deles dentro da consciência, desenvolvemos uma percepção mais coerente de nós mesmos. É o que quero dizer quando falo em consciência integrada. É a ligação dos diferentes elementos da consciência em um todo harmonioso. É bastante simples, mas bem poderoso à medida que integra nossas mentes. O exercício da roda é mais elaborado do que o da respiração oferecido anteriormente, mas, feitos em conjunto, formam uma boa dupla de exercícios de tempo interior para fortalecer a mente. Se você não praticou o tempo interior com a conscientização da respiração por cerca de uma semana, minha sugestão é que faça isso antes de tentar o exercício da roda. Algumas pessoas simplesmente mergulham de cabeça e tudo sai bem, mas essa prática é um pouco mais longa – pode tomar cerca de 20 minutos em sua forma completa – e mais elaborada.

No meu escritório há uma mesa com o centro de vidro e um aro exterior de madeira. Quando você olha pelo vidro, as pernas da mesa parecem raios de uma roda, conectando o centro ao aro exterior. Certo dia essa mesa pareceu uma boa metáfora para a consciência. Como imagem, o eixo poderia representar a ideia do conhecimento consciente, o aro poderia ser o conhecido (como um sentimento, pensamento ou lembrança), e os raios poderiam ser o processo de atenção que leva o conhecido para o conhecimento.

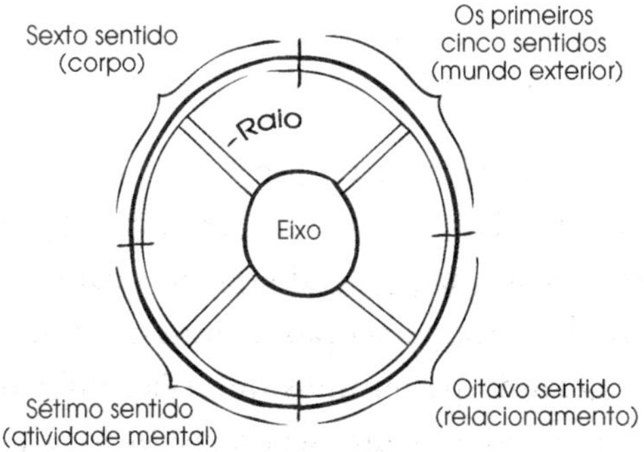

O eixo representa a experiência do conhecimento dentro da percepção: os raios são a atenção concentrada; o aro é o conhecido, incluindo as sensações e outros processos mentais. Os segmentos do aro são os seguintes: do primeiro ao quinto sentido (mundo exterior); sexto sentido (corpo); sétimo sentido (atividade mental); e oitavo sentido (relacionamentos). SIEGEL, Daniel J. *The Mindful Brain*. Nova York: W. W. Norton & Company, 1957. DE LANGE, Brigitte. *Mind Your Brain*. 1. ed.. EUA: Createspace Pub, 2015.

Já que a integração é a diferenciação e a ligação de partes de um sistema, como podemos integrar a consciência? A consciência ou o ser consciente tem, no mínimo, dois componentes: nossa percepção do conhecimento e o que é conhecido. Podemos usar a atenção para ligar esses aspectos distintos da consciência entre si. Também é possível distinguir os diferentes elementos do conhecido, representados em nossa roda metafórica em quatro segmentos pelo aro. Esse processo de criar uma ligação entre as partes distintas de estar consciente cria um estado poderoso de integração em nossa mente e pode aliviar a ansiedade, trazer clareza e nos abrir para estarmos presentes na vida com força e resiliência. O primeiro segmento do aro da roda representa os cinco sentidos: visão, audição, olfato, paladar e tato. O segundo segmento contém o interior do organismo – o que é chamado de sexto sentido –, que inclui as sensações interiores de nossos músculos, ossos e dos órgãos internos, como intestinos, pulmões e coração. Um terceiro segmento do aro representa nosso processo mental de sentimentos, raciocínio e memórias, intenções, crenças e posturas – o sétimo sentido. E um quarto segmento também pode ser distinguido e representa um tipo de sentido relacional, o oitavo sentido, com o qual percebemos as conexões que temos com as outras pessoas e com o nosso ambiente natural, nosso planeta.

Como esses vários conhecidos do aro da roda podem ser conectados com o conhecimento do eixo? Isso pode ser feito através do processo distinto, mas relacionado, da atenção. A atenção é o processo que direciona o fluxo de energia e de informações. Concentramos a atenção do eixo do conhecimento consciente em direção ao aro do conhecido. Quando fazemos de maneira sistemática, uma "revisão do aro", ligamos os elementos distintos da consciência. É assim que a prática da Roda da Percepção integra a consciência.

Convido você, então, a realizar essa prática da roda a fim de explorar sua própria vida interior e integrar a consciência. A roda foi vista por meus colegas de visão mental como um exercício de consciência plena, mas não foi projetada para isso. Pesquisas preliminares sugerem que ela também tenha efeitos positivos poderosos sobre como regulamos nossas emoções e ajudamos a desenvolver uma mente clara – duas consequências da integração. A Roda da Percepção foi criada para integrar a consciência e oferecer uma forma sistemática de explorar o mar interno.

EXERCÍCIO DE VISÃO MENTAL B: A RODA DA PERCEPÇÃO

Você pode gravar esse exercício e escutá-lo mais tarde ou pode simplesmente ir até o *site* http://www.drdansiegel.com e fazer o *download* da gravação. Esse exercício leva cerca de vinte minutos. Caso você não tenha 20 minutos, pode fazer apenas um segmento da revisão do aro, adaptando-o às suas necessidades. Existe até uma maneira de passar mais rápido pelo aro, se necessário, cobrindo tudo, transformando a prática em um exercício de 12 minutos, usando respirações alternadas para guiar o tempo de movimento de seu raio, revisando as sensações do mundo exterior e do seu corpo. Sugiro começar com o tempo total para se acostumar com a roda e, depois, modificar o exercício para que se adeque a suas necessidades. Escolha o que for melhor para você.

Vamos começar o exercício.

Na ilustração da Roda da Percepção (página 125), você vai ver um desenho da mesa de meu escritório que serve como a roda para nosso exercício. Dê uma olhada e vamos revisar suas partes. O eixo central representa a experiência do conhecimento consciente. O aro representa tudo de que você pode estar consciente, como sons ou visões, pensamentos ou sentimentos. E os raios representam a atenção, a forma como você pode levar energia e informações do aro ao eixo.

Vamos nos concentrar na respiração por algumas inspirações e expirações. Se você vem praticando o tempo interior com a respiração, estará preparado para sentir a respiração onde achar que ela acontece mais naturalmente. Agora, aquele lugar profundo debaixo da superfície da mente, o lugar onde sentir que a respiração pode levá-lo a perceber o que surge na superfície, é como o eixo da roda.

E apenas sentir que a respiração o leva ao eixo da mente. Deixe a respiração de lado e apenas visualize ou imagine a ideia da Roda da Percepção, com seu eixo central de claridade, os raios da atenção e o aro. Vamos começar nossa revisão do aro para explorar cada um dos seus segmentos.

Imagine-se enviando um raio de atenção ao primeiro segmento do aro, aquela parte que tem a visão, a audição, o olfato, o paladar e o tato. Vamos começar com a audição, deixando qualquer som no aposento encher a percepção...

Agora mova um pouquinho o raio imaginário neste primeiro segmento e deixe a luz entrar através de suas pálpebras, ou abra levemente os olhos, sentindo-a entrar em sua percepção...

Na sequência, mova o raio de novo e deixe os odores encherem sua percepção...

Então mova o raio para o sentido do paladar, deixando qualquer gosto encher a percepção...

A seguir, faça com que qualquer parte em que a pele esteja tocando algo, tocando a roupa, tocando uma cadeira, tocando a pele, e deixe o sentido do toque encher a percepção...

Agora, respirando fundo, deixamos esse primeiro segmento do aro partir e seguimos para o segundo segmento. Vamos começar concentrando a atenção na área facial. Deixe as sensações dos músculos e dos ossos do rosto preencherem a percepção. Então leve sua atenção para o escalpo e deixe as sensações do topo da cabeça preencherem a percepção. Agora, focalize a atenção para a nuca e os lados de sua cabeça, preenchendo a percepção com essas sensações. Depois, mudando a atenção para os músculos e ossos do pescoço e da garganta, preencha a percepção com essas sensações.

Deixe a atenção ir para a área dos ombros, permitindo que as sensações dos músculos e ossos preencham a percepção. Leve sua atenção para os dois braços, para os cotovelos... os pulsos... para as extremidades dos dedos... Leve a atenção para os músculos e ossos das costas e do dorso... para a lombar e o abdome... Envie então a atenção para os quadris, para as duas pernas, para os joelhos e os tornozelos e para as extremidades dos dedos dos pés...

Sabendo que os sinais do corpo são uma fonte profunda de sabedoria sempre à disposição, deixamos esse segmento enquanto você respira fundo e segue para o raio da atenção do terceiro segmento do aro. Este representa sua vida mental de sentimentos e pensamentos, lembranças e intenções. O que a mente pode criar está representado aqui. Esse aspecto da revisão do aro será dividido em duas partes.

Na primeira parte, você vai enviar o raio do eixo para o terceiro segmento do aro. Depois vai apenas convidar o que surgir, o que entrar na percepção, a penetrar a consciência do eixo. De muitas maneiras, esse é o exercício oposto ao da respiração consciente, onde você intencionalmente se concentra na respiração e, quando um processo mental – como um pensamento ou lembrança – distrai sua atenção, você o deixa partir e volta o foco da atenção para a respiração. Aqui você está simplesmente aberto a não se importar com o que possa penetrar sua percepção. É como uma postura aberta interior do "pode vir". Apenas sinta o que surgir na sua percepção. Vamos fazer isso por alguns minutos...

Para a segunda parte desse aspecto da revisão do aro vamos aceitar novamente qualquer coisa que penetre a percepção neste terceiro segmento do aro. Agora, porém, vou convidá-lo a estudar também as maneiras como uma atividade mental é experimentada na percepção. Como ela entra na percepção? Chega de repente ou gradualmente? De um lado ou de outro? E, assim que está na percepção, como permanece ali? É constante ou vibrante, é estável ou intermitente? E então, como deixa a percepção? De repente, de forma gradual ou é simplesmente substituída por outra atividade mental, por outro pensamento, memória, sentimento ou imagem? Se não for substituída por outra atividade mental, qual é a sensação do espaço entre duas atividades mentais na percepção?

Portanto, para essa parte da revisão do aro estou convidando você a se tornar um aluno da arquitetura de sua própria vida mental. Vamos iniciar o exercício agora por alguns minutos...

Convido você a encontrar sua respiração, inspirando e expirando, e fazendo uma respiração mais profunda enquanto deixamos esse segmento do aro e vamos, uma vez mais, para o raio sobre o quarto segmento do aro. Essa é a parte que representa nosso sentido de conexão com os outros e com o ambiente. Se houver pessoas no aposento vizinho ao seu, deixe a sensação de proximidade preencher sua percepção. Agora, deixe essa sensação de conexão expandir para seus relacionamentos com os amigos e a família... Deixe essa sensação de conexão seguir para seus colegas de escola ou trabalho... E deixe aquela sensação de conexão se abrir para todos que vivem em sua comunidade... Em sua cidade... Em seu estado... Em seu país... Em seu continente...

Então deixe essa sensação de conexão se abrir para todas as pessoas que compartilham esse lar que chamamos de planeta Terra... E agora veja se consegue expandir essa sensação de conexão para todos os seres vivos, animais e plantas que dividem nosso lar comum, esse planeta, juntos...

Sabendo que a pesquisa científica validou o que a sabedoria tradicional no mundo ensina há séculos, que as intenções e desejos positivos com relação ao bem-estar dos outros geram não apenas mudanças positivas no mundo, mas também benefícios em nossa própria saúde, convido-o a imaginar que está enviando votos de saúde e felicidade, segurança e bem-estar a todos os seres vivos... Então, fazendo uma respiração profunda, envie votos de bondade, compaixão, saúde, felicidade, segurança e bem-estar para seu eu interior... Agora vamos encontrar a respiração e desfrutá-la, inspirando e expirando... Fazendo uma respiração mais intencional e talvez mais profunda, encerramos o exercício da Roda da Percepção.

REFLETINDO SOBRE A RODA

Um dado surpreendente sobre o exercício da Roda da Percepção é que ele é diferente a cada vez. Pessoas de todos os estilos de vida compartilharam os desafios e benefícios dessa prática. Você pode sentir por si mesmo como é fazê-lo, e só você pode dizer se lhe é útil de alguma maneira.

Quando os adolescentes relataram suas experiências com a roda, disseram-me que a sensação do eixo lhes havia dado um tipo de liberdade de tudo o que poderia estar chegando pelo aro. Uma garota de 21 tinha sido bem reduzida porque seu nervosismo e suas preocupações tinham virado "apenas pontos no aro, que eu podia sentir daquele lugar mais calmo no eixo". E ela não está sozinha. Muitas pessoas, adolescentes e adultos, relataram todo tipo de alívio de emoções dolorosas e até mesmo de sensações físicas dolorosas quando fortaleceram o eixo de suas mentes.

Há um exercício mais avançado, a Roda da Percepção 3 (que inclui a prática eixo a eixo), que você é convidado a experimentar e consiste em enviar o raio a partir do eixo, só que, desta vez, esse raio é dobrado para retornar ao próprio eixo. É assim que você está concentrando a atenção na percepção, e experimentando a sensação de perceber a percepção.

Para quem é novato nos exercícios de tempo interior relacionados à reflexão interna, tal percepção avançada da percepção pode ser demais, a princípio. Para não frustrar nenhum novato nesse importante exercício reflexivo, deixarei de fora esse passo mais avançado na experiência inicial. Mas, se você já vem praticando a percepção da respiração há algum tempo e sente que ela funciona bem, e se tentou o exercício da roda por um tempo e se sente pronto para tentar um aspecto mais desafiador do processo, você pode estar pronto para a Roda 3.

Se estiver preparado, vá até o *site* e experimente. Aquela volta do raio até o eixo é geralmente feita depois que o quarto segmento do aro é revisto, pouco antes do fim do exercício. É melhor fazer primeiro a roda toda e acrescentar a parte eixo a eixo no final, para que sua mente esteja preparada. Apenas permita-se sentir o que significa concentrar a atenção na própria percepção. Depois de alguns minutos, encontre a respiração novamente, inspirando e expirando, e depois, quando estiver pronto, faça uma respiração mais intencional e profunda, deixe os seus olhos se abrirem, se estiverem fechados, e permita que o exercício da roda se encerre.

Há muitas outras maneiras de praticar o tempo interior regularmente, inclusive com um foco em ser mais compassivo consigo mesmo e com os outros de maneira sistemática. Mesmo quando você está em movimento, há formas de reservar um tempo interior. Você pode andar conscientemente se estiver se concentrando nas sensações internas da sola de seus pés a cada passo. E pode fazer outros exercícios de movimentos conscientes que o encorajem a se concentrar em suas intenções, percepções e sensações. Focar a atenção em sua intenção, estar ciente de sua percepção e estar presente com uma postura de bondade e compaixão são os elementos essenciais dos exercícios de tempo interior. Cada um desses exercícios oferece um modo de fortalecer a vida comprovado por pesquisas. Muitos estudos sugerem que reservar um tempo diariamente, mesmo que apenas 3 minutos, várias vezes ao dia, para se concentrar de forma cuidadosa na sua respiração, pode melhorar muito o seu bem-estar. O tempo interior integra o cérebro, melhora os relacionamentos e fortalece a mente. Em muitos sentidos, reservar um tempo interior diariamente é um ponto de partida eficaz para criar maior integração em sua vida.

3:

SEUS VÍNCULOS

Os relacionamentos íntimos moldam quem somos ao longo da vida. Aprender as formas básicas de como as conexões que fazemos com os outros enriquecem nossas vidas, ao mesmo tempo em que apoiam uma mente saudável e promovem a integração em nossos cérebros, pode nos guiar na construção de relacionamentos melhores, independentemente da nossa idade. Nos primeiros 12 anos de vida, as experiências têm um impacto poderoso sobre as pessoas que nos tornamos. Amizades, conhecimentos adquiridos na escola, atividades das quais participamos e relacionamentos com familiares influenciam como nossos cérebros se desenvolvem durante os anos que levam à adolescência. Porém, mesmo depois desses anos iniciais, os relacionamentos continuam a desempenhar um papel crucial em nosso crescimento e desenvolvimento. Nessa parte, vamos explorar como a forma de nos relacionar com quem cuida de nós molda como nossas mentes se desenvolvem para revelar alguns princípios básicos de relacionamento. A boa notícia é que, ao entender o que aconteceu a você e como você respondeu a essas experiências no passado, é possível abrir sua vida a formas mais produtivas e saudáveis de se relacionar com os outros e com você mesmo.

As experiências que acontecem na infância são as principais influências para o cérebro se desenvolver e, por sua vez, aprendermos como acalmar as emoções, como nos entendermos e como nos relacionarmos com os outros e com o mundo. As relações que temos com nossos pais e com as outras pessoas que cuidam de nós quando somos muito pequenos moldam diretamente quem nos tornamos. Mas é importante lembrar que a mente está em contínua evolução, o cérebro está constantemente se desenvolvendo em resposta à experiência e, seja você adolescente ou adulto, o modo como define sua vida e entende esses padrões de conexão com os outros pode capacitá-lo a aperfeiçoar a forma como vive.

Se você é um adolescente que ainda vive com os pais, pode sentir emoções intensas e complexas enquanto explora essas ideias sobre a vida familiar no presente. Também sei, pela minha experiência pessoal como pai, que refletir sobre as maneiras como educamos nossas crianças e adolescentes pode ser difícil, já que às vezes enfrentamos alguns padrões de comunicação inadequados que estiveram presentes em nossa relação com nossos pais. É natural que queiramos fazer as coisas da maneira correta com os nossos filhos. Mas a ideia de fazer direito pode acabar ignorada se tivemos experiências complicadas em nosso passado. Muito do que tentei explorar nos livros anteriores é a importância de sermos honestos e abertos ao desenvolvimento contínuo que podemos transmitir aos nossos filhos. Não existe criação perfeita, mas há modos de entender melhor nossas vidas para que possamos avançar em direção a formas autênticas de relacionamento, que sejam favoráveis a nossos filhos e a nós mesmos. Então, lembre-se: nunca é tarde demais para corrigir o curso, para chegar a uma compreensão mais profunda e para melhorar a forma como nos conectamos em nossas famílias com as pessoas que amamos e com quem nos preocupamos. Se mudar não fosse possível, não haveria motivo para mergulhar nesse assunto. Mas a ciência e a experiência revelam que, com autorreflexão e compreensão, os padrões inadequados que adotamos no passado podem ser transformados. Seja paciente consigo mesmo e com seus familiares. Com bondade e compreensão, em relação a si mesmo e aos outros, a mudança pode ser alimentada e coisas boas podem surgir.

As conexões com os outros, nossos relacionamentos, surgem de muitas formas. Essas importantes conexões com nossos pais ou com as pessoas que cuidaram de nós são denominadas "relacionamentos de vínculo". Levamos dentro de nós esses poucos e seletos relacionamentos de afeto chamados "modelos de vínculo". O termo "modelo" significa, de modo geral, a qualidade mental, delineada por padrões de disparos das atividades cerebrais, de extrair por meio da experiência e criar um esquema que nos permita antecipar o que vai acontecer em seguida, como deveríamos nos comportar, que emoções vamos sentir e como vamos filtrar nossas percepções. Os modelos são realmente úteis no aprendizado e no conhecimento de como nos comportar, e frequentemente influenciam, sem que percebamos, nossa maneira de ver e de estar no mundo.

Um modelo de vínculo é, na verdade, o modo como o cérebro recorda o(s) relacionamento(s) de vínculo que tivemos, ou ainda temos, e como nos adaptamos a essas experiências formativas de vínculo. Os modelos que levamos conosco em nossas mentes influenciam muito como nos sentimos, pensamos, nos comportamos e como nos conectamos com amigos, professores e, mais tarde, com nossos parceiros românticos ao longo da vida. Como podemos ter mais de um modelo se tivermos mais de uma figura de vínculo, cada um desses estados cerebrais, desses modelos, pode influenciar como nos comportamos e reagimos em diferentes situações.

Nossos modelos de vínculo são ativados em situações específicas, que podem parecer um tipo particular de relacionamento de vínculo que tivemos no passado. Assim, eles moldam a nossa maneira de interagir em determinado momento presente. Se estivermos com uma amiga mais velha assertiva, por exemplo, podemos começar a agir como fazemos com nossa mãe que, também, pode ter uma personalidade assertiva. Ao contrário, se nos afastamos diante de um pai de maneiras discretas, podemos nos flagrar afastando-nos de um amigo tranquilo sem sequer saber o motivo. Os modelos são empregados automaticamente, sem nossa percepção ou intenção. Para todos nós, adolescentes e pais, compreender o tipo de modelo de vínculo que construímos em nossa primeira infância pode nos ajudar a entender como nossas vidas estão se desenrolando agora, e como poderíamos criar uma nova forma de vida que nos liberte de qualquer tipo de limitação que tais modelos possam impor.

Em termos gerais existem dois tipos de modelos: um seguro e um não seguro. Modelos seguros apoiam nossa vida com flexibilidade, autocompreensão e facilidade de conexão com os outros. Modelos não seguros aparecem em várias formas que vamos explorar aqui, e, cada uma, de alguma maneira, põe em risco nossa capacidade de ser flexível, de nos compreender e de nos conectar com os outros. Por podermos ter vários modelos e a ativação deles poder depender da situação em que nos encontramos, talvez pareçamos bem diferentes em diferentes cenários e com pessoas distintas.

De muitos modos, desenvolver modelos de vínculo seguros é uma forma importante de apoiar o essencial da adolescência. Com segurança, nossa centelha emocional pode ser liberada para enriquecer nossas vidas com paixão em vez de nos levar para estados em que nos encontramos oprimidos pelo caos ou ilhados pela rigidez. Com modelos seguros também podemos ter compromissos sociais mutuamente gratificantes, que nos façam sentir diferenciados e ligados dentro das conexões sociais integradoras que nos ajudam a desabrochar como adolescentes. Veremos que o vínculo seguro é tanto oferecer um porto seguro de apoio, para onde podemos nos voltar quando estivermos angustiados ou cansados, quanto apoiar a forma como saímos e exploramos o mundo. Com uma plataforma de lançamento segura, podemos ganhar impulso para buscar a novidade com mais força e entusiasmo. A segurança apoia o desenvolvimento de uma mente resistente. Ter modelos de vínculos seguros pode apoiar nossas explorações criativas durante esse novo período de crescimento, à medida que nossas mentes encontram novas formas de experimentar como pensamos e refletimos sobre a vida durante a adolescência.

Eu te ajudo

Nesta parte, vamos explorar quais foram as experiências com figuras de vínculo em sua vida e que modelos de vínculo você possivelmente tem agora. Depois veremos como usar essa compreensão e estratégias específicas para desenvolver modelos de vínculo seguros que estabeleçam as bases de resiliência e apoiem o essencial da adolescência para ajudá-lo a criar uma vida melhor para você, não importa sua idade.

PORTO SEGURO E PLATAFORMA DE LANÇAMENTO

Tenho um aquário no consultório e adoro olhar os peixes nadando em círculos. O interessante é que, embora alguns peixes cuidem de seus filhotes, os meus peixes são como a maioria dos da sua espécie (e répteis e anfíbios) que fertilizam seus ovos, depositam-nos na areia e os deixam se virar por conta própria. Nós, mamíferos, somos bem diferentes. Uma característica importante de nossa herança como espécie é que nossos filhotes exigem cuidados atentos de uma figura adulta, geralmente da mãe, que lhes fornece a segurança e o alimento. Isso é o vínculo.

Uma característica importante da criação humana é que não temos apenas uma figura de vínculo, como a maioria dos mamíferos. Nós humanos praticamos o que se chama de cuidados aloparentais, que significa "educação infantil de outros pais", dividindo a criação das crianças com outros adultos de confiança ou com crianças mais velhas. Essa habilidade é crucial para nós como espécie social, e pode ter moldado o modo como evoluímos como espécie em termos de nossas habilidades únicas de comunicação e de formar relações de colaboração. O cuidado aloparental também significa que podemos criar vínculo não apenas com a nossa mãe; podemos criá-lo com alguns poucos indivíduos mais velhos e mais fortes e, esperançosamente, mais sábios, a quem poderemos recorrer em busca de proteção e conforto.

Como criaturas sociais complexas, temos um período bem prolongado de dependência de nossas figuras de vínculo. O cérebro humano precisa dos relacionamentos com as figuras de vínculo e com outros adultos para moldar como se desenvolve. O período de dependência da infância continua por uns bons 15 por cento da vida – um tempo realmente longo em termos de mamíferos. E, se incluirmos o período da adolescência, agora prolongado até os 20 e poucos anos, aquela porcentagem antes de atingirmos o *status* de adulto em nossa sociedade é ainda maior, aproximando-se de um terço da vida.

O vínculo humano deve estar alicerçado sobre quatro bases essenciais que começam com a letra **s**: precisamos ser ***s****entidos*, estarmos a ***s****alvo* e seremos ***s****ossegados* para podermos nos sentir ***s****eguros*. Ser sentido significa que nossa vida mental interior é detectada sob o nosso comportamento. Quem cuida de nós escuta o nosso choro, adivinha qual é nossa necessidade interior e nos oferece algo que sacie essa necessidade. Estar a salvo significa que estamos protegidos do mal e que confiamos em quem cuida de nós. Ser sossegado significa que, quando estamos angustiados, a resposta da pessoa responsável por nosso bem-estar faz com que nos sintamos melhor. Quando precisamos de conforto, recebemos um abraço. E tudo isso – ser sentido, socorrido e sossegado de maneira confiável – nos dá uma sensação geral de segurança em nosso relacionamento.

A maneira como somos tratados por nossas figuras de vínculo nos dá uma sensação de porto seguro, onde nos sentimos protegidos. Mas as relações de vínculo também servem como plataformas de lançamento, das quais podemos decolar para explorar o mundo. Quando temos um modelo de vínculo seguro, temos a segurança para nos lançarmos em aventura na direção a tudo o que há no mundo além do nosso lar. E quando estamos cansados, angustiados ou apenas precisamos entrar em contato com alguém, voltamos para o porto seguro de nosso lar afetivo, para as relações com nossas figuras de vínculo.

Conforme saímos da infância, essa sensação de segurança em nosso relacionamento é internalizada em nosso cérebro em um "estado de espírito" seguro. Nós nos sentimos bem a respeito de quem somos, ao nos conectar com os outros, e sentimos que nossas necessidades são saciadas. E mais, de um modo gentil e sólido em vez de um modo exigente e autorizado, nos sentimos capazes de construir conexões com pessoas capazes de ver nossas mentes, sentir nossos sentimentos e saciar nossas necessidades. Essa é a sensação concreta de si mesmo experimentada por uma pessoa que dispõe de vínculos seguros.

Dispor de um modelo de vínculo seguro quando se chega à adolescência pode ser uma verdadeira bênção, à medida que saímos para o mundo e experimentamos as várias mudanças que a jornada para a vida adulta exige. Se dispomos de um vínculo seguro nos primeiros anos da infância, vamos entrar nos primeiros estágios da adolescência com um modelo mais seguro, um estado de espírito repleto de muitas das funções pré-frontais criadas pela integração forte e bem desenvolvida do cérebro. A ciência mostrou que o vínculo seguro está associado às funções pré-frontais de integração, que incluem a regulação do corpo, a sintonia com os outros e consigo mesmo, o equilíbrio das emoções, a flexibilidade, o acalmar dos medos, a percepção de nós mesmos e empatia pelos outros e uma boa base de senso moral.

Resumindo esse conceito: quando temos vínculos seguros, nossas experiências nos relacionamentos apoiam o desenvolvimento de integração no cérebro e a plasticidade da mente. Quando os nossos vínculos são inseguros, o desenvolvimento de nossos modelos reflete estados de funcionamento cerebral não integrados. A ideia básica é esta: se há um histórico de vínculos inseguros, crescer em direção à segurança passa pela mudança de um cérebro com funcionamento não integrado ao desenvolvimento da integração cerebral. Esse desenvolvimento pode acontecer potencialmente em qualquer idade.

O vínculo seguro promove a resiliência, já que estimula o desenvolvimento das conexões integradoras do córtex pré-frontal. Lembrando que a região pré-frontal liga o córtex, a área límbica, o tronco encefálico, o corpo e até o mundo social em um todo coordenado e equilibrado. Esse é o poder das relações de vínculo para criar funções saudáveis e adaptadoras em nossas vidas, funções que surgem da integração em nossos cérebros.

Entrar na adolescência com um modelo de vínculo seguro aumenta a probabilidade de que o período seja mais ameno, embora a garantia disso não seja absoluta. A resiliência é importante, mas não confere imunidade absoluta às muitas decepções que a vida nos apresenta. Como vimos, o período de remodelação do desenvolvimento que ocorre na adolescência pode fazer eclodir muitos desafios ao bem-estar, como o início de vários distúrbios psiquiátricos, relacionados ao humor, ansiedade e transtornos de raciocínio, assim como o abuso e o vício de drogas. Esses distúrbios não são causados pelo vínculo nem seu surgimento necessariamente evitado por um histórico de vínculo seguro, já que muitos outros fatores influenciam nosso desenvolvimento, como temperamento, relacionamentos sociais prolongados, *status* socioeconômico, genética e uso de substâncias ativadoras de dopamina. Estudos indicam, por exemplo, que certas variações genéticas, que influenciam o modo como processamos a dopamina, a serotonina ou a oxitocina, podem afetar diretamente nossas respostas a certas experiências difíceis na vida. Portanto, embora o vínculo seja um elemento importante em nossas vidas, ele não é o único. Porém, como modelos de vínculo têm grande influencia à medida que podemos fortalecer nossas vidas ao construir modelos de vínculo positivos, tomar consciência da qualidade dos nossos vínculos é vital para todos nós. Você não pode alterar seus genes, mas pode mudar sua mente e seu comportamento para alterar seu cérebro. Em outras palavras, seus modelos de vínculo são mutáveis, e conhecê-los é crucial para que você consiga mantê-los seguros, não importa a sua idade.

Para cerca de metade a dois terços da população, o vínculo seguro está presente no começo da vida. Se você também teve essa experiência, dispôs de um ótimo ponto de partida para entrar na adolescência, teve incentivada sua capacidade de ser forte quando a vida trouxe dificuldades em seu caminho. No entanto, a outra parte da população – por volta de 150 milhões de pessoas apenas nos Estados Unidos – não dispôs de relacionamentos de vínculo seguros. Esses vínculos inseguros não significam, necessariamente, que somos pessoas inseguras. Significa simplesmente que não recebemos de forma consistente aqueles **S**'s de sermos **s***entidos*, estarmos a **s***alvo* e sermos **s***ossegados*, e por isso não estamos **s***eguros* nas nossas primeiras relações de vínculo. Nossos modelos de vínculo não seguro refletem como tivemos de nos adaptar a relações inseguras quando éramos mais jovens. E esses modelos de vínculo persistem ao longo de nossas vidas. Eles são mutáveis, sim, mas somente se conseguirmos entendê-los.

Com uma trajetória de vínculos inseguros, nosso cérebro não consegue entrar no período adolescente no mesmo patamar de desenvolvimento integrador de uma pessoa que dispôs de um vínculo seguro na infância. A ótima notícia é que nunca é tarde demais para desenvolver a integração no cérebro! Podemos sair dos modelos de vínculo não seguros, daqueles estados de funcionamento não integrado do cérebro, rumo a modelos integrados e seguros, desenvolvendo a integração em nossos cérebros. Uma maneira de fazer isso é entender o que aconteceu em nossas vidas. Entender nos tira de um modelo de vínculo não integrado e inseguro e nos conduz a um lugar de segurança e a um modelo de vínculo integrado.

Neste momento, vamos explorar sua história de vida e tentar interpretar os diferentes tipos de vínculos que você pode ter experimentado em sua infância e os modelos de vínculo que hoje fazem parte de seu mundo interior. Seja você um adolescente ainda vivendo com suas figuras de vínculo, pais ou outras, um adolescente mais velho ou um adulto vivendo longe de suas figuras de vínculo, entender sua vida é um modo comprovado pela ciência de trocar modelos de vínculo não seguros por modelos seguros. É uma maneira de integrar seu cérebro e capacitar sua vida.

COMO CRIAMOS VÍNCULOS

Há quatro maneiras de estabelecer vínculos afetivos com nossos pais ou com as pessoas que cuidam de nós. Para simplificar, vou usar o termo "progenitor", embora você possa ter vários responsáveis, como mãe e pai, parentes, amigos ou outros que cuidem de você e para quem você se volte quando precisa de acolhimento e proteção. Como já vimos, o cérebro humano é capaz de manter vários modelos de vínculo diferentes, um para cada relação com determinada figura afetiva. Então, enquanto exploramos essas quatro maneiras de nos apegar a nossos responsáveis, lembre-se de que você, como muitos de nós, pode, na verdade, ter mais de um desses modelos dentro de você, que moldam seu sentido interior de si mesmo e de como se relaciona com os outros. O ambiente onde está, a maneira como as pessoas reagem a você e como elas lembram você de suas figuras de vínculo podem influenciar diretamente quais desses modelos são ativados em um determinado momento.

O MODELO SEGURO

Se você teve uma relação com um progenitor que lhe transmitiu efetivamente a sensação de ser sentido, de estar a salvo e de ser sossegado, você terá um modelo de vínculo seguro. Esse modelo permite que você equilibre suas emoções, entenda a si mesmo e conecte-se com os outros de maneiras mutuamente gratificantes. O vínculo continua ao longo da vida, mas, para lhe dar uma noção de como a pesquisa fundamental é feita, oferecemos aqui um breve resumo de como o vínculo é avaliado durante a infância. Depois de cerca de três minutos separado do seu progenitor, o bebê de um ano busca contato com ele quando voltam a se unir, tocando-o em busca de acolhimento e então prontamente se liberta para explorar o quarto repleto de brinquedos. Os pesquisadores enxergam esse comportamento interativo como prova de um modelo de vínculo seguro na criança, ativado na presença desse progenitor em particular. A ideia é que o progenitor fornece tanto um abrigo seguro quanto uma plataforma de lançamento segura. A criança se vê sentida, a salvo, sossegada e segura com esse progenitor. Esse modelo é depois ativado para que a criança se conecte, sinta-se segura e volte a explorar o mundo de novos brinquedos no aposento.

Às vezes me sinto inútil.
$0
Você me faz sentir valorizado.

Desde a infância, carregamos esses modelos conforme eles nos ajudam a organizar a nossa abordagem de relacionamentos ao longo da vida.

O MODELO DE FUGA

Se você teve um relacionamento com um ou os dois pais repleto de experiências repetidas de não ser sentido nem sossegado, então você cresceu de maneira similar a 20 por cento da população. Nesse caso, a forma de relacionamento inseguro é denominada de "vínculo de fuga". O termo se origina de descobertas de pesquisadores que observaram bebês de um ano de idade separados do pai ou da mãe que mais tarde os evitaram quando voltaram, em vez de se reconectarem e buscarem o conforto dos mesmos, como acontece nos relacionamentos seguros. A explicação é que a experiência da criança de não ser sentida nem de ser sossegada ao longo do primeiro ano de vida por esse progenitor determinou o desenvolvimento de um modelo de vínculo não seguro – neste caso, um modelo de fuga. Portanto, na presença daquele progenitor, a criança ativa esse modelo e foge. Essa é uma resposta adquirida que facilita a sobrevivência da criança num contexto de frustração.

É importante notar que nesses estudos também foi observado que várias crianças que evitaram um progenitor na verdade buscaram conforto e proximidade com o outro. Em outras palavras, se você tem um modelo de vínculo de fuga como consequência de seu relacionamento com um progenitor, isso não significa que não possa ter um vínculo seguro com o outro progenitor, capacitando-o para enfrentar a vida sabendo como é uma relação verdadeiramente segura. No entanto, você aprendeu algo bem diferente com os modelos de fuga e as relações das quais eles nascem. O modelo que você desenvolve com base em um conjunto repetido de experiências de interação com um progenitor, digamos, seu pai, que não transmite calma quando você está aflito nem acolhimento quando você se sente desconsiderado, pode fazer você dizer algo como "não preciso dessa pessoa para nada porque aprendi que ela não me dá nada quando preciso de conexão ou conforto". Você aprendeu a minimizar suas necessidades de vínculo. Ter o modelo de fuga como modelo para relacionamentos íntimos pode levá-lo a se sentir desconectado dos outros e também das próprias emoções e necessidades. Trata-se do seu eu desconectado devido ao modelo de vínculo de fuga.

Novamente, ressaltamos aqui que o seu modelo de vínculo é um resumo de como você se adaptou às relações que teve com pessoas importantes em sua vida. Ele não é, no entanto, indício de algum problema, mas sim reflexo de uma resposta adquirida para lidar com eventos da vida real, com uma relação verdadeira em seus primeiros dias. Além disso, não significa que agora você não tenha a necessidade de proximidade e conforto. Embora esses modelos possam ser adaptações corticais que formam nossos comportamentos externos e nossa percepção, estudos revelam que a área límbica, que faz a mediação dos vínculos, ainda detém um impulso profundo por conexão com os outros. Todos nós precisamos nos sentir próximos às pessoas ao nosso redor e saber que podemos confiar nelas na hora de buscar conforto. Isso faz parte do ser humano. A esse respeito, o autoconhecimento promovido ao perceber que você pode estar vivendo sua vida seguindo um modelo de fuga pode ser muito enriquecedor. Ele pode permitir que você busque os sinais discretos, e geralmente ocultos em seu interior, de que deseja uma conexão mais íntima com os outros. Sentir esses sinais pode ajudá-lo a se libertar de seu modelo de fuga e ir atrás do que precisa na vida com os outros, à medida que amadurece e envelhece. O modelo de fuga foi bom e útil durante seus primeiros anos; agora precisa ser atualizado. Refletir sobre esses padrões pode ser um passo importante para capacitá-lo a transformar seus modelos de vínculo não seguros em modelos seguros.

O MODELO AMBIVALENTE

Um terceiro tipo de relação é aquela em que uma criança experimenta inconsistência ou perturbação por parte de um progenitor, situação que ocorre com cerca de 15 por cento da população em geral. Nesse caso, sentir-se seguro, ser sentido e sossegado não acontece de forma confiável. Quando o progenitor volta depois de uma separação você vai até ele, mas se agarra a ele porque se sente inseguro com relação a que satisfaça suas necessidades de conforto. Talvez ele o faça, talvez não. Então, melhor agarrá-lo! O modelo ambivalente de vínculo não permite que você seja sossegado, já que nunca sabe o que esperar – não é um porto seguro confiável. E suas emoções e sentimentos também inundam seu mundo interior. Por exemplo, se você está com fome, em vez de sua mãe perceber isso e alimentá-lo, ela é inundada com a própria ansiedade e medo de ser uma mãe ineficaz. Como o cérebro humano é composto de neurônios-espelho, que absorvem as sensações dos outros ao nosso redor, você naturalmente absorve a ansiedade e o medo dela. Você só sentia fome, mas, depois de interagir com a sua mãe, você agora também sente medo e ansiedade. Quais sentimentos são de quem? Essa é a personalidade confusa criada dentro das relações de vínculo ambivalente. Você amplifica suas necessidades de vínculo devido à ambivalência por causa do histórico de perturbação e inconsistência, pois talvez dessa vez a mãe possa sossegá-lo, talvez não, mas talvez... Isso é ambivalência.

O MODELO DESORGANIZADO

O quarto tipo de vínculo pode ocorrer dentro do contexto dos outros três – seguro, fuga ou ambivalência. Além dessas experiências iniciais de vínculo, algo mais está acontecendo. Por vários motivos, seu progenitor, digamos, a sua mãe, aterroriza você. Isso porque ela pode estar deprimida e irritada e o persegue gritando quando você volta da escola. Pode ser que ela esteja gritando com seu pai e seus irmãos, e não com você. E pode ser que ela apenas pareça aterrorizada e você *absorve* o terror dela. O problema de ser aterrorizado por uma figura de vínculo é que isso ativa dois circuitos diferentes no cérebro que simplesmente não funcionam juntos. Um é o circuito primitivo do tronco encefálico que media uma reação de sobrevivência. Esse circuito faz com que você fuja ou fique paralisado em reação a ser aterrorizado. Afaste-se dessa fonte de terror! Porém, o segundo circuito é o sistema de vínculo situado na região límbica, que quando se sente apavorado, motiva você a ir ao encontro da sua figura de vínculo para ser protegido e sossegado. O problema é que você não pode fugir e se aconchegar na mesma pessoa ao mesmo tempo. Depois da separação, o bebê mostra comportamentos em que tenta tanto se aproximar quanto se afastar de um progenitor, uma abordagem bastante desorganizada com relação à reconexão.

Então, quando uma figura de vínculo é também uma fonte do terror, nós nos fragmentamos. Esse vínculo desorganizado nos deixa vulneráveis de muitas maneiras. Podemos ter dificuldade em equilibrar nossas emoções, em manter bons relacionamentos com os outros e até em pensar com clareza em uma situação de estresse. Além disso, um vínculo desorganizado promove a fragmentação da continuidade de consciência, chamada dissociação. Detectada entre cinco por cento a 15 por cento da população geral, mesmo sem um histórico de abuso, e em cerca de 80 por cento das crianças em famílias com alto risco de trauma e negligência, o vínculo desorganizado e a dissociação que o acompanha podem ser um grande obstáculo ao nosso bem-estar. Quando nos dissociamos, desassociamos diferentes aspectos de nós mesmos, como separar os sentimentos das lembranças e os pensamentos das ações. Podemos nos sentir sem consistência e desligados. Essa é a origem de uma personalidade fragmentada, que emerge de um modelo de vínculo desorganizado.

VÍNCULO REATIVO

Quando um vínculo seguro não está disponível, podemos experimentar um conjunto de maneiras às quais nos adaptamos para fazer o melhor possível, incluindo a fuga, a ambivalência e a desorganização. Mas há várias situações em que nosso vínculo pode não ser apenas seguro ou inseguro. Em um extremo do espectro da experiência humana está a ausência total de vínculo, na qual não há uma figura consistente com a qual podemos nos unir. Nesse caso, um distúrbio disfuncional denominado vínculo reativo pode surgir e podemos ter dificuldades com nossas emoções e relacionamentos, estabelecendo conexões rápidas com uma ampla gama de indivíduos na infância, na adolescência e na vida adulta. O vínculo reativo pode ser visto como o melhor que uma criança pode fazer com a ausência de qualquer figura de vínculo – não uma resposta às formas de segurança ou insegurança. Essa ausência e o "distúrbio" que surge com ela são distintos da variedade das formas de vínculos seguros e inseguros que estamos explorando aqui. Se você conhece indivíduos que experimentaram essa ausência de vínculo, ou se você mesmo passou por isso, consulte algumas obras importantes na literatura profissional sobre essa situação como fontes úteis para o desenvolvimento saudável.

OBTER VÍNCULOS SEGUROS E INTEGRAR O CÉREBRO

Quando Steven, o filho de Gail, saiu de casa para ir para a faculdade depois de completar 18 anos, ele estava animado em começar essa fase de sua vida. Muitos de seus amigos estavam trocando a Califórnia pela Costa Leste, mas Steven decidiu ficar no Oeste e frequentar uma escola a cinco horas da casa dos pais, em Los Angeles. A mãe dele havia adoecido quando ele estava no último ano do Ensino Médio, e ele queria poder voltar para casa e vê-la com mais frequência do que se estivesse em uma faculdade do outro lado do país. Ele se sentia próximo da mãe e, como o irmão e a irmã, ficou muito angustiado com o diagnóstico de câncer dela. Steven fez o possível para apoiá-la durante as sessões de radioterapia e quimioterapia, mas ela insistiu para que ele continuasse saindo com os amigos durante aquele último ano na escola e se preparasse para essa nova época de sua vida. Foi decisão de Steven ficar perto – mas não tão perto. Na verdade, ele recebeu total apoio da mãe em sua decisão de não ficar na UCLA[8], uma opção maravilhosa para ele a poucos quilômetros da casa de seus pais.

Gail tinha passado por maus bocados na infância. Sua mãe morrera quando ela tinha 15 anos, e o seu pai fora um alcóolatra durante boa parte da infância dela. A morte da mãe de Gail "acordou" o pai e ele começou uma vida sem álcool, permanecendo sóbrio desde então. A família se Gail pareceu se aproximar frente à tragédia da morte da mãe. Durante grande parte de sua adolescência, Gail esteve agitada pensando em como poderia deixar suas duas irmãs e o pai quando chegasse a hora de se formar no Ensino Médio. Ela decidiu ir para uma *community college*[9] perto de casa para ajudar o pai, uma decisão que, na época, ficou feliz em tomar. Porém, antes de se casar com o pai de Steven, ela passou

8 Universidade da Califórnia, em Los Angeles. [N. T.]

9 Escolas que oferecem cursos de dois anos. O período nesse tipo de instituição vale como crédito acadêmico para cursos em faculdades e universidades americanas. [N. T.]

bastante tempo pensando em como o alcoolismo de seu pai tinha sido angustiante em sua infância. Era apavorante quando ele chegava bêbado em casa. Seus ataques de raiva e estupores alcóolicos faziam todos correrem em busca de abrigo – todos menos a mãe, que o enfrentava. Gail testemunhava o pai repreendendo a mãe, às vezes abusando fisicamente dela. Ela não sabia então, mas sabe agora, que testemunhar abuso é em si uma forma de abuso, uma forma de trauma. Você pode imaginar que as primeiras experiências de vínculo de Gail com o pai, cheias de terror, tenham-na levado a um vínculo desorganizado com ele. Seus estados bêbados a apavoravam. As brigas e surras na mãe eram aterradoras. E sua sensação de impotência em proteger suas duas irmãs menores deixavam-na assustada e indefesa.

Durante a adolescência de Gail, quando ela tinha uns 20 anos, ela decidiu tentar a psicoterapia. Foi quando a conheci. Trabalhamos em seu histórico de vínculos inseguros, incluindo um modelo de vínculo desorganizado e a tendência associada de sua mente de se fragmentar em estados dissociativos. Essas desagregações de processos geralmente conectados poderiam surgir quando ela estivesse triste, e ela então sentia "não estar coesa" e "à beira do colapso". Com frequência ela assumia comportamentos equivocados com o namorado e o pai, gritando com eles, sentindo reações emocionais intensas e "exageradas" a pequenas coisas que eles faziam. Ou esses momentos dissociativos poderiam surgir, fazendo com que ela se sentisse vazia e com dificuldade para se lembrar das coisas ou de prestar atenção. Quando era adolescente, por exemplo, houve momentos em que parecia não conseguir se agarrar às lembranças da mãe depois de sua morte, a perda sendo demais, e seu relacionamento com o pai ainda apavorante. A partir de sua avaliação de vínculo, descobrimos que ela teve o que é denominado um histórico ambivalente com a mãe, que se preocupava com a própria competência como mãe e esposa. A mãe de Gail tinha sido carinhosa e calorosa, no entanto, era um relacionamento que Gail disse ser "amoroso, mas uma confusão". Lidar com seus sentimentos sobre essa confusão era desafiador frente ao luto com o falecimento da mãe. De certa maneira, também havia elementos não resolvidos em relação à perda da mãe. Refletir sobre essa perda importante em sua vida poderia ajudá-la a resolver o luto e obter maior acesso a seus sentimentos sobre essa relação complicada.

Gail se saiu muito bem em sua vida social e emocional enquanto a terapia continuou, e era grata a essas mudanças. Por ter tido um padrão de insegurança ambivalente com seu primeiro responsável – sua mãe –, precisou fazer alguns exercícios básicos relacionados a sentir sua própria integridade, esclarecer a confusão sobre quem era, sobre o que sentia e como poderia se agarrar a sua própria bússola interior frente à interação com os outros. Essa transformação de seu modelo de vínculo ambivalente inseguro em direção à segurança significou que ela poderia sentir seus sentimentos e equilibrá-los bem. E isso significava que poderia ter relacionamentos mutuamente gratificantes com amigos e parceiros românticos. Nossos modelos de vínculo contêm as formas importantes com as quais aprendemos a nos conectar com os outros e a nos conhecer. Quando definimos nossas vidas, podemos trocar esses modelos de não segurança pelos de segurança.

Quando Gail conheceu o marido, ela se apaixonou e criou uma família. Tinha quase 30 anos, e algumas das questões de desorganização relacionadas ao pai começaram a surgir em sua vida e em seu relacionamento. Quando brigavam, como faz a maioria dos casais, ela perdia o controle e se sentia apavorada. Em vez de defender seu ponto de vista e expressar suas necessidades, Gail afundava em um buraco que, para ela, parecia areia movediça, e quanto mais lutava para sair, mais se dissolvia. Esse padrão de conduta repetitivo revelava a rigidez na qual Gail estava presa e o caos de cair em desespero que eram aspectos de seu modelo de vínculo não integrado. Alguns desses padrões podem ter sido o resultado de seu histórico ambivalente e da sensação de perda com a morte da mãe, e talvez um medo de perder sua figura de vínculo atual, o marido. Mas, no contexto em que essas experiências surgiram, também parecia haver elementos de uma resposta ao terror e estar relacionada à dissociação de seu vínculo desorganizado com o pai. Felizmente, esses momentos em que se tornava fragmentada não eram frequentes e surgiam apenas na ligação íntima que ela tinha com o marido. Gail via que simplesmente se afastava dele de maneiras que repudiavam suas próprias necessidades de intimidade. Esse padrão de desligamento tinha a qualidade de um modelo de fuga, que nitidamente tinha origem no relacionamento com seu pai. Com os amigos e os colegas do trabalho, tal desligamento e dissociação nunca ocorreram. É evidente que seus modelos de vínculo desorganizado e de fuga eram ativados apenas no contexto de seu relacionamento com o marido. Tal ativação de um modelo de vínculo condicionado a um estado é característico do funcionamento de nosso cérebro humano. O problema, no entanto, era que tal desligamento e dissociação a incapacitavam de ter um sentido sólido de si mesma em conexão com o marido. Não importa quais modelos estavam sendo ativados, eles a estavam impedindo de ter o tipo de relacionamento integrado no qual as diferenças poderiam ser respeitadas, as ligações compassivas criadas para que sua vida com o marido fosse mais fácil e satisfatória.

Mesmo interpretando seu passado e se esforçando por estar presente apesar dos sentimentos de terror – em relação à perda da mãe, às lembranças do pai, o medo e a raiva do marido quando eles brigavam –, Gail adquiriu a capacidade integradora de simplesmente manter a percepção do que estava experimentando. Ela passou pelo doloroso processo de refletir sobre seu relacionamento com o pai bêbado, sobre o terror, sobre a sensação de impotência. E, nesse processo, conseguiu entender o que não tinha feito sentido naquela época de sua vida. Isso significava que agora ela poderia ver o impacto que aquelas experiências apavorantes e sem solução tiveram sobre ela naquela época, e como continuavam a afetá-la agora.

Gail também começou a praticar uma maneira de estar atenta, de ser curiosa e estar aberta a suas próprias experiências interiores sem julgá-las. Frente a uma consciência fragmentada com vínculo desorganizado, tornou-se essencial trabalharmos para integrar a própria consciência. Fizemos muitos dos exercícios que você pode aprender neste livro, como o da Roda da Percepção e o da respiração, que deram força à mente dela e integraram seu cérebro. Sob a luz desta nova clareza, ela pôde sentir suas próprias necessidades por intimidade, vínculo, mostrando-se aberta e aceitando as coisas em vez da antiga confusão ou rejeição. Com o fortalecimento promovido por esses exercícios, sua dissociação se tornou menos frequente e menos intensa e se transformou na habilidade de simplesmente estar ciente de uma sensação de "querer cair em desespero", mas ser capaz de resistir a esse impulso. Todo esse trabalho reflexivo fez com que ela transformasse esses modelos de vínculo não seguros em um modelo seguro.

Quando Steven era um menino, Gail tinha passado bastante tempo desenvolvendo o que os pesquisadores chamam de "segurança obtida". Também poderíamos chamar isso de segurança adquirida. Ao longo dos anos, desde o início da terapia de Gail, ela voltou para *check-ins* periódicos e eu a escutava falar sobre o crescimento de Steven. Quando Gail foi diagnosticada com câncer, também a recebi para apoiar o modo como ela poderia lidar com seus medos durante esse momento aterrador. Com sua segurança adquirida, ela estava em uma posição integradora e nova de não se afastar, tornar-se confusa nem fragmentar sua mente. Ao longo daqueles anos, ela também conseguiu ser uma fonte de vínculo seguro para Steven. Ela foi capaz de servir como um porto seguro acolhedor e como uma plataforma de lançamento sólida para ele.

Assim, quando Steven se aproximou da época de deixar o ninho, ele chegou a esse ponto de virada da adolescência com a resiliência integradora de um modelo de vínculo seguro com a mãe. Estudos mostram claramente que, não importa o nosso passado difícil, se entendemos como nossas experiências antigas nos formaram e aprendermos novos modelos de segurança, podemos oferecer um vínculo seguro a nossos filhos. Steven também teve segurança com o pai, então estava se sentindo solidamente pronto para deixar a casa. Sua proximidade com a mãe diante da doença dela fez com que sentisse a necessidade de ficar perto o bastante de casa para voltar sempre que ela pudesse precisar dele, mas não tão perto que ele não percebesse o impulso interior profundo de explorar o mundo ao qual poderia se lançar, a partir de então, com segurança.

REFLETIR SOBRE SEUS VÍNCULOS E DAR SENTIDO À SUA VIDA

Adolescente ou adulto, é importante interpretar como foram suas primeiras relações de vínculo na infância. Dada a natureza do desenvolvimento da memória antes dos cinco anos de idade, pode ser difícil recordar de forma contínua qualquer atitude tão cedo em nossas vidas. Desse modo, até as mais leves impressões podem ser bem úteis. E pesquisas também mostram que um conjunto de perguntas que facilitem a exploração do que se consegue recordar, pode ajudar a revelar certos padrões bem úteis em sua jornada para obter uma compreensão ampla dos modelos de vínculo em sua vida atual. A notícia fantástica é que, se conseguir interpretar as experiências que teve na infância – especialmente as suas relações com os pais –, é possível transformar seus modelos de vínculo para modelos seguros. Isso é importante porque as suas relações – com amigos, parceiros românticos, filhos presentes ou futuros – serão profundamente aprimoradas. E você também vai se sentir melhor consigo mesmo.

Do ponto de vista científico, utilizamos uma entrevista formal para descobrir como uma pessoa dá sentido a suas experiências de vínculo. Centenas de estudos revelam que esses padrões são úteis para obter uma maior percepção dos modelos de vínculo. Meu próprio trabalho nesse campo me levou a desenvolver uma maneira de ajudar as pessoas a entenderem suas vidas e sugere como esse processo pode integrar seus cérebros na psicoterapia. Publiquei essa perspectiva em alguns livros, inclusive em *Mindisight* e *Parentalidade Consciente*. Este último inclui uma série de perguntas que adaptei aqui para você usar como um guia para refletir sobre sua própria experiência, seja como adulto ou adolescente. Deixe-me convidá-lo a ler essas perguntas, e depois vamos repassar cada um dos modelos de vínculo e os tipos de respostas que eles costumam obter, e então veremos como você pode entendê-las e transformá-las em segurança. Lembre-se: você pode ter muitos modelos de vínculo, um para cada relacionamento que teve com as pessoas que foram responsáveis por criá-lo. Você pode querer anotar suas respostas em um diário, ou apenas refletir sobre elas de sua própria maneira. Como você ainda pode estar vivendo com suas figuras de vínculo, sejam pais ou outras pessoas, como ter se afastado delas, as perguntas podem estar tanto no presente quanto no passado. Apenas concentre-se nas que se enquadram melhor à sua situação atual.

Descobrir isso...
MINHA
VIDA
... um pedaço de cada vez

Entender a si mesmo é um recurso básico de visão mental para integrar a sua vida. É por meio da autocompreensão que você relaciona seu passado presente na memória com sua experiência presente. Esse é um passo importante no aprendizado de como ter modelos de vínculo seguros na vida. Quando criamos uma narrativa de quem somos, relacionamos passado e presente para que também possamos nos tornar autores ativos de um futuro possível. Assim, a autocompreensão nos ajuda com a "viagem mental no tempo" à medida que criamos uma visão coerente e a integração de nós mesmos através do passado, presente e futuro.

PERGUNTAS PARA REFLETIR SOBRE O VÍNCULO

Experiência

Como é (foi) crescer em sua família?

Quem está (esteve) em sua família?

Qual é (era) a filosofia de seus pais sobre criar os filhos?

Do que você gosta (gostava) ou não gosta (gostava) em relação à sua criação?

Você criaria (ou está criando) seus filhos de maneira similar ou diferente?

Relacionamentos

Você se dá (dava) bem com seus pais ou com outros membros de sua família?

Como os membros da sua família se dão (se davam) uns com os outros?

Como os relacionamentos em sua família mudaram com o tempo?

Se você tem os dois pais, como são (eram) os relacionamentos com cada progenitor – iguais ou diferentes?

Diga algumas palavras que reflitam sua relação com cada progenitor desde seus primeiros anos de vida.

De alguma maneira, você tentou ser como seus progenitores ou diferente?

Há outras pessoas em sua vida que serviram como figuras maternas/paternas e a quem você se sinta ligado? Se sim, responda às questões apresentadas com relação a essa(s) pessoa(s).

Separação

Você consegue se lembrar da primeira vez em que foi separado de seus pais? Qual foi a sensação e como isso afetou você e seus pais?

Você experimentou uma separação longa de seus pais na infância? Como foi isso para você e para seus pais?

Disciplina

De que maneiras seus pais respondem (respondiam) a seus comportamentos para ensiná-lo a se comportar?

Seus pais usam (usavam) castigo em sua disciplina?

Como essas estratégias de ser disciplinado influenciaram seu desenvolvimento?

Medo e ameaça

Você já se sentiu ameaçado por seus pais?

Você já se sentiu rejeitado por seus pais?

Houve qualquer outra experiência que possa ter sido avassaladora em sua vida? Quais e como você acha que elas influenciaram sua vida?

Alguma dessas experiências ainda parece bem viva em sua memória?

Perda

Morreu alguém significante em sua vida?

Alguém significante em sua vida foi embora?

Que impacto essas perdas tiveram sobre você e sobre sua família?

Como essas perdas afetam você em sua vida atual?

Comunicação emocional

Como os seus pais se comunicam (comunicavam) com você quando você está (estava) feliz e animado?

O que acontece (acontecia) quando você está (estava) angustiado, infeliz, ferido ou doente?

Cada progenitor responde (respondia) com padrões diferentes de conexão quando suas emoções estão (estavam) intensas?

Como você se comunica com os outros atualmente quando suas emoções estão descontroladas?

Porto seguro

Há (havia) relacionamentos para os quais você pode (podia) voltar, ou lugares para onde pode (podia) ir, alguém que você pode (podia) confiar para ajudá-lo a se sentir reconfortado em momentos difíceis? Tal porto seguro existia quando você era criança?

Como você sente que essas fontes de porto seguro afetam (afetaram) sua vida?

Você se vê (via) sentido, a salvo, sossegado e seguro por seus pais?

Plataforma de lançamento

Como os seus pais apoiam (apoiavam) suas explorações longe deles ou fora de casa?

Como seus interesses são (eram) apoiados por seus pais?

Quando criança, você se sentia seguro para sair e explorar o mundo?

Agora

Como é o relacionamento que você mantém com seus pais?

Por que você acha que seus pais agem (agiram) da maneira como fazem (fizeram)?

Você tenta não fazer as coisas por causa de como seus pais tratam (trataram) você?

Conforme reflete sobre todas essas experiências, como acha que elas influenciaram nas maneiras como você se relaciona com as outras pessoas?

Como você acha que todas essas coisas que estivemos explorando influenciaram quem você é hoje como pessoa e como você se tornou quem é?

Futuro

O que você desejaria para si mesmo em seus relacionamentos futuros?

Como você imagina que as experiências de seus relacionamentos de vínculo e dos primeiros anos da infância podem moldar a pessoa que você pode se tornar?

Há algum fator de seu passado que está restringindo você no presente e limitando quem você pode ser no futuro?

O que você vê como sua "margem de crescimento" para coisas que gostaria de mudar em si mesmo podendo se sentir livre para ser a pessoa que gostaria de ser no futuro?

Há outras perguntas que deveríamos ter feito ou que você gostaria de fazer agora?

Como foi para você responder a essas perguntas? Às vezes, refletir sobre isso pode ser exaustivo. O que emerge pode surpreender e até mesmo chocar. Ou, às vezes, você já sabe como irá responder e não é nada demais.

Você vale a pena ser descoberto.

É interessante observar que os pesquisadores que estudaram coletivamente mais de 10.000 entrevistas formais de vínculo, com temas e perguntas similares às descritas há pouco, descobriram padrões universais. A seguir, vou apresentar as descobertas gerais para que você possa ter uma noção do que está acontecendo com você. Lembre-se, no entanto, enquanto lê esses agrupamentos amplos e seus padrões de narrativa, que o segredo para refletir sobre eles não é se encaixar em uma categoria ou outra, mas encontrar sinais úteis em sua própria vida que possam se unir em uma narrativa coerente própria. Os estudos revelam que, quanto mais coerente for a narrativa que temos de nossos problemas de vínculo na infância, melhor entendemos como nossas experiências de início de vida nos formaram, e é mais provável que nossos filhos tenham um vínculo seguro conosco, e, de modo geral, serão mais gratificantes os nossos relacionamentos interpessoais. Com a nossa própria história de vida coerente, estaremos mais propensos a fornecer de forma consistente os quatro **S**'s do vínculo seguro. E conforme as crianças seguramente vinculadas crescerem, elas também estarão mais propensas a dar sentido à suas vidas e a criar uma narrativa de vida coerente. Elas terão uma noção coerente de quem foram, de quem são e de quem gostariam de ser no futuro. E terão uma forma coerente de serem elas mesmas enquanto também têm relacionamentos íntimos e significativos com os outros. É isso que dar sentido à sua vida pode lhe trazer. É o que o vínculo seguro pode oferecer – não importa a idade que você tenha quando desenvolve um modo integrado de compreender a vida.

NOSSAS NARRATIVAS DE VÍNCULO E OS DOIS HEMISFÉRIOS CEREBRAIS

Embora os detalhes de cada entrevista de vínculo variem de pessoa a pessoa, quando vistas em conjunto, elas revelam alguns padrões. As Entrevistas de Vínculo são gravadas e transcritas. O documento escrito é então analisado observando-se o modo como a pessoa usa da linguagem e se comunica com o entrevistador/pesquisador, ou seja, a "análise narrativa" é de fato uma análise de discurso. Pelas entrevistas revelou-se que pessoas com modelos de vínculo seguro geralmente pensam de um modo coerente sobre os aspectos bons e ruins ocorridos durante sua infância. Não podemos avaliar a precisão dos fatos lembrados e narrados, é claro, mas podemos avaliar como as respostas se enquadram de maneira coerente – como fazem sentido, são abertas e flexíveis para refletir sobre certos aspectos do passado e como são reflexivas no momento presente com as perguntas, oferecidas não apenas como um conjunto pré-programado.

Mesmo quando as experiências foram difíceis ou apavorantes, uma *narrativa segura* revela que essa qualidade de estar presente para o que surgir na entrevista. Esse estado de presença é a marca do vínculo seguro, da maneira como nos conectamos com os outros ou com a nossa própria história de vida. Estamos presentes, isto é, estamos abertos e aptos a aceitar não importa o que esteja acontecendo enquanto está acontecendo. E essa presença em nossa história de vida, esse vínculo de segurança, anda junto com a coerência narrativa, enquanto resolvemos o positivo e o negativo de nossos primeiros relacionamentos e damos sentido às nossas vidas.

Em outras pessoas com histórias de vínculo de fuga, ou de pais de pessoas com vínculos de fuga, o relato é bem diferente. A marca dessas reflexões de *narrativa de fuga* é que os indivíduos insistem em dizer que não se lembram de nada sobre a vida em família e que esta não influenciou o modo como se desenvolveram. Essa é uma forma de incoerência, pois, se você não se lembra de algo, como sabe que esse algo não o afetou? Os adultos com esse relato têm um estado mental "ausente" – eles rejeitam a ideia de que seus relacionamentos passados possam ter um impacto sobre quem são. Em resumo, eles parecem "evitar" dar importância aos relacionamentos em suas vidas, possivelmente porque essa é a melhor adaptação que conseguiram frente ao deserto emocional configurado por um relacionamento de vínculo de fuga.

Para entender o que pode estar acontecendo no percurso desde as diferentes formas de relação de vínculo na infância até as respectivas narrativas desses vínculos na adolescência e na vida adulta é útil considerar as pesquisas sobre o funcionamento do cérebro. Nessa perspectiva, os modelos de vínculo não seguro surgem de estados não integrados do funcionamento cerebral. De algum modo, a comunicação entre pais e filhos que não respeita as diferenças e não promove a conexão – isto é, padrões de comunicação em relacionamentos não integrados – conduz ao bloqueio da integração no desenvolvimento do cérebro da criança. Simplificando, esse ponto de vista sugere que a comunicação integrada estimula o desenvolvimento da integração no cérebro. Comunicação não integrada leva ao desenvolvimento não integrado do cérebro.

Minha proposta, baseada no trabalho clínico e no raciocínio científico, sugere que há um subdesenvolvimento do hemisfério direito do cérebro em indivíduos com vínculo de fuga. É o hemisfério direito que armazena a memória autobiográfica e detém nossas necessidades e sentimentos emocionais mais básicos. Desse modo, o modelo de fuga não nos permite sentir nossas necessidades nem recordar nossas experiências vividas em família. Isso explica não apenas as descobertas narrativas, mas também por que os modelos de fuga moldam nosso comportamento em relacionamentos em que ignoramos a comunicação não verbal dos outros, sinais que são enviados e recebidos pelo hemisfério direito do cérebro.

A reflexão sobre si mesmo ocorre no córtex cerebral com base nos mapeamentos autobiográficos feitos principalmente no hemisfério direito. Tal reflexão autobiográfica é nossa maneira de olhar para os significados e eventos de nossa experiência vivida. O interessante é que até mesmo nossas reações instintivas e as sensações sinceras, sinais que surgem dos intestinos e dos circuitos neurais ao redor do coração, manifestam-se e terminam principalmente no hemisfério direito do cérebro, já que é o córtex pré-frontal direito que recebe tais informações físicas. Essas fontes de conhecimento geralmente não são tão experimentadas por indivíduos com vínculo de fuga.

Embora os dois hemisférios cerebrais trabalhem juntos, eles têm funções diferenciadas. Essas funções influenciam menos o que fazemos e mais o modo como percebemos o mundo e nos colocamos nele.

O hemisfério esquerdo do córtex é dominante para a **l**íngua, a **l**ógica, o raciocínio **l**inear e **l**iteral e até para fazer listas como esta! Perceba também que essa é uma lista conveniente e fácil de lembrar porque a maioria das palavras começa com a letra **L**. Muitos estudos também mostram que os fatos são dominantes no hemisfério esquerdo, enquanto nossas lembranças autobiográficas de episódios de experiências são dominantes no hemisfério direito.

Peço que você se concentre agora nas habilidades do hemisfério esquerdo para captar alguns detalhes científicos em que estamos prestes a mergulhar. O motivo para fazer isso é que, quando compreendemos um pouco sobre os fatos cerebrais relevantes e fascinantes de uma maneira lógica e linear, realmente podemos usar esse conhecimento para acelerar o modo como podemos transformar nossos modelos de vínculo não seguro para vínculos seguros. Você também vai precisar de suas habilidades do hemisfério direito a fim de compreender totalmente o contexto e o significado pessoal de algumas dessas noções cerebrais. Você pode sentir o significado do que estamos prestes a explorar e também pode rastrear sua lógica. Então, neste exato momento, vamos acionar os dois hemisférios do cérebro para obter os detalhes do que estamos prestes a explorar. Nas três seções a seguir, vamos usar a essência desses fundamentos para examinar como cada modelo de vínculo não seguro pode ser transformado, concentrando a mente para integrar o cérebro e seus relacionamentos. Não se preocupe em se lembrar de cada detalhe, eles estão todos disponíveis aqui e você pode revisá-los sempre que quiser. O importante é que logo vamos explorar como os aplicaremos em sua própria vida. Apenas deixe o sentido dessas conexões lógicas preencher ambos os hemisférios de seu cérebro e se prepare para fazer um trabalho integrador!

O hemisfério direito do córtex não é apenas uma fonte primária de nosso conhecimento autobiográfico; é também o hemisfério dominante na recepção de informações mais diretas das áreas subcorticais mais profundas, além do corpo como um todo. E, sim, você já adivinhou que o hemisfério direito é muitas vezes considerado "mais emocional", pois as informações físicas e subcorticais moldam nossa vida emocional de forma mais direta e talvez mais espontânea e robusta. O hemisfério direito do córtex mapeia todo o interior do corpo enquanto o esquerdo não faz isso. Isso significa que a intuição, a forma como recebemos a compreensão do corpo, dos músculos, do coração, dos intestinos, provavelmente influencia primeiro nosso córtex direito. O hemisfério esquerdo do córtex também tem emoção, mas ela pode ser experimentada de maneira diferente, já que esse hemisfério não é tão fortemente influenciado pelas regiões subcorticais como é o direito.

Então você pode ver como os dois hemisférios são diferentes na forma como concentram nossa atenção e como nos habilitam a estar no mundo. Eles também diferem de outros modos básicos, como veremos a seguir.

O hemisfério esquerdo do cérebro tem uma região frontal que, quando ativada, cria uma "abordagem" que nos capacita a sair no mundo e enfrentar os desafios. Em contraste, o hemisfério direito tem áreas que criam uma resposta de recuo com relação às coisas novas. Essa abordagem do mundo segue o que alguns resumiram deste modo: o esquerdo olha para o mundo, enquanto o direito olha para dentro, para a personalidade e para os outros. Por essa razão, não deveria surpreender que o hemisfério esquerdo do cérebro se especialize não apenas na linguagem, mas também em ficar de olho nas "regras sociais", nas maneiras culturalmente sancionadas pelas quais devemos nos comunicar. Desta forma, o esquerdo pode ficar atento ao que os outros esperam e governar que palavras são ditas para cumprir essas expectativas.

Vamos parar um momento e apenas entender o que isso significa para as nossas vidas. Um hemisfério, o esquerdo, tem o foco externo no que o preocupa, no que o interessa, e no que nos deixa fazer em termos de interagir com os outros. Em que o hemisfério direito nos ajuda na conexão com os outros?

O hemisfério direito do córtex também se comunica, mas se especializa na comunicação não verbal. O que é isso? Isso inclui os sinais a seguir, que o meu córtex esquerdo gostaria de listar para você aqui de maneira lógica, linear, literal e linguística. Eis a lista dos sinais não verbais dominantes no hemisfério direito que são tanto enviados quanto recebidos e traduzidos pelo hemisfério direito do cérebro:

1. Contato visual.
2. Expressões faciais.
3. Tom de voz.
4. Postura.
5. Gestos e toques.
6. Tempo dos sinais.
7. Intensidade dos sinais.

Em nossas narrativas, acredita-se que o hemisfério esquerdo do cérebro seja o responsável por contar a nossa história. Mas os itens autobiográficos estão no direito. Então, em resumo, a narrativa coerente de segurança é refletida no modo como o esquerdo e o direito são bem diferenciados e conectados.

Os dois hemisférios podem trabalhar juntos ou isoladamente, em algumas circunstâncias. Quando li pela primeira vez sobre esse tema, comecei a me perguntar como poderia ser uma base para entender os diferentes padrões de vínculos comportamentais e para contar a nossa história de vida. O incrível é que, ao compreender o cérebro, ao assimilar alguns desses fatos cerebrais básicos, você pode explicar uma enorme quantidade de descobertas relacionais e psicológicas estabelecidas pela pesquisa. Em seguida, pode usar essa informação para promover mais intervenções eficazes para ajudar as pessoas alcançarem a segurança. Não foi apenas útil entender os dados, foi eficaz para ajudar as pessoas a mudarem.

Lembre-se que o modelo de vínculo ambivalente tem uma amplificação das necessidades de vínculo. Como isso pode se relacionar com as descobertas do hemisfério direito do cérebro? Poderia ser visto como um excesso de dependência do hemisfério direito em vez do equilíbrio entre ambos? Quando os dois hemisférios não funcionam de maneira coordenada, um pode se tornar excessivamente dominante na ausência do outro porque os dois hemisférios do cérebro equilibram-se mutuamente. Nesse caso, a descoberta característica da informação da *narrativa ambivalente* é uma inundação de detalhes autobiográficos que não estão diretamente relacionados às perguntas feitas. Essa invasão de imagens e emoções tem a qualidade de um excesso de ativação do hemisfério direito, sem o equilíbrio do papel do hemisfério esquerdo em manter o controle da informação da linguagem. O hemisfério esquerdo seria a fonte do impulso narrativo, usando palavras de uma maneira lógica e linear que explica a relação causa-efeito entre os eventos. Mas, quando esses eventos são autobiográficos, o hemisfério esquerdo precisa da cooperação do direito para contar uma história coerente.

Com as narrativas de vínculo ambivalentes é como se o hemisfério direito estivesse sobrecarregando as respostas das perguntas do esquerdo. Na literatura de investigação científica sobre adultos e adolescentes isso é chamado de vínculo "preocupado", e apenas uma categoria de vínculo costuma ser atribuída à pessoa. Mas, na vida real, podemos ter vários modelos que moldam nossos relatos de maneiras diferentes, então vamos ficar com o termo básico de modelo de vínculo "ambivalente", para que possamos compreender que temos muitos modelos em meio a todas as categorias dos agrupamentos de vínculo da infância, não apenas um. Em outras palavras, não estamos apenas preocupados ou ausentes; como indivíduos, podemos ter modelos ambivalentes e modelos de fuga.

A fuga parece se basear no modo como o hemisfério esquerdo tem de estar no mundo adaptado a uma vida emocional desconectada. Isso explica uma narrativa na qual não existe um acesso a memórias autobiográficas e sim uma insistência de que as questões referentes às relações não importam. A ambivalência se apoia mais fortemente no hemisfério direito com uma inundação de sentimentos e memórias que surgem na narrativa de vínculo e na vida. E se o seu modelo de vínculo também é desorganizado? Como podemos entendê-lo?

No modelo de vínculo desorganizado vemos às vezes uma *narrativa desorganizada,*em que as respostas se tornam desorganizadas ou desorientadas. Essa desorientação geralmente ocorre quando se trata de perguntas que falam sobre perda ou ameaça. Se alguém morreu, por exemplo, a pessoa pode falar sobre essa pessoa ausente como se ela ainda estivesse viva. No caso da ameaça, um sentimento de pavor pode surgir nas respostas da pessoa como se ela estivesse sendo aterrorizada naquele momento. Por exemplo, poderia dizer sobre o meu pai bêbado, "bem, ele não era realmente apavorante. Quero dizer, ele bebia, e acho que nessas horas ele voltava para casa e, bem, você pode sentir o cheiro de álcool na sala, e quando ele entra eu saio correndo, mas ele é rápido demais e eu...". Perceba como o discurso sai do pretérito para o presente e fica desorientado e desorganizado. Essas características podem ser sutis ou graves, mas revelam um funcionamento não integrado do cérebro. À medida que o esquerdo tenta contar a história, ele fica desorientado e se afasta do tópico ou perde o foco no tempo. O hemisfério direito do cérebro pode enviar elementos do passado vivido para o esquerdo de uma maneira confusa que não pode ser facilmente decodificada pelo esquerdo. Uma noção de tempo mediada pelo córtex pré-frontal que trabalha com o esquerdo e o direito se perde, e o passado se funde no presente. Formas não processadas do que são denominadas "memórias implícitas" podem golpear minha consciência com uma noção de meu corpo e emoções, imagens e mesmo impulsos comportamentais que parecem estar acontecendo no presente. Essas são as consequências das experiências avassaladoras que podem não estar resolvidas. Esse estado de não integração ocorre quando o relato se concentra na perda ou no trauma. Nesses momentos, o indivíduo sofre um bloqueio em vários sistemas, incluindo o esquerdo trabalhando com o direito, a ligação de camadas das memórias, a coordenação e o equilíbrio pré-frontais. O termo científico para isso é "trauma ou perda não resolvidos – desorganização", mas vamos chamá-lo simplesmente de modelo de vínculo "desorganizado".

A ótima notícia é que um trauma ou perda não resolvidos podem ser resolvidos integrando os processos de memória e narrativa, e a pessoa pode trocar modelos de vínculo não seguros por modelos seguros. Em termos de hemisfério esquerdo e direito, a desorganização ocorre quando a inundação de sensações físicas e memórias autobiográficas do direito não são facilmente captadas e classificadas pelo esquerdo linear ao tentar contar sua história com palavras. Assim, a desorganização, a perda ou o trauma não resolvidos que a narrativa revela podem ser vistos como uma descoordenação dos dois hemisférios. Com reflexão, podemos transformar memórias implícitas não processadas em memórias explícitas de fatos, no esquerdo, e memória autobiográfica, no direito, para que não entrem em nossas mentes em formas variadas de emoções ou memórias invasoras, tornando-se, em vez disso, parte de uma narrativa coerente de quem somos. Da mesma forma, a ambivalência pode ser transformada em segurança quando os hemisférios esquerdo e direito são equilibrados ao desenvolver mais do papel do hemisfério esquerdo na vida interior da pessoa. Modelos de fuga podem ser transformados em modelos de segurança ao se desenvolver a função do hemisfério direito, acessando aquelas importantes necessidades saudáveis por conexão que foram desligadas no passado.

Em um nível básico, portanto, buscamos o conceito de integração do cérebro para obter uma percepção interior de como podemos ir ao encontro da segurança. Compreender como os hemisférios esquerdo e direito contribuem, cada um à sua maneira, nas diferentes formas de ser e de ver, pode ajudá-lo e orientá-lo a dar sentido à sua vida e a seguir em direção a um modo de vida mais integrado.

FUGA, DISTÂNCIA EMOCIONAL E O HEMISFÉRIO ESQUERDO DO CÉREBRO

Se as suas respostas às perguntas de reflexão revelaram uma sensação de desconexão das experiências vividas com as pessoas que cuidaram de você, pode haver elementos de fuga em sua história. Vamos analisar como isso pode ter ocorrido e o que você pode fazer agora.

Um progenitor com quem uma criança tem um vínculo de fuga geralmente não se atenta – ou ao menos não responde prontamente – aos sinais não verbais de angústia, como choro ou expressões faciais. Na interação entre pais e filhos, ocorre a noção de que o mundo da mente infantil não é tão importante ou pelo menos não é visto. Essa é uma falta de visão mental desenvolvida e revela que a vida para esse relacionamento pais-filhos diz mais respeito a controlar comportamentos do que sentir empaticamente os sentimentos do outro.

Se você desconfia que teve um vínculo de fuga pode ter tido experiências nas quais se prestava atenção à natureza física das coisas, mas não tanto à vida da mente. Reflita sobre o seu relacionamento de então e veja se o "mentalês", a linguagem da mente, fazia ou faz parte desse relacionamento. Seriam conversas em que faltavam palavras e frases como "estava sentindo...", "isso deve ter parecido a você que...", "imagino o que ele estava pensando naquele momento...", "imagino que ele tenha visto isso como...", "do ponto de vista dela pode ter parecido...", e "o que ela acredita não faz sentido para mim, mas posso entender por que ela pensa daquela maneira". Cada uma dessas frases revela um indivíduo com visão mental suficiente para transmitir seu próprio estado mental interior, ou para supor, e perguntar sobre, o estado mental de outra pessoa.

Se você foi criado por pessoas que não só ignoravam o uso da visão mental, mas de alguma maneira se distanciavam de você, pode ser que essas figuras de vínculo não o ajudaram a desenvolver a visão mental. Em estudos sobre o vínculo, os professores de crianças com vínculos de fuga – sem nem mesmo conhecer o histórico afetivo da criança – tratavam-nos como se eles não precisassem de ajuda, mesmo quando precisavam. Isso parece familiar para você? Para muitas pessoas com vínculo de fuga parece haver dificuldade em expressar suas necessidades interiores ou em depender dos outros para satisfazê-las. Como uma pessoa me disse: "precisei ser autônomo desde muito cedo, dada a desconexão de minha mãe. Por que eu iria me permitir precisar da ajuda de alguém?".

Se entrevistássemos o progenitor com quem você manteve esse vínculo de fuga, provavelmente descobriríamos uma narrativa revelando falta de acesso à memória autobiográfica e afirmação de que os relacionamentos não são importantes na nossa formação. Se é assim que você define sua própria vida, os relacionamentos não serão prioridade em sua lista. Isso não quer dizer que o progenitor não ame o seu filho, apenas que a adaptação que teve de fazer em sua própria infância minimizou as necessidades de vínculo na época, e aquela adaptação continua ainda hoje. Caso você seja um adolescente que vive com os pais e esteja refletindo sobre isso, lembre-se de que os pais geralmente fazem o que fazem como consequência de como se adaptaram a suas próprias experiências de infância. Descobrir maneiras de se conectar mais completamente é possível, mas exige tempo, compreensão, paciência e intenção. Esse modelo de vínculo não seguro, que consiste em estar desconectado dos outros, ajudou na sobrevivência do indivíduo. Então, se essa é a relação que você tem, não a veja como falta de amor. Trata-se, na verdade, de uma falta de habilidade para se conectar. E, de algum modo, de um mecanismo de sobrevivência do passado para se desconectar da necessidade de proximidade, que apenas precisa ser atualizada agora, no presente.

Outra parte dessa jornada é perceber que, no vínculo de fuga, a presença familiar pode parecer escassa, e a superfície dos comportamentos passa a ser o foco da atenção, daí sintonizar-se com o mundo interior da mente da criança ou de si mesmo, simplesmente não é feito com frequência. Nesse cenário, você também pode ter se desenvolvido com uma noção mínima de sua própria mente. A estratégia eficaz para começar a mudar isso é entrar em contato com o hemisfério do seu cérebro que permite que você se concentre no mundo interior – o seu e o dos outros. Esse é o hemisfério direito do cérebro.

Já que as emoções e nossas sensações físicas nos preenchem da vitalidade que torna a vida rica e significativa, o padrão de relação de fuga do hemisfério esquerdo pode ter criado uma noção desconectada de si mesmo que não tem muito *joie de vivre*[10] interior, aquele sentido de estar vivo, que dá à vida seu sabor. Essa falta de alimento espiritual leva, creio eu, a um subdesenvolvimento do hemisfério direito do cérebro.

Então aqui vai uma estratégia. A integração significa respeitar as diferenças e promover as conexões. Se você teve uma forte dose de fuga, o hemisfério esquerdo pode estar no controle porque permitiu que você se desenvolvesse frente a um deserto emocional. Essa foi uma grande adaptação em seu passado. Mas e quanto ao momento atual? O que isso significa para sua vida mental?

Prepare-se para o que está por vir, pois vamos captar pouco a pouco a noção estabelecida pela ciência do que significa "viver no hemisfério esquerdo". Quando apenas o esquerdo é ativado e dominante, nossa forma de ser tende a ser externamente focada, lógica, "descontextualizada" e caracterizada pelo que é denominado "modo linear" de estar no mundo. "Linear" significa uma coisa seguida de outra. "Descontextualizada" significa não ver o quadro geral. Então, em vez de fluir com o contexto de uma situação à medida que ela emerge, instante a instante, um modo de ser de esquerda dominante é esperar que as coisas se desenrolem em uma sequência linear, de uma maneira específica, que possa ser contida, prevista, compreendida, isolada e dissecada, analisada e, por fim, logicamente entendida.

Caso esse tenha sido um ponto de partida para você quando criança basicamente criada com um histórico de vínculo de fuga, a adolescência pode ser particularmente difícil, com sua fartura de intensas experiências físicas, emocionais e interpessoais. Cada um desses componentes da

10 Expressão em francês que significa "alegria de viver". [N. T.]

vida – o corpo, as emoções e o mundo interpessoal de outras mentes – tem um papel dominante no modo de ser do hemisfério direito. Se você esteve em um cenário de relacionamento que desenvolveu principalmente o hemisfério esquerdo, esta seria uma boa hora para se equilibrar e desenvolver ambos os hemisférios. É isso o que significa integração.

A boa notícia é que, não importa a idade, nunca é tarde demais para desenvolver e ativar ambos os hemisférios. Dê uma olhada na história de Stuart no início desse livro (página 51) e verá um homem de 92 anos com um histórico de vínculo de fuga que fez enormes avanços integrando os dois hemisférios de seu cérebro depois de quase um século sem fazê-lo. Com um modo de viver emocional e fisicamente distante, ele teve de aprender a desenvolver seu hemisfério direito e então relacionar essas novas capacidades ao seu bem desenvolvido esquerdo. Se Stuart pode fazer isso, você também pode.

Não é porque os seus pais não ofereceram um vínculo seguro que você está fadado a permanecer com um modelo de vínculo não seguro. No caso de um histórico de fuga, se achar que está "inclinando-se para a esquerda" em sua experiência de vínculo de fuga com o responsável por sua criação, os exercícios nas seções de Ferramentas de Visão Mental, Tempo Interior e a Roda da Percepção serão úteis na integração dos dois hemisférios do seu cérebro para que você possa superar quaisquer adaptações desequilibradas.

Aqui estão alguns exercícios básicos no caso de um histórico de vínculo de fuga:

1. Pratique ficar atento a seus estados físicos internos. A revisão do aro da Roda da Percepção sobre o sexto sentido, as sensações físicas, podem ser um lugar bastante útil para começar. O ato de concentrar a atenção nas duas extremidades ao mesmo tempo pode ser difícil. Tente se concentrar primeiro no hemisfério direito e depois no esquerdo.
2. Preste atenção nos sinais não verbais. Tente assistir a programas de televisão com o som desligado ou a filmes em

língua estrangeira sem legendas em uma língua que você não compreenda. Essas experiências o capacitarão a deixar seus centros de linguagem no hemisfério esquerdo tirarem uma folga e os circuitos de percepção de sinais não verbais do hemisfério direito serem ativados. Esses sinais incluem contato visual, expressões faciais, tom de voz, gestos, postura e adequação e intensidade das respostas.

3. Aprenda a usar expressões não verbais. Tente olhar em um espelho ou se gravar em um vídeo e assistir depois. Procure exagerar o envio desses importantes sinais do hemisfério direito.
4. A memória autobiográfica também é uma especialidade do hemisfério direito do cérebro. Escreva os detalhes do que fez hoje. Comece com os pormenores de como saiu da cama, o que fez com o corpo enquanto se vestia, o que comeu no comeu café da manhã. Veja se consegue sentir aquelas experiências enquanto as relembra. Depois que essas lembranças recentes forem contadas, tente reflexões autobiográficas mais distantes, também com detalhes. Não se preocupe se não conseguir recordar as experiências da infância, já que essas podem ser difíceis de acessar e algumas podem ainda não ter sido codificadas em sua memória.
5. As emoções são sentidas nos dois hemisférios cerebrais, mas elas podem ser mais diretas e espontâneas no direito. Quando você estiver pronto, pode encontrar um amigo para servir de parceiro no envio e recebimento de expressões não verbais de emoções diversas. Tente essas nove regras básicas: alegria, excitação, surpresa, tristeza, medo, raiva, nojo, culpa e vergonha. Veja ainda se consegue simplesmente perceber as emoções à medida que elas surgem, mesmo que fugazmente. Deixe a sensação da emoção preenchê-lo, não tente analisá-la ou nomeá-la.
6. O contexto é algo em que o hemisfério direito também é especialista. Contexto significa ler nas entrelinhas. É como

o espírito da lei em vez de a letra da lei. É contexto em vez de texto. O contexto tem uma textura mais sutil do que as definições das coisas claramente demarcadas de que o hemisfério esquerdo adora. Alguns comparam o hemisfério esquerdo com um processador digital, com zeros e uns, e definições claramente demarcadas como em cima *versus* embaixo, certo *versus* errado, dentro *versus* fora. Em contraste, o direito é analógico, com um amplo espectro de valores não separados em significados claros, como no hemisfério esquerdo. Então aqui está você, simplesmente permitindo-se obter uma centelha inicial do significado por trás das palavras e de seus componentes não verbais. Um exercício que pode fazer é simplesmente dizer uma frase neutra com diversos contextos embutidos no tom da sua voz e no ritmo de suas palavras. Eis duas de uma variedade infinita de frases que você pode tentar com essa técnica: "Espero que você chegue à minha festa a tempo" ou "Você sempre faz o que diz que vai fazer". Tente enfatizar cada palavra com tons de voz diferentes e veja se consegue sentir como isso muda o significado da mensagem.

7. Recorde-se que estudos demonstraram que, mesmo se houver um foco externo na independência, há muitas vezes um sentimento interior de precisar de intimidade além da percepção. Com isso em mente, considere sintonizar qualquer pista interior, por mais sutil que seja, de que possa sentir o desejo de estar mais perto das pessoas em sua vida. Ciente de que a fuga foi uma adaptação importante para você, vá devagar. Aproximar-se de outra pessoa para expressar seus sentimentos em um gesto de querer mais tempo para se conectar pode ser um ponto de partida importante. Já que participamos na criação de nossos mundos relacionais, agora você pode decidir sobre como formar novos tipos de relacionamento em sua vida.

Enquanto desenvolve um modo mais integrado de ser, você pode descobrir que as coisas começam a parecer diferentes dentro de você. Mesmo a maneira como você sente quem é se conectando com os outros pode mudar à medida que você se descobre absorvendo as vidas interiores das outras pessoas por meio de sinais não verbais. A presença que surge agora pode às vezes parecer impressionante, repleta de um senso aprimorado de estar vivo. Embora essa nova maneira de estar no mundo possa parecer pouco familiar a princípio, veja se consegue relaxar tendo a certeza de que a integração traz consigo uma nova forma de experimentar o fato de estar vivo.

De muitos modos, a integração cria mais integração.

Em desenvolvimento, chamamos isso de um aspecto "recursivo" de algo – um conjunto de fatores de influência recorrente que continuamente restabelece o estado de espírito inicial. No caso de modelos de vínculo não seguro e inseguro, piscamos e o mundo pisca de volta para nós, desconectamo-nos e o mundo se desconecta de nós. No caso de segurança e integração, sorrimos, e o mundo sorri de volta para nós.

AMBIVALÊNCIA, CONFUSÃO EMOCIONAL E O HEMISFÉRIO DIREITO DO CÉREBRO

Pode ser que as respostas que você deu às perguntas reflexivas tenham revelado que seu histórico envolve o polo oposto da gélida distância emocional produzida pelo vínculo de fuga. Para você, a infância foi mais como um caldeirão quente de confusão emocional. Se a fuga é viver em um deserto de emoções, a ambivalência pode ser viver em um nevoeiro de emoções, se não em uma tempestade total.

Caso essa forma de vínculo ambivalente esteja em sua história, a inconsistência emocional e a intromissão por parte de seus pais podem ter sido frequentes. Lembre-se de que seus pais provavelmente estavam fazendo o que acreditavam ser o melhor, e a maneira mais prática de ver essa forma de comportamento é como uma adaptação deles às dificuldades em seus próprios relacionamentos na infância ou em outros aspectos de suas vidas. As questões remanescentes dos próprios pais (seus avós) podem ter inundado as capacidades deles de estarem presentes e abertos de modo claro e receptivo ao que estava acontecendo dentro de você. Se for esse o caso, é importante saber que o seu sentido interior de si mesmo pode estar precisando de reforço. De muitas maneiras, as crianças podem se tornar um receptáculo não intencional das inundações emocionais dos pais. A confusão para a criança é que, ao mesmo tempo em que ela sente que não está sendo vista nitidamente por quem é, que de alguma forma é invisível, ela também tem de absorver emoções que nada têm a ver com o que está de fato sentindo. É um desafio duplo, e é francamente desconcertante.

Ao responder ao questionário de autorreflexão, você pode ter encontrado certos tópicos que levantavam a sensação de algo estar cru ou inacabado. Na entrevista formal, um indivíduo com uma história de vínculo ambivalente pode parecer preocupado com certas experiências do passado; por exemplo, a questão emocional de um irmão favorecido por um progenitor pode parecer recente e bem viva. Não é desorientadora como em um trauma ou perda não resolvidos, mas é preocupante e angustiante. Como o vínculo ambivalente amplifica a necessidade de afeto, pode haver uma sensação de solidão ou de não ser visto que permanece da infância e é experimentada frequentemente no aqui e agora em relacionamentos atuais, como uma sensação de ansiedade e incerteza. Pode haver um sentimento de que suas necessidades nunca serão satisfeitas, e que, se forem, podem desaparecer em um instante. Esse é o sistema de vínculo amplificado que não encontra alívio nem segurança com o modelo ambivalente. Não há nenhum sentido interno de confiança de que as coisas vão funcionar nos relacionamentos.

Como levamos conosco nossos modelos de vínculo quando saímos para o mundo, e fortalecemos de modo recorrente esses mesmos modelos que usamos para nos adaptar aos relacionamentos na infância, essas adaptações adquiridas evocam no mundo padrões similares de interação com os quais crescemos. Estudos revelam, por exemplo, que se tivemos vínculo ambivalente em casa, nossos professores provavelmente nos veem como menos competentes do que poderíamos realmente ser, oferecendo ajuda quando podemos não precisar dela e, por sua vez, sufocando a nossa independência. Levamos para o mundo o que adquirimos em casa. É assim que as alterações sinápticas no cérebro, que se desenvolveram na infância como adaptações e modelos de vínculo, podem persistir e se perpetuar na adolescência e na vida adulta, revelando-se quando um ambiente específico (a escola ou uma nova relação romântica) evoca nossas necessidades insatisfeitas de vínculo.

Caso você tem experiência com esse ciclo de vínculo ambivalente autorreforçado, é importante que obtenha uma compreensão de como o seu cérebro funciona para que possa explorar novas formas de ver e experimentar seus relacionamentos e sua vida em geral.

Se você se vê frequentemente inundado pelas próprias emoções sem o equilíbrio do hemisfério esquerdo, você pode ter sido assolado por seu estado emocional enquanto respondia às perguntas reflexivas. Descobertas científicas mostram que indivíduos com o modelo de vínculo ambivalente geralmente respondem às perguntas da entrevista de vínculo com um sentimento de estarem sendo "invadidos" pelas reflexões de narrativas que elas inspiram. No nível da neurologia, isso pode ser explicado pela descoberta adicional de que esses indivíduos exibem o que poderia ser visto como um excesso do hemisfério direito sem o efeito tranquilizador do esquerdo. A porção esquerda do cérebro não consegue filtrar os bombardeios do hemisfério direito excessivamente ativo e, como resultado, imagens, sentimentos, sensações físicas e fragmentos de lembranças autobiográficas não selecionadas podem inibir a tentativa do hemisfério esquerdo de fornecer algum tipo de narração pessoal linear, lógica e baseada na linguagem. A lembrança autobiográfica do hemisfério direito de sua mãe favorecendo seu irmão se intromete no foco que o esquerdo mantém sobre a pergunta feita, seu corpo fica tenso e suas emoções influenciam a clareza e a coerência do que você diz. Além do escopo do laboratório de pesquisa, o que isso significa na vida real é que indivíduos com o modelo de vínculo ambivalente geralmente sentem-se sobrepujados pelas interações interpessoais que experimentam como sendo "uma inundação" ou "um estresse". Medo e raiva se misturam à necessidade de segurança e conforto.

Eis aqui alguns exercícios simples se você teve uma história de vínculo ambivalente:

1. Cultive a habilidade de nomear seus estados emocionais internos. "Nomear para disciplinar" é um ponto de partida para criar as importantes habilidades linguísticas de seu hemisfério esquerdo e ligá-las às emoções mais cruas e espontâneas do hemisfério direito do cérebro. Você pode simplesmente descrever o que sente; não precisa explicar o que sente.
2. Escrever um diário pode ser uma atividade incrivelmente valiosa para você. Usar o impulso de seu hemisfério esquerdo para contar uma história linear, lógica e baseada na linguagem, vai construir essa importante habilidade narrativa. Narrar sua vida pode ser uma ferramenta integradora importante para construir as conexões entre os dois hemisférios.
3. Pratique a Roda da Percepção. Integrar a consciência vai capacitá-lo a fortalecer o centro de sua mente. É nesse centro fortalecido que você pode encontrar o espaço mental onde vasculhar suas sensações, imagens, sentimentos e pensamentos antes de escolher expressá-los aos outros. É assim que você pode usar seu hemisfério esquerdo para participar ativamente no filtro de sua paisagem mental interior.
4. Conheça suas emoções. Para muitas pessoas, saber que sentimentos não são fatos ajuda a vasculhar o mundo interior às vezes intenso e rápido que pode surgir, principalmente frente a

dificuldades de relacionamentos. Sentir-se rejeitado, por exemplo, pode ativar o mesmo circuito neural no hemisfério direito do cérebro que representa a dor física. Sabendo disso, você pode usar suas habilidades de "nomear para disciplinar" para reconhecer a dor de um sentimento de desconexão e constatar que pode parecer devastadora, mas na verdade não é – de fato, é algo sobre o qual você pode aprender a refletir e a se acalmar.

5. Conforme você desenvolve a habilidade de fazer seu hemisfério esquerdo em desenvolvimento trabalhar em colaboração com o direito, veja se consegue se conectar com os outros nos relacionamentos íntimos de uma maneira mais satisfatória para todos. Fique atento para os sentimentos que surgirem, reconhecendo que aqueles sentimentos não são, na verdade, fatos. Às vezes você pode perceber uma sensibilidade maior aos sinais dos outros, fazendo que os sentimentos deles invadam você de forma mais completa e inundem sua noção de ser um indivíduo diferenciado. Pode haver outros momentos em que uma sensação interior avise-o que você não pode confiar nas outras pessoas. Embora essas possam ser avaliações precisas, também podem estar obscurecidas por um sistema de vínculo "no excessivo", baseado na prevenção às conexões a fim de se manter seguro. Trabalhar nos exercícios de visão mental das duas primeiras seções de ferramentas deste livro pode ajudar a proporcionar um estado de calma interior à medida que você se concentra em observar esses padrões de resposta emocional com os outros.

6. O afeto pode parecer uma questão de vida ou morte. Quando somos muito pequenos, confiamos em nossos pais ou em nossos responsáveis para tudo – comida, água, proteção. Se pessoas imprevisíveis cuidaram de nós podemos nos sentir, mesmo adolescentes ou adultos, ainda incrivelmente assustados e desprotegidos quando algo estressante acontece em nossas vidas. As necessidades de apego aumentadas por esse

vínculo ambivalente podem parecer, literalmente, uma questão de vida ou morte. Saber disso pode ajudá-lo a nomear essa sensação, vê-la como o estado reativo emocional que causa esse vínculo, e assim não a levar para o lado pessoal à medida que reconhece a emoção sem permitir que ela o engula.

7. Reforce o seu observador interno. Desenvolver uma parte de sua mente para observar, testemunhar e narrar suas experiências pode ser um modo poderoso de se "apoderar" do que você está passando dentro dos relacionamentos. Quando você percebe que suas experiências passadas foram nebulosas ou tempestuosas não por causa de algo "errado" com você, mas simplesmente por um reflexo do tipo de comunicação emocional com seus progenitores, então consegue ver como tais padrões emocionais atuais podem simplesmente ser ecos do passado. Ter a mente observadora narrando como isso tudo é desdobramento pode lhe dar o espaço emocional para tranquilizar seu estado interior, e ver o que está acontecendo em seus relacionamentos atuais com maior clareza.

Você pode desenvolver os circuitos integradores do cérebro ao longo da vida. À medida que segue por esse processo de desenvolver maior integração, pode descobrir que sua noção de equilíbrio recém-descoberta, mesmo diante de estresses que costumavam deixá-lo confuso, torna-se um tipo de porto seguro. Da mesma maneira, sua segurança interior crescente pode se tornar uma plataforma de lançamento sólida, da qual você retira força enquanto interage com outros e explora o mundo.

VÍNCULO DESORGANIZADO E UM CÉREBRO DISSOCIADO

Como ponto de referência, temos uma ou mais combinações dos três modelos de vínculo "organizado", incluindo a segurança com seu funcionamento integrador; a fuga, com a ênfase excessiva sobre o funcionamento do hemisfério esquerdo e a minimização das necessidades de vínculo; e a ambivalência, com o desenvolvimento do hemisfério direito e a maximização das necessidades de vínculo. Para alguns de nós, as experiências aterradoras com alguns de nossos responsáveis podem resultar em um vínculo desorganizado e na tendência de fragmentar nossas mentes em dissociação. Assim, como na infância, essas experiências aterradoras não conseguiam encontrar resolução e ficamos com um modelo desorganizado, da mesma forma no presente nossos comportamentos e informações linguísticas podem se tornar desorganizados. Já vimos que as respostas narrativas desorientadas revelam um estado de trauma ou perda não resolvido. Se isso é parte de sua experiência, existe ajuda. Felizmente, as dificuldades da dissociação, equilibrar suas emoções, manter o raciocínio claro frente ao estresse e ter relacionamentos mutuamente gratificantes, que são parte do modelo desorganizado, podem ser sanadas.

As pesquisas são bem claras. Quando interpretamos os acontecimentos que não fazem sentido em nossas vidas, a mente se torna coerente, nossos relacionamentos mais satisfatórios e nossos cérebros funcionam de maneira mais integrada. Esse é o movimento do vínculo desorganizado com seus estados não resolvidos em direção à resolução e à segurança.

Eis um modo de pensar sobre o trauma ou a perda não resolvidos. Primeiro, o cérebro absorve a experiência nas camadas implícitas da memória que formam a base de como recordamos as coisas. Esses componentes básicos incluem as emoções, percepções e sensações físicas, e mesmo nossas respostas comportamentais. Essas bases resumem-se a modelos mentais ou esquemas, que nos ajudam a nos preparar para responder aos eventos futuros em um processo denominado *priming*.

Sob circunstâncias normais, esses componentes básicos de memória implícita são integrados por uma área límbica, o hipocampo, em duas formas de memória explícita de fatos e lembranças autobiográficas. Dominante na esquerda, a memória objetiva permite que saibamos que algo aconteceu, embora possamos não saber quando e nem ter a sensação de estar naquela experiência. A memória autobiográfica é dominante no hemisfério direito e tem as qualidades de uma percepção de si mesmo em algum ponto no passado.

Acredito que um aspecto da dissociação e do trauma ou perda não resolvidos é que o movimento da memória implícita para a explícita fica bloqueado. Quando esse bloqueio ocorre, a memória implícita em seu estado puro e não integrado tem a importante característica de não ser vista como vindo de algum tempo no passado. Então, quando uma pessoa com vínculo desorganizado e trauma ou perda não resolvidos tenta responder a perguntas feitas sobre essas experiências, as memórias implícitas brutas são resgatadas e o indivíduo é inundado de sensações, emoções, imagens ou impulsos comportamentais que parecem estar acontecendo naquela hora. Não há a percepção de que essas imagens ou sentimentos pertencem ao passado. É isso que pode criar o trauma ou perda não resolvidos, e a sensação é de intrusão, confusão e até mesmo de pavor. Às vezes pode parecer um *flashback* autêntico do evento em questão sem a percepção de que ele pertence ao passado, mas com mais frequência pode simplesmente ser uma imagem, emoção, sensação física ou impulso intensos. Essas são as coisas que podem provocar desorientação durante as respostas narrativas. Além disso, simplesmente ao viver a vida pode-se retomar elementos daquelas épocas de perda ou trauma – como alguém se zangando com você do mesmo modo que seu progenitor fazia –, e o gatilho evoca não apenas essas emoções e sensações intensas, mas também aquela fragmentação de sua própria experiência interior, ou seja, dissociação.

Conhecer esses processos da memória implícita e explícita, de trauma e perda não resolvidos e de vínculo desorganizado e dissociação pode ser um ponto de partida essencial na estrada para a cura. Já que essas formas de memória não integradas podem ser de fato integradas, o cérebro pode sair de estados não resolvidos para a resolução e a cura. Aqui estão algumas sugestões que podem ajudá-lo a transformar o vínculo desorganizado em segurança.

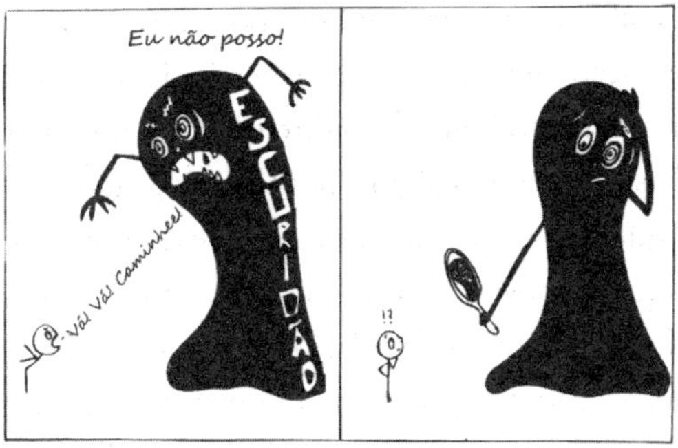

A seguir, veja alguns exercícios simples para desenvolver segurança e resolução se você teve uma história de vínculo desorganizado em sua vida:

1. Mantenha um diário e certifique-se de escrever sobre os momentos em que seu mundo interior parecia que estava se fragmentando. Quais foram os gatilhos que precederam tal dissociação? Como percebeu que estava começando a dissociar? O que o ajudou a ir desse estado para um estado mais integrado de seu funcionamento habitual? As anotações no diário serão de enorme valor para você refletir sobre os gatilhos comuns em diferentes episódios de sua vida.
2. Saiba que o vínculo desorganizado é um modelo que talvez você tenha adotado em resposta a experiências apavorantes ou desorientadoras de trauma ou perda em sua vida. Pode ser bastante útil revisar aquelas questões de vínculo que evocaram reações particularmente fortes em seu processo de reflexão. Voltar para aquelas perguntas, mergulhando mais fundo em suas respostas atuais e passadas, pode iluminar áreas sem resolução. Filtre sua mente em busca de sensações, imagens, sentimentos e pensamentos que possam surgir quando você se perguntar sobre qualquer momento em sua infância em que tenha se sentido aterrorizado, rejeitado ou abandonado, e sobre quaisquer

perdas que tenha experimentado. Concentrar-se na respiração por alguns minutos pode ajudá-lo enquanto você explora esses momentos em sua experiência.

3. A palavra inglesa *RAIN* (chuva, em português) cura a dor: os psicólogos Tara Brach e Jack Kornfield usam um maravilhoso acrônimo sobre estar aberto à nossa experiência interior para ajudar a resolver questões não resolvidas. Nós **r***econhecemos* o trauma ou perda, **a***ceitamos* que ele ocorreu e pode estar em um estado não resolvido, **i***nvestigamos* a natureza da experiência em nossas vidas passada e presente e promovemos uma **n***ão-identificação* com as experiências, quer dizer, não permitimos que esses eventos definam a nossa identidade. Promover uma abordagem *RAIN* em relação a essas sensações, imagens e sentimentos interiores que revelam trauma ou luto não resolvido é uma postura útil para sanar sua mente e seguir em direção à resolução e à integração em sua vida.

4. Ao filtrar sua experiência interior pode haver momentos em que você sente que está ficando sobrecarregado e entrando em um estado caótico de emoções ou imagens transbordantes, ou se isolando em um estado rígido de desconexão. Várias atitudes podem ser úteis nesses momentos em que você deixa o fluxo flexível de integração. No exercício de visão mental F da **Parte 1**, exploramos como muitas pessoas consideram calmante colocar uma mão sobre o peito e a outra sobre o abdome. Você também pode tentar a abordagem cientificamente comprovada de colocar uma mão em cada ombro, a esquerda no direito, a direita no esquerdo, e então dar tapinhas alternativamente em cada ombro no chamado "abraço de borboleta", usado de forma eficaz para ajudar vítimas de trauma em desastres naturais. Outra estratégia comprovada cientificamente é o exercício de respiração de tempo interior (Prática de Visão Mental

A da **Parte 2**), que também pode ajudar a acalmar a sua mente enquanto você explora lembranças angustiantes do passado.

5. Se você acha que determinadas áreas em suas explorações continuam aterradoras, às vezes buscar apoio profissional pode ajudar a cuidar de traumas e perdas não resolvidos. Pense assim: uma perda ou trauma pode ser como uma farpa em seu pé durante uma caminhada. Com isso, fica difícil andar e a farpa fica cada vez mais irritante. Quanto mais você tenta ignorar a situação e se ajustar à farpa, mais vai mancar ao longo da trilha. Reservar um tempo para retirar a farpa, sozinho, se puder alcançá-la, ou com a ajuda de alguém, se não estiver ao seu alcance, pode ajudar muito sua jornada. Às vezes não é tão fácil alcançar um trauma ou perda por reflexão própria. Ter a ajuda de um profissional para ajudá-lo a retirar aquela farpa não resolvida pode lhe dar a capacidade de iniciar o processo de cura.
6. Se você ainda vive ou interage com alguém com quem sente que possui questões não resolvidas, quando se sentir forte e desimpedido interiormente pode ser bastante benéfico ir até essa pessoa para tentar consertar as coisas. Lembre-se de que a outra pessoa pode não estar no mesmo estado de espírito de fazer uma reconexão com você, e ser rejeitado pode gerar um novo sentimento de rejeição ou raiva ainda mais doloroso. Mesmo assim, apenas contar com esse reparo pode ser terapêutico, basta imaginar que um dia isso pode ser possível quando você e a outra pessoa estiverem se sentindo capazes de efetivar tal processo de reconexão e cura.
7. Não importa se a outra pessoa é capaz de se comunicar com você sobre essas questões de terror e perda, o crescimento realmente começa e termina com seu próprio trabalho interior. Caso você ache que lembranças implícitas de experiências passadas de perda ou trauma ainda se intrometem

em sua vida, pode trabalhar em seu diário, em conversas com amigos íntimos e confiáveis ou com um terapeuta para ajudar a resolver essas questões. Vou dividir com você algo que aprendi ao longo dos últimos 30 anos trabalhando com pessoas que ainda não tinham obtido uma resolução: a cura é possível, não importa o que aconteceu com você. Embora todas as formas de vínculo inseguro possam vir acompanhadas de uma sensação de vergonha, aquele sentimento doloroso de que pode haver algo errado com você, saiba que a vergonha é uma emoção que pode surgir principalmente quando se está desconectado e aterrorizado. Nós nos curamos de maneiras diferentes, cada um em seu próprio tempo, mas começar o processo vendo o que aconteceu e reconhecendo como isso influenciou sua vida, incluir quaisquer sensações de vergonha que possam estar presentes, é um ponto de partida sólido e importante na jornada para integrar sua vida e criar os relacionamentos consigo mesmo e com os outros que serão satisfatórios e o ajudarão ainda mais em sua cura e desenvolvimento.

8. O vínculo desorganizado e seu trauma e perda não resolvidos, como os outros modelos de vínculo não seguro, podem ser transformados através de seus relacionamentos e de suas reflexões. Se você for um pai ou uma mãe e teve a oportunidade de refletir sobre como tais experiências em seu próprio passado podem ter gerado alguns comportamentos aterrorizantes que assustaram seus filhos, nunca é tarde para reparar as coisas. Comece com seu próprio trabalho interior e depois tente fazer uma reconexão com seu filho adolescente. Eu mesmo trabalhei com filhos adultos cujos pais tiveram a coragem de se reconectar com eles décadas depois de tais experiências de desconexão. É melhor fazer isso o quanto antes, mas dar o passo quando se está pronto para reconhecer o que aconteceu e trazer a questão à tona no diálogo com seu filho pode ser crucial para se aproximar da cura de todos os envolvidos no que é, muitas vezes, uma passagem de vínculo desorganizado entre as gerações. Você pode acabar com o legado de desorganização com suas próprias reflexões e conversas reflexivas.

CRIAR UM PORTO SEGURO E UMA PLATAFORMA DE LANÇAMENTO PARA OS ADOLESCENTES

A mente de uma pessoa é configurada pelas mudanças produzidas por seus relacionamentos e em seu cérebro ao longo da vida. Como a adolescência envolve tanta exploração e mudança – diferentes interesses, compatibilidades e tipos de relacionamentos –, essa é uma época da vida extremamente vital e formadora. Se a essas mudanças e desafios acrescentarmos os modelos de vínculo não seguros, podemos perceber como o que poderia ter sido apenas nuvem passageira às vezes se transforma em tempestade devastadora.

É essencial trabalhar no impacto do vínculo durante o período da adolescência, tanto para o adolescente quanto para o adulto. Manejar as necessidades inconstantes de harmonia e vínculo conforme a adolescência se desdobra, explorando a maré em mudança nos relacionamentos entre pais e adolescentes e entre iguais, pode ser bem difícil. Supostamente, o adulto terá a presença de espírito de criar o espaço mental para que possa continuar a servir como uma base, um refúgio nas tempestades da vida, para que o adolescente saiba que sempre existe um porto seguro ao qual retornar. É essencial tanto para o adulto quanto para o adolescente "manter sempre abertos os canais de comunicação" – uma declaração que pode servir para sua relação com os outros e com ele mesmo.

Enquanto olhava minha filha de 18 anos se preparar para a faculdade, sentia os ecos de minha própria infância – os modelos de vínculo que formei baseados em como fui criado e em como esses modelos evoluíram enquanto eu me esforçava para me tornar uma figura de vínculo seguro para meu filho e minha filha. Deixar que as transições acontecessem enquanto meus filhos envelheciam de algum modo exigiu que eu cuidasse de uma parte mais jovem de mim mesmo, da coleção de estados de espírito de todos os modelos de vínculo que tive em minha própria juventude, para que estivesse pronto para deixar que ela, nossa filha caçula, saísse de casa. A mente trabalha para nos ajudar a assimilar os muitos estados do cérebro, nossos estados mentais, que desenvolvemos de várias maneiras e em vários estágios conforme crescemos e seguimos pela vida. O desafio é encontrar uma maneira de se conectar com esses estados cerebrais e cuidar de suas várias necessidades. Essa é uma forma de "integração do estado", que é parte saudável da vida. E agora mesmo preciso diferenciar esse estado de espírito mais jovem, esse meu eu mais jovem, e planejar completamente aquele aspecto interior de mim mesmo em minha vida, para me preparar para não ser mais o pai com um filho em casa, e, mesmo assim, continuar a cuidar de minhas próprias necessidades interiores de cuidados e conexão.

Tive de tirar do meu interior o significado de paternidade em dois níveis. Tive de dar sentido à minha própria infância a fim de poder fornecer os tipos de ligações necessárias para criar vínculos seguros para meus filhos. E tive de ser pai de mim mesmo desde o meu interior, quero dizer, tive de reconhecer que uma parte mais jovem de mim, com estados mentais que precisavam ser sentidos, sossegados, estarem a salvo e seguros em minha própria infância, ainda vive dentro de mim. Cuidar das necessidades daquela parte minha foi natural enquanto cuidava do meu filho e da minha filha conforme eles cresciam em nossa casa. Essa parte de mim, de alguma forma, se sentia confortada por uma parte mais velha de mim que cuidava dos meus filhos. Mas, para me preparar para ver cada um deles ir embora, servir não apenas como um porto seguro, mas como uma plataforma de lançamento, tive de nutrir diretamente esse lugar interior onde estão minhas próprias necessidades de vínculo que é meu direito inato como ser humano. Todos nós temos necessidades de conexão, e, conforme seguimos pela vida, temos a oportunidade tanto de receber esse cuidado em nossa juventude quanto de receber e dar esse cuidado conforme seguimos pela adolescência e pela vida adulta.

Ver nossos adolescentes se preparando para deixar a casa traz à tona todas essas questões de criação e cuidado, de vínculos e de conexão. Esse é o período do "ninho vazio" sobre o qual nós, pais, tanto ouvimos falar. Gosto de pensar nele como a "fase de flexibilidade", mas devo admitir que, quando nossa filha partiu para a faculdade, essa fase pareceu triste, devastadora e revigorante ao mesmo tempo. Tento apenas estar presente e atento e aceitar todas essas fases de experiência, deixando que os dias se desdobrem enquanto absorvo a majestade de tudo.

FERRAMENTAS DE VISÃO MENTAL 3

TEMPO-COMPARTILHADO E CONVERSA REFLEXIVA

Nesta seção vamos nos concentrar na habilidade reflexiva, que consiste em mapear os mundos interiores dos outros e a natureza de nossa comunicação. Essa sintonia com os sentimentos, pensamentos, lembranças, crenças, atitudes e intenções dos outros farão com que eles se "sintam sentidos" por você. E essa sensação, esse sentimento de união que chamo de Tempo-Compartilhado, é o principal ponto de partida para fazer que os relacionamentos íntimos funcionem bem. Ao nos concentrarmos também em como nos comunicamos, estamos prestando atenção na qualidade da conexão que temos com as outras pessoas e possibilitando que nossos relacionamentos melhorem.

Nos adolescentes produz-se de maneira natural uma mudança profunda quando eles enfrentam e se tornam adeptos a investigar mais e mais as diferentes facetas da vida. Ter uma visão interior clara de quem você é nas conexões com os outros é um dos principais objetivos dessa etapa da vida. Talvez por isso a amizade seja tão importante para os adolescentes: ela se torna um meio para o autoconhecimento e a invenção de si mesmo.

São nos relacionamentos em que você se sente sentido por outra pessoa, ou seja, quando sente que seu sentido de mundo interior e sua mente são absorvidos e respeitados pelo outro, é que você encontra os componentes essenciais para a sua saúde. Você pode perceber que algumas das conexões com os seus amigos são assim e são maravilhosas para a sua vida. No entanto, percebe também que outras relações raramente são assim, ou, pior, elas fazem você se sentir mal por ser quem é.

Quando refletimos sobre a vida interior dos outros, quando participamos de conversas reflexivas e nos sintonizamos com a mente de outra pessoa e não só com seu comportamento, nos unimos ao outro e nossa noção de nós mesmos é ampliada. A vida parece repleta. Uma sensação positiva, de amor e cuidado, surge entre nós e dentro de nós. Sentir-se sentido é a experiência fundamental de um relacionamento seguro, seja entre amigos, parceiros românticos, professores e alunos, ou entre pais e filhos, adolescentes tardios incluídos. É a reflexão que nos capacita a criar aquela experiência crucial de sentir-se sentido em nossas vidas.

A principal maneira como podemos nos conectar com os outros de forma integradora pode ser denominada de conversa reflexiva ou diálogo reflexivo. Muito do que acontece nas escolas, e mesmo nas vidas agitadas de muitas famílias modernas, não oferece uma oportunidade para tais conversas. Seja você um adolescente ou um adulto, ter essas habilidades reflexivas em sua caixa de ferramentas de vida é um ótimo acréscimo. Primeiro, vamos examinar como os padrões de relacionamento com nossas figuras de vínculo nos primeiros anos podem ter moldado a maneira como nos conectamos com os outros agora.

COMPREENDENDO COMO NOSSOS MODELOS MOLDAM O PRESENTE

As experiências de vínculo com nossos pais criam um ponto de partida em que aprendemos as primeiras lições sobre como lidar com as nossas emoções, como refletir sobre nossa vida interior e como manter conversas reflexivas com os outros. De muitas maneiras, esses relacionamentos de vínculo moldam a direção inicial de como vamos seguir nossas jornadas. Com essas lições anteriores configurando as partes mais profundas do cérebro, nossos circuitos emocionais, estabelecemos nosso curso como adolescentes no mundo. Refletir sobre esses relacionamentos pode nos libertar, não importa a idade, para fazer da vida o que escolhemos e não viver uma vida que nos foi escolhida.

É importante que você, adulto ou adolescente, interprete sua história de vida para poder estar totalmente presente em seus relacionamentos. Isso significa refletir sobre suas relações do passado em sua vida familiar e se perguntar como essas experiências influenciaram o seu desenvolvimento. Saber como conseguiu entender quem é e o que o deixou assim é importante não apenas para o seu próprio bem-estar, mas também para saber como vai se manifestar em sua vida o bem-estar de seus relacionamentos com os outros, inclusive com seus próprios filhos, presentes ou futuros.

Para alguém com um modelo de vínculo de fuga, depender dos outros pode lhe dar a sensação de ser uma pessoa fraca. Esse modelo cria um estado interior de raciocínio isolado, de ser analítico sem sentir muito. Se os adultos que nos rodeiam vêm ignorando a nossa vida interior – se não mostram interesse ou amabilidade pelo que estamos passando –, pode ser muito doloroso e mesmo provocar um sentimento de vergonha. Como acontece com os modelos de vínculo, a vergonha pode surgir quando não temos conexões com as pessoas que cuidam de nós de uma maneira confiável. Embora a vergonha possa restringir a nossa liberdade de nos conectar, podemos superá-la sabendo que ela pode simplesmente ser uma resposta emocional a falhas de conexões no passado.

Em muitos sentidos, refletir sobre a nossa própria jornada nos dá uma chance de fazer as coisas de forma diferente com nossos filhos. Sem essas importantes conversas reflexivas as pessoas podem simplesmente sentir-se solitárias e desconectadas. As emoções podem nos servir de bússola na jornada da vida – permitindo que saibamos quando mudar de rumo e, por fim, aonde chegar. Se as emoções nos inundam no momento de interagir com um adolescente que está passando o feriado escolar em casa emburrado, ou com um adolescente tentando fazer com que concordemos com uma aventura na qual estão ansiosos em embarcar, tomamos medidas internas que têm ou não importância e podem vir de lugares dos quais sequer somos conscientes. Às vezes temos grandes bloqueios que nos impedem de ver de onde vêm essas emoções. Se usarmos um vínculo de fuga para bloquearmos os sentimentos, como faz cerca de um quinto da população com uma história de fuga, isso causará um grande impacto sobre como podemos conhecer o nosso próprio mundo interior e o mundo dos outros.

Para os que têm uma história de vínculo ambivalente, vimos que a inundação de sentimentos das regiões mais profundas do sistema nervoso, ao subir em direção ao hemisfério direito não verbal, pode criar uma sensação de estar sobrecarregado. Se esse é o seu caso, vimos que refletir sobre o passado e favorecer o equilíbrio de abordagem analítica mais distante do hemisfério esquerdo para tecer sua história de vida pode ser uma estratégia importante para mudar sua vida. O sistema de vínculo amplificado com uma história ambivalente pode às vezes tornar a interação com os outros repleta de ansiedade sobre a confiabilidade da conexão presente. Arranjar tempo para refletir sobre esse modelo e em como ele é uma adaptação de suas próprias relações inconsistentes e intrusivas do passado, pode ajudar a lhe dar o lastro interno para se engajar abertamente em conversas reflexivas.

Um histórico de experiências de vínculo desorganizado, no qual você pode ter se sentido aterrorizado por sua figura de apego, pode ter lhe deixado com uma tendência a se dissociar – a dissociar seu costumeiro fluxo fluido de pensamentos, sentimentos e lembranças conforme interage com os outros e reflete interiormente. Seja paciente com você mesmo. A dissociação é o resultado de ser aterrorizado, e pode, em si mesma, ser aterradora. Escrever um diário, refletir e estar aberto ao que está acontecendo internamente podem ser pontos de partida úteis na jornada para a cura e para a conexão com os outros. Saber que o cérebro continua a mudar ao longo da vida e que relacionamentos de cura de todo tipo, inclusive o que você tem consigo mesmo, podem apoiar o desenvolvimento de nova integração, pode trazer para você uma sensação de força, esperança e direção. Você pode precisar de tempo para ficar com você mesmo quando as coisas ficam intensas, encontre uma maneira de pedir isso conversando e buscando uma compreensão mútua de que é disso que você precisa no momento.

Sob um modelo de fuga, não bloqueamos simplesmente um sentimento: quando desligamos um sentimento, geralmente desligamos todos os outros. E sob um modelo de ambivalência e sua consequente inundação de sentimentos, também não conseguimos nos conectar e estar plenamente presente com os outros. Se tendemos a nos fragmentar em reação a interações intensas, a nos dissociar em resposta a uma história de vínculo desorganizado, então aprender a proteger nosso próprio mundo interior é um ponto de partida essencial para ficarmos abertos aos sentimentos dos outros. Claro, cada um desses modelos de vínculo não seguro tem emoções em seu centro. E a emoção é um processo que acontece não apenas em nosso interior, mas também entre e no meio de nós. Então não fique surpreso se, devido a um ou mais modelos de vínculo não seguro, as conversas reflexivas ficarem mais difíceis. Está tudo bem. O segredo é indulgência e paciência. Refletir sobre os sentimentos dentro de nós nos permite descobrir o significado das coisas em nossas vidas e orientar as nossas decisões. Refletir sobre os sentimentos com os outros ajuda a unir as nossas mentes, a nos conectar com as outras pessoas de uma maneira profundamente significativa.

As perguntas para a autorreflexão na **Parte 3** configuram uma revisão importante na descoberta de um modo de aprimorar as habilidades de Tempo-Compartilhado. Aprender a nos relacionar com nossa própria vida emocional é um ponto de partida crucial para uma profunda compreensão e crescimento pessoal.

EXERCÍCIO DE VISÃO MENTAL A: COMO OS SEUS MODELOS DE VÍNCULO CONDICIONAM SUAS CONVERSAS REFLEXIVAS

Para este exercício, vamos voltar às questões de visão mental sobre as experiências de vínculo da **Parte 3** (página 155). Considere o modelo ou modelos de vínculo que você experimentou em sua vida, sejam eles seguros, de fuga, ambivalentes ou desorganizados. Você pode ter tido um ou mais dentre esses quatro modelos. Não importa qual seja o seu conjunto de modelos de vínculo, eu o convido a considerar como aquelas experiências e os modelos que você desenvolveu em resposta a elas influenciaram sua maneira atual de se conectar com os outros. Como esses modelos influenciaram sua habilidade de estar presente para si mesmo ou para os outros? Como influenciam suas habilidades de sintonizar seu próprio mundo interior – ou o mundo interior dos outros? Você tem a experiência de se sentir sentido? Você se sente ligado aos outros de um modo que possibilite o surgimento de um sentimento de confiança?

Essas reflexões podem ser um ótimo exercício para aumentar sua percepção de como você está contribuindo para a qualidade da comunicação com os outros. Agora vou convidá-lo a considerar que você tem o conhecimento suficiente para desempenhar um papel mais vital em seus relacionamentos do que talvez tenha desempenhado até agora. Lembre-se de que seus modelos de vínculo podem moldar a maneira como você se conecta e se comunica com os outros, mas esses modelos são mutáveis! A boa notícia é que, com a sua nova autopercepção, você pode desenvolver os recursos para obter maneiras mais satisfatórias de se conectar com os outros e consigo mesmo.

A REFLEXÃO, A INTEGRAÇÃO E AS ORIGENS DA EMPATIA

O Tempo-Interior promove a integração interior. E o Tempo-Compartilhado estimula a integração interpessoal. Como já vimos, uma das principais experiências durante a adolescência é que o cérebro se torna mais integrado. O importante é que, enquanto tais alterações integradoras parecem se desenvolver em seu próprio tempo sem que possamos ser capazes de alterar muito esse ritmo, podemos, na realidade, estimular o cérebro enquanto ele está sendo submetido a essas mudanças geneticamente programadas e experimentalmente moldadas para que se desenvolva de formas mais integradoras! Um processo similar é possível em termos de integração interpessoal.

O que acontece em família, com amigos, na escola e mesmo na cultura de nossa comunidade e sociedade pode moldar a forma como o cérebro se desenvolve.

Mas como criar maior integração em seus relacionamentos com os outros?

A essa altura você já conhece uma estratégia importante: a reflexão.

A reflexão pode não alterar o ritmo do crescimento integrador, mas pode alterar a profundidade e a riqueza desse crescimento.

E o melhor é que, como acontece com a integração interior, seja você adolescente, adulto ou idoso, esses exercícios de Tempo-Compartilhado reforçam a integração em seus relacionamentos, independentemente da sua idade.

Quando você reserva um Tempo-Compartilhado, está refletindo sobre a sua vida mental interior. Isso significa que sente e está ciente das sensações do seu corpo, sente seus sentimentos, pensa seus pensamentos, lembra-se de suas memórias. Não importa o que surgir em sua experiência subjetiva, você se permite entrar na percepção e estar presente enquanto surge. Isso é reflexão interior. Quando você fez os exercícios de Tempo-Interior de Respiração Consciente e da Roda da Percepção, experimentou como focar a mente em suas experiências subjetivas interiores.

Agora vamos explorar como podemos refletir sobre o mundo interior dos outros e sobre nossas conexões com eles. Um dos principais meios para criar o Tempo-Compartilhado é se engajar em um diálogo ou conversa reflexivos que foque a experiência interior de todos na comunicação. Nas conversas reflexivas, cada pessoa pode compartilhar o que está sentindo, pensando, lembrando, esperando, sonhando, acreditando ou percebendo. Essas conversas nos conectam uns com os outros para que possamos nos sentir sentidos e considerados – para que possamos nos sentir autênticos e reais. Conversas reflexivas dão significado à vida e nos capacitam a nos sentir parte de algo maior do que a percepção isolada de nosso ser.

Há algo que não pode ser dito em uma conversa reflexiva? Acredito que qualquer tema do mundo interior de uma pessoa, levantado de modo respeitoso e afável, seja justo. Por que respeitoso e afável? O respeito implica que honramos as diferenças entre nós e os outros. E o respeito significa que não afastamos as pessoas que são diferentes de nós; pelo contrário, nos esforçamos para promover uma ligação apesar das diferenças. Com afabilidade, honramos e apoiamos as vulnerabilidades uns dos outros, criando um espaço seguro onde podemos nos abrir de modo autêntico. Mostrar respeito e ser afável são dois ingredientes essenciais nas conversas reflexivas eficazes.

Outro aspecto importante na conversa reflexiva é observarmos os padrões na maneira como nos comunicamos e nos conectamos. Estudos sobre o cérebro mostram nitidamente que a reflexão, individual ou em comunicação com os outros, estimula a ativação e o desenvolvimento do córtex pré-frontal em direção ao desenvolvimento integrador. Quando estudamos os mecanismos em ação de tal percepção interior de autoconhecimento e da consciência dirigida ao outro, descobrimos que o que é ativado são as regiões pré-frontais integradoras e as áreas relacionadas, incluindo o sistema de neurônios--espelho que nos permite absorver os sentimentos dos outros dentro de nós e nos capacita a nos identificar com a outra pessoa.

Quando nos sintonizamos com a outra pessoa e permitimos que nossas próprias sensações internas sejam moldadas por seus sentimentos, criamos "ressonância". Quando ressoamos com alguém começamos a sentir o que esse alguém sente, ao mesmo tempo em que nos tornamos mais conscientes de nossos próprios sentimentos. Essa consciência inclui nossas sensações físicas e nossas emoções. Nós nos tornamos mais autoconscientes. Quando sintonizamos a vida interior do outro podemos criar comunicação compassiva, repleta de empatia e afeto. Essa conexão é a essência de um relacionamento de apoio saudável repleto de respeito, bondade e compaixão mútuos. Conversas reflexivas tornam possível a união com os outros de dentro para fora.

Aprender a ser mais reflexivo pode ajudar qualquer pessoa, não importa a idade, a desenvolver um cérebro mais integrado. Para os adolescentes, que atravessam esses anos importantes quando o cérebro é influenciado pela experiência a fixar as bases da integração, praticar essas habilidades pode ser especialmente benéfico. Aprender a se relacionar com os outros de formas significativas, usando as conversas reflexivas do Tempo-Compartilhado, pode ajudar os adolescentes a se tornarem mais resistentes às mudanças e desafios da vida – e resistente é uma boa característica para se desenvolver o mais cedo possível na vida! Vamos então explorar agora um exercício de visão mental que pode ajudar adolescentes e adultos a desenvolverem as habilidades para se tornarem conversadores reflexivos e especialistas em visão mental.

EXERCÍCIO DE VISÃO MENTAL B: CONVERSAS REFLEXIVAS

Pense em uma pessoa em sua vida que você acha que revela o melhor em você. Permita que a forma como interage com ela preencha sua percepção. Agora, pense em outra pessoa que revela o pior em você. Reflita sobre a natureza de sua comunicação com ela. Compare os padrões dessas duas relações. Como as conversas reflexivas desempenham – ou não – um papel em cada relacionamento? Pense em como respeitar as diferenças e cultivar as conexões vêm sendo uma parte – ou não – de seu relacionamento com cada uma dessas pessoas em sua vida.

Na primeira parte deste exercício, procure a pessoa que revela o melhor em você. Veja se consegue arranjar tempo para apenas expressar a ela sua gratidão pelo relacionamento. Você pode filtrar a sua mente e deixar que essa pessoa saiba como você se sente e o que a conexão com ela significa para você. Deixe que a sensação positiva da conexão o preencha, arranjando tempo para mergulhar nesse sentimento de proximidade. Ser grato é uma fonte poderosa para reforçar as experiências positivas que temos na vida. Compartilhar essa gratidão com outra pessoa é um modo poderoso de amplificar a conexão interpessoal positiva.

Agora imagine como você poderia tentar melhorar a relação com a pessoa que revela o pior em você. O que faria diferente? Como poderia se comunicar com essa pessoa de uma maneira que estaria mais de acordo com a conversa reflexiva e a integração? Acha que conseguiria iniciar essa nova postura em sua relação? Para sua primeira tentativa, tente escolher alguém com quem você talvez tenha tido um longo relacionamento, que no passado pode ter sido repleto de confiança, mas que recentemente sofreu mudanças que precisam de uma tentativa de correção de curso. Pode ter sido um mal-entendido ou uma oportunidade perdida de se conectar. Lembre-se que às vezes estender a mão pode ser difícil. Porém, embora possa ser útil mudar a maneira como você se comunica, às vezes isso simplesmente não funciona. Então esteja preparado para abraçar a incerteza inerente a qualquer relacionamento: simplesmente não sabemos como a outra pessoa vai reagir. Mas o Tempo-Compartilhado lhe dá um foco sobre o processo, e esse é um ponto importante para começar. Considere colocar no papel alguns dos pensamentos que ocorrem a você antes e depois de fazer esse exercício. E lembre-se de que é possível sempre escolher como estar nos relacionamentos com os outros. Nunca é tarde demais para melhorar as coisas.

A PARTE QUE DESEMPENHAMOS NA CRIAÇÃO DE NÓS MESMOS NOS RELACIONAMENTOS

Todos nós desempenhamos um papel na hora de criar as características de nossos relacionamentos interpessoais. Eis um acrônimo que pode nos ajudar a lembrar do papel ou da parte essencial que desempenhamos ao cultivar relacionamentos saudáveis com os outros. A palavra PART[11] (que significa "parte", em inglês) significa que estamos **p***resentes*, **s***intonizados*, que **r***essoamos* e criamos **c***onfiança.* Essa é a PARTE que desempenhamos para ajudar a criar uma vida mental mais equilibrada para nós mesmos e para os outros com quem nos conectamos.

Nossa vida mental vai florescer se levarmos a sério a PARTE que desempenhamos, não de uma maneira forçada, mas com alegria e intenção. Quando os adultos tratam os adolescentes com essa PARTE respeitosa, eles recebem um convite para permitir que suas próprias mentes prosperem. E quando os adolescentes tratam os adultos com presença e sintonia e estão dispostos a ressoar o que está sendo comunicado pelos adultos em suas vidas, é possível estabelecer confiança através das gerações. Trata-se de uma experiências de mão dupla.

Tornar-se uma PARTE da vida dos outros pode não ser fácil no início se isso não fazia parte de sua própria experiência de vida. Estudos recentes mostram que aprender a estar presente dessa forma não só beneficia os relacionamentos com os outros como melhora nossa própria saúde psicológica. Isso pode parecer mais ficção científica do que ciência, mas pesquisas cuidadosamente conduzidas revelam que, se podemos estar presentes para a nossa experiência,

11 PARTE é o acrônimo para *present* (presente), *attune* (sintonia), *resonate* (ressoar) e *trust* (confiar). [N. T.]

se podemos estar cientes do que está acontecendo enquanto está acontecendo, vamos melhorar nossa noção subjetiva de bem-estar e aprimorar o funcionamento do nosso sistema imunológico e até mesmo fazer com que nossas células vivam mais! Aprender a estar presente reduz o estresse e os efeitos do envelhecimento sobre as estruturas nas extremidades de nossos cromossomos, os telômeros. Outro aspecto desses estudos revelou surpreendentemente que aprender a estar presente não só nos torna mais saudáveis como mais felizes. Nossas células vão agradecer por aprendermos a estar mais presentes na vida.

Então essa é uma situação em que todos ganham. Não só as nossas mentes e corpos estarão em melhor forma com a presença, mas essa maneira de estar aberto e reflexivo para os outros na PARTE comunicativa que desempenhamos, também vai fazer nossos relacionamentos florescerem. Corpo, mente e relacionamentos são melhorados com a presença – essa é a natureza em que todos ganham de aprender a estar presente na vida.

A reflexão é a chave para criar presença e conexão.

EXERCÍCIO DE VISÃO MENTAL C: REPARAR RUPTURAS

Se você discutiu com um amigo ou familiar pode ser extremamente útil refletir sobre o que aconteceu e então tentar fazer as pazes. Neste exercício, reflita sobre seus relacionamentos atuais e pense em um no qual tenha ocorrido recentemente uma ruptura. Essa ruptura pode ter sido sutil ou intensa, e é possível que a conexão entre você e a outra pessoa precise de reparos. Deixe-me orientá-lo com algumas ideias básicas sobre reparação, e convidá-lo a estender a mão a essa pessoa para que vocês possam se engajar em uma conversa reflexiva a fim de se reconectarem novamente.

Reparar uma ruptura em um relacionamento significa fazer um movimento em direção à pessoa e se reconectar com ela. Se você teve uma ruptura aberta com amigos ou familiares, pense em maneiras de voltar atrás e se reconectar com eles. Antes de compartilhar sua própria experiência, veja se consegue imaginar um modo de explorar a experiência deles. Uma forma eficaz de começar é fazendo uma declaração sobre seu interesse em se reconectar; isso pode quebrar o gelo e colocar as coisas em movimento.

Às vezes, como pais, fazemos coisas que criam uma ruptura em nossa conexão com nosso filho pequeno ou adolescente que, caso contrário, seria próxima. É nosso dever refletir sobre essas rupturas e nos esforçar para repará-las, conectando-nos depois de nos desculparmos por termos contribuído para o conflito. Outra lição é que às vezes fazemos coisas que não queremos fazer. O cérebro tem sua parte superior pré-frontal que nos ajuda a estar ciente das coisas. Mas às vezes o tronco encefálico, o sistema límbico inferior e áreas do corpo influenciam diretamente nossos comportamentos sem o filtro ou as influências calmantes da área pré-frontal. Podemos perder o controle e assumir um comportamento equivocado. Na seção de Comportamento Equivocado de meu livro *Parenting from the Inside Out,* discuto a importância da ruptura e do reparo com relação aos filhos mais novos. Devo enfatizar que ser reflexivo em qualquer idade é essencial para reparar rupturas com aqueles com quem nos importamos. Na verdade, durante a adolescência, por haver tantos desafios, saber como manter as linhas de comunicação abertas, deveria ser uma preocupação central.

Considerar as rupturas como oportunidades para voltar a se conectar, e não apenas como fardos ou problemas na vida, pode nos ajudar a abordar esses momentos difíceis como ocasiões para criar integração quando exatamente está rompida. Por causa dos meus dois filhos adolescentes, aprendi que agir assim realmente fortalece nossas relações. E também os ensinou, por meio de nossas interações, a desenvolver a visão mental em suas próprias vidas. A conversa reflexiva é uma ferramenta poderosa, uma maneira essencial de nos conectar com as coisas que realmente importam, dando uma qualidade autêntica e profunda ao modo como nos conectamos uns com os outros.

Então essa é a ideia. Quando você estiver pronto, é hora de conferir com a outra pessoa se é um bom momento para vocês conversarem sobre o que está acontecendo. Você pode afirmar que gostaria de se reconectar e, quando for a hora, pode encontrar um lugar tranquilo para vocês se engajarem em um diálogo reflexivo. Ouça o que está sendo dito, não julgue. Estar aberto para a outra pessoa é essencial para fazer com que ela se sinta sentida, e para que você realmente entenda o que pode estar acontecendo. Um dos elementos mais difíceis pode ser abandonar a noção de que você está certo, e a outra pessoa está errada. Escute, absorva a perspectiva da outra pessoa e perceba que compreender um ao outro é o caminho para a reconexão. Quando for o momento, você pode compartilhar de maneira isenta sua própria experiência usando a linguagem do "eu", como "Eu achei que..." ou "Eu pensei que...", em vez de "Você me fez achar..." ou "você não fez...". É essencial deixar cada um ter seu espaço no diálogo para se expressar e ser totalmente ouvido.

Embora o reparo não seja fácil – e outra ruptura possa parecer ainda mais dolorosa –, vale a tentativa. Garanta estar naquele centro receptivo em sua mente antes de iniciar a conversa para poder estar aberto ao que surgir. Não há certo ou errado na reparação, simplesmente um compartilhamento da experiência de cada um.

4:

MANTER-SE PRESENTE ATRAVÉS DAS MUDANÇAS E DESAFIOS

Nesta quarta parte vamos explorar várias maneiras de permanecer abertos e aceitar as mudanças e desafios da adolescência. Essa época da vida é repleta de novas maneiras de ver o mundo, interagir com os outros, experimentar o corpo, tomar decisões e assumir responsabilidades. Todas essas mudanças indicam como pode ser um grande desafio para os adolescentes manter o equilíbrio interior. E, como adultos com adolescentes por perto, tais mudanças podem nos desafiar a estar abertos, receptivos e sensíveis em vez de reativos ao que está acontecendo, a nos conectar em vez de corrigir.

Se eu tivesse que resumir em uma única palavra toda a pesquisa sobre que tipo de educação ajuda a criar as melhores condições para o crescimento e o desenvolvimento de uma criança e de um adolescente, a palavra seria "presença". Como discutimos em nossas conversas, estar presente significa estar aberto ao que é. A presença envolve estar consciente do que está acontecendo enquanto está acontecendo, estar receptivo ao nosso próprio mar mental interior e sintonizado à vida interior da outra pessoa. Estar presente significa que o que está acontecendo em seu mundo interior ressoa para os outros. Essa sensação de ser percebido é central no modo como podemos nos ajudar a nos sentir sentidos, salvos, seguros e sossegados. Essa é a base para o vínculo seguro. Também é a essência de relacionamentos saudáveis em todos os domínios de nossas vidas.

Frequentemente queremos ajudar quem amamos a resolver seus problemas. Queremos lhes mostrar como resolver um dilema, um conflito ou se livrar de emoções dolorosas. Mas, a fim de lhes dar o que mais precisam, que é fazer com que se sintam sentidos e conectados conosco, precisamos primeiro *não* fazer essas coisas somente como uma ação bem-intencionada, mas também estar presentes para nossos entes queridos. Se conseguirmos ficar sintonizados com eles e permitir que o que for percebido nos inunde, podemos realmente ressoar o que essa outra pessoa está compartilhando sobre sua experiência. Esta é a parte mais complicada, principalmente para aqueles adolescentes e pais que estão experimentando sentimentos diferentes sobre as mudanças que estão ocorrendo na vida do jovem, e com as quais talvez não estejam de acordo. Ressoar o outro exige que deixemos os sentimentos interiores da outra pessoa entrar em nós e nos mudar, por exemplo, o sentimento que surge é algo com o qual não podemos lidar, vamos automaticamente, e sem intenção consciente, desligar o processo de sintonia. Se sou incapaz de estar aberto a um sentimento de excitação com o plano de minha filha de sair numa aventura e viajar para outro país com as amigas, fica bem difícil simplesmente absorver seus sentimentos sobre seu plano e sentir o que está acontecendo no mundo dela naquele momento. Em uma tentativa de solucionar o problema sobre como ela poderia evitar qualquer perigo em sua viagem, eu poderia fracassar em simplesmente estar presente para a sua experiência e, ao fazer isso, perder uma boa oportunidade de me conectar. Compreender não significa aceitar toda ideia ou plano; significa começar com a conexão e, então, explorar juntos quais seriam as medidas que ela poderia tomar para permanecer segura em sua viagem ao redor do mundo.

O problema em propor tais bloqueios iniciais à presença é que a confiança entre o adolescente e o adulto pode ser danificada. A presença, a sintonia e a ressonância, por outro lado, criam confiança. Você se lembra das Ferramentas de Visão Mental no Tempo-Compartilhado (página 190). Essa é a PARTE que desempenhamos na comunicação útil. PARTE significa que estamos presentes, sintonizados, que ressoamos e criamos confiança.

Em qualquer relacionamento próximo, conexão significa tornar-se PARTE da comunicação naquele momento.

RESPEITAR A PESSOA NA QUAL O ADOLESCENTE ESTÁ SE TRANSFORMANDO

Como pais, não podemos controlar as pessoas em que nossos filhos adolescentes estão se tornando. Como adolescentes, podemos tentar estar abertos às muitas experiências interpessoais internas e externas que surgem em nossas vidas durante os anos da adolescência. Esse período da vida é, por definição, um período de intensas e grandes mudanças, com desafios para adolescentes e adultos. O segredo para as duas gerações é manter-se abertas ao que está acontecendo, respeitar a pessoa na qual o adolescente está se tornando em todos os muitos estágios e experiências imprevisíveis que essa época confere.

Respeitar significa estar presente para o que está acontecendo e estar aberto para que possamos desempenhar uma PARTE importante na vida de nosso filho adolescente. E respeitar nossas próprias mudanças como adolescentes significa, também, que podemos estar presentes para o que está acontecendo enquanto está acontecendo. Não posso controlar a minha vida, mas posso estar presente para ela em minha juventude para, assim, poder apoiar melhor meu próprio desenvolvimento.

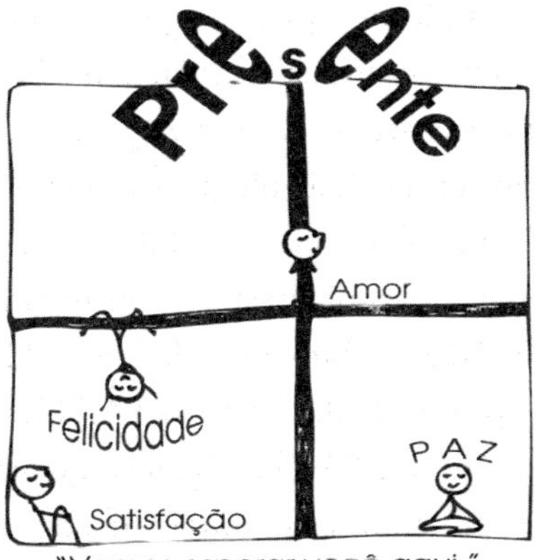

"Vamos esperar você aqui."

De muitas maneiras, a essência da fase adolescente pode servir como guia para saber como esse processo de formação está funcionando. A centelha emocional da adolescência significa que os sentimentos que surgem serão intensos, e às vezes difíceis, para nós mesmos e para os outros. Embora essa paixão possa alimentar uma vida completa, às vezes amplas alterações emocionais podem ser exaustivas e tornar a vida difícil. O engajamento social significa que nossos semelhantes desempenham um papel muitas vezes crucial em como nos sentimos e em como tomamos decisões. Dependendo de quem são nossos amigos, às vezes aquelas influências podem ser boas para nós, e às vezes contrárias aos nossos interesses. A busca por novidade é uma parte maravilhosa de nossa jornada adolescente, preenchendo-nos com novas experiências enriquecedoras que desafiam nosso aprendizado. Mas nos concentrar em uma paixão, ter a disciplina de manter projetos difíceis como aprender um instrumento musical, uma língua estrangeira, um esporte ou um tema acadêmico pode exigir uma concentração especial que pode ser difícil. Abraçar essa tensão e perceber a necessidade de concentrar os esforços faz parte do "trabalho" da adolescência, além de assumir novas experiências. Por fim, nossas explorações criativas alimentadas por novas maneiras de ver a vida podem frequentemente ser uma jornada estimulante por novas maneiras excitantes de ver o mundo. Nem toda exploração é fácil de entender ou de aceitar, mas, para adolescentes e adultos, concentrar-se nesse impulso interior por criatividade pode ser uma forma importante de estar presente na própria jornada.

Nas seções seguintes vamos explorar mudanças e desafios específicos que nos confrontam durante o período da adolescência, como romance, sexo, uso e abuso de drogas e as experiências de deixar a família e de voltar a morar com os pais. Naturalmente, há um número infindável de desafios que podem surgir durante a adolescência, tais como lidar com o divórcio dos pais, as exigências da escola, as distrações de um mundo cada vez mais "conectado virtualmente o tempo todo" e encontrar emprego. Os exemplos que vamos explorar aqui nos oferecem uma oportunidade de ampliar nossas conversas e Ferramentas de Visão Mental anteriores para iluminar como a maneira de permanecermos presentes para o que surgir, como adolescentes ou adultos, é a base fundamental para uma jornada saudável e produtiva pela adolescência, não importa as questões que vamos experimentar. A seguir estão histórias mescladas com ciência que nos oferecem ideias e fatos sobre a maneira de estar presente e manter uma relação aberta enquanto seguimos através dessa importante etapa de vida.

SAIR DE CASA

Encontrei Sara pela primeira vez quando ela tinha 12 anos. Ela começou a fazer terapia para tratar a ansiedade que sentia com a perspectiva de entrar em uma nova escola e fazer novos amigos. Acabou saindo-se bem na transição, mas voltou para a terapia anos depois, já no Ensino Médio, ansiosa porque ia começar uma faculdade do outro lado do país. Embora estivesse animada em estudar Biologia em uma escola difícil, estava nervosa por se afastar dos pais. Seria a primeira a sair de casa, deixando dois irmãos para trás com os pais, que estavam felizes por ela ter encontrado uma paixão na vida. Desta vez, Sara aprendeu alguns exercícios básicos de tempo interior na terapia, como a Respiração Consciente e o exercício reflexivo da Roda da Percepção (página 127). Com um pouco de prática, logo foi capaz de controlar a ansiedade: criou espaço em sua mente para manter a percepção para os sentimentos que surgiam e para aceitá-los pelo que eram. Ela usava o acrônimo RAIN para lembrar-se de **r***econhecer*, **a***ceitar*, **i***nvestigar* e **n***ão* se *identificar* com sua ansiedade ao definir quem era. Do ponto de vista da Roda da Percepção, começou a ver sua ansiedade como um simples ponto no aro, um sentimento que ela podia perceber, mas no qual não estava totalmente imersa. Conseguiu se concentrar no eixo de sua mente, agora mais espaçoso e forte. Esses exercícios de tempo interior fortaleceram sua mente e lhe deram a força para abordar o momento de sair de casa com mais tranquilidade e entusiasmo.

É natural sentir ansiedade quando trocamos o conforto e a familiaridade do lar pelo mundo grande e desconhecido. Quando a mente tenta prever o que vai acontecer a seguir, e tudo é novo e estranho, é natural sentir-se nervoso e inseguro. No entanto, dependendo de como se reage a esses sentimentos naturais, eles podem ir para o fundo e serem estabilizados ou assumir o centro do palco e serem amplificados, absorvendo-nos na intensidade de nos sentir preocupados e angustiados.

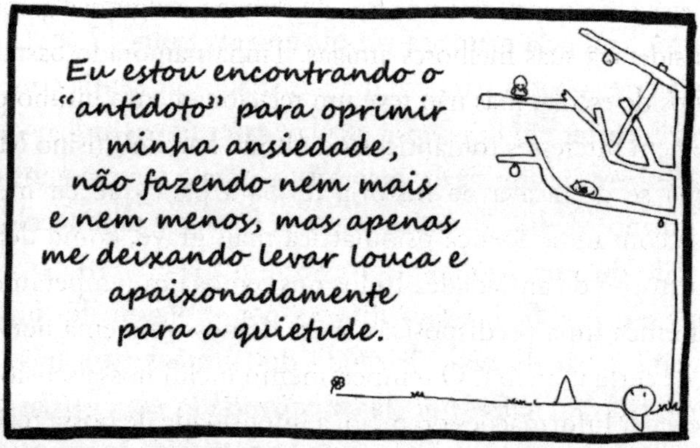

Eu estou encontrando o "antídoto" para oprimir minha ansiedade, não fazendo nem mais e nem menos, mas apenas me deixando levar louca e apaixonadamente para a quietude.

Ironicamente, quando combatemos o que sentimos o sentimento fica maior, não menor. Quando Sara chegou para a terapia estava compreensivelmente no meio de uma luta para não sentir ansiedade. Mas esse esforço apenas intensificou sua ansiedade. Aceitar o que é, estar presente para a vida conforme ela surge, momento a momento, é a chave para a atenção e a essência da presença. Com os exercícios da Respiração Consciente e a imersão na prática da Roda da Percepção, Sara aprendeu a transformar sua ansiedade em uma sensação de abertura para o que era.

Durante essa época, no final de seu último ano no Ensino Médio, também exploramos seus relacionamentos com amigos e familiares. Ela se dava bem com os pais e sentia que eles a apoiavam e compreendiam na maior parte do tempo. Embora a mãe dela não tivesse frequentado a faculdade e o pai dela, que é contador, não se interessasse por ciência e achasse que ela deveria fazer Administração, ambos estavam abertos à ideia de ela se formar em Biologia, se era isso o que ela queria. Com seus irmãos caçulas, um iniciando o Ensino Médio e o outro no Ensino Fundamental, Sara às vezes se sentia aborrecida, mas os três eram próximos, e ela até se sentia orgulhosa e protetora quando eles não estavam "invadindo" sua vida com suas brincadeiras.

Sara tinha uma sólida rede social de apoio, com um grupo grande de colegas com quem saía nos fins de semana e algumas garotas que ela considerava suas melhores amigas. Tinha namorado bastante em seus anos de escola, mas não teve um relacionamento íntimo prolongado e nem interesses românticos no último ano do Ensino Médio.

Nada se destacava na história de Sara para que eu me preocupasse com uma doença psiquiátrica mais grave, como depressão ou transtorno de ansiedade. Todos nós temos um temperamento, o que significa uma predisposição inata de nosso sistema nervoso de reagir de certa maneira. O temperamento inclui nossa sensibilidade para receber informações do meio, a intensidade de nossa reação aos estímulos internos ou externos – como nossos próprios sentimentos ou sons e visões do mundo exterior. Essas características inatas também incluem as qualidades de ter uma atitude geralmente positiva em relação à vida e se desfrutamos ou reagimos de forma negativa à mudança e à novidade. Uma maneira de descrever a personalidade é que podemos ter uma tendência geral a ativar um dos três grandes estados emocionais do sofrimento: medo e ansiedade antecipatória, tristeza e angústia da separação, irritação e raiva. Pela maior parte da vida, Sara descreveu uma tendência a se inclinar em direção ao medo e à ansiedade antecipatória quando se sentia estressada, e não em direção aos outros dois modos.

Era possível ver, principalmente depois que os pais de Sara a acompanharam em algumas sessões, que as reações dela a deixar a casa pela faculdade provavelmente estavam relacionadas ao seu temperamento, não ao vínculo específico que tinha com os pais. Como vimos na **Parte 3**, o vínculo é como a criança se conecta com seus pais, um tipo de relação que nos condiciona de muitas maneiras. Pelo que os pais de Sara podiam lembrar, sua filha "sempre" fora uma pessoa com uma reação intensa ao mundo, especialmente com relação a mudanças em sua rotina, mas ela também tinha um comportamento geralmente positivo. Ela foi uma criança alegre e agora, como adolescente, parecia continuar assim.

Sara era muito sensível às coisas, e pequenas quantidades de informações (sons, visões, odores) conseguiam uma reação significativa dela, e essa reação era forte. Outra característica de temperamento era que Sara não costumava gostar de novidades. Talvez *gostar* não seja a palavra certa. Sara tinha uma reação enorme, negativa e automática, à novidade e à mudança, de tal maneira que coisas novas pareciam evocar um sentimento de ansiedade e medo à primeira vista. Depois de um tempo, quando conseguia entender o que estava acontecendo, ela se aquecia e mergulhava na nova atividade com alguma reserva, e finalmente, com gosto. Alguns chamariam Sara de "tímida", e esse seria um termo justo; outros poderiam preferir usar a frase "de reações lentas".

Todos temos um temperamento, uma propensão inata a um tipo de reação. E essa era simplesmente a maneira de ser de Sara no mundo. Com a adolescência, as mudanças que surgem podem intensificar algumas dessas primeiras características de nossa infância enquanto enfrentamos os desafios. Mas, para muitos de nós, na verdade para a maioria, nosso temperamento infantil não prevê como seremos nos anos da adolescência ou depois. É uma questão fascinante, mas perceber que mudamos e evoluímos baseados em nossas experiências e em nossos temperamentos é importante à medida que criamos a vida que queremos ter.

Experiências de vínculo e o temperamento interagem para formar nossa personalidade. E personalidade é o que está sendo moldado durante a infância e a adolescência. Se formos abertos quando adultos, podemos mesmo criar mudanças em quem somos ao longo da vida.

Embora o vínculo se baseie em nossas interações com quem cuida de nós, e não esteja relacionado de modo significativo a nossos genes, o temperamento é inato e tem relação com nossos fatores genéticos ou outras questões não relacionadas à experiência. Para a maioria de nós, as características externas observáveis de nosso temperamento, quando não são extremas, não preveem como vamos ser mais tarde. Para cerca de 80 por cento das crianças as características temperamentais estão na "variação média" de valores, e a experiência desempenha um papel mais importante na formação dos caminhos que vão seguir. Para 20 por cento, dez em cada extremo do espectro das características típicas de temperamento, os excessos do temperamento delas pareciam se associar com a persistência das tendências do sistema nervoso, como a sensibilidade ou a aversão à novidade. A experiência também desempenha um papel no desenvolvimento desses indivíduos, mas o desdobramento da personalidade para esses 20 por cento é configurado de um modo maior pelas propensões do sistema nervoso baseadas no temperamento inato.

Para Sara, se o seu sistema nervoso tinha um grau intenso de reatividade, sensibilidade e afastamento da novidade (ela tem reação lenta), sua experiência interior seria intensa por toda a sua vida. Felizmente, seus vínculos pareciam ter sido seguros quando criança, então a sua habilidade para regular seu próprio estado interior – suas emoções e reatividade – seria otimizada, pois aquelas relações integradas teriam aumentado a integração no cérebro dela. E integração é a base de uma regulação flexível. É o que faz o vínculo: ao sintonizar conosco mediante sua presença, nossos pais nos proporcionam os andaimes que condicionam como aprendemos a acalmar nossa reatividade, a aliviar nossa própria angústia e a equilibrar nossas próprias emoções. A sintonia interativa no vínculo leva à regulação interna.

Então Sara tinha começado a vida com o mundo relacional seguro para otimizar sua autorregulação. Esse é um ótimo começo. Mas ela também tinha um temperamento extremo, sugerindo que essas propensões em direção ao medo e à ansiedade poderiam persistir e se intensificar quando ela se aproximasse de um desafio comum na adolescência, ou seja, sair de casa.

Sara não deixava transparecer que tinha um transtorno em seu humor, em seu raciocínio ou em sua imagem corporal e sua alimentação. Ela também não tinha a apresentação clínica de alguém com uma desordem de ansiedade, como síndrome do pânico ou transtorno obsessivo-compulsivo. Como a maioria dos adolescentes, Sara experimentava os desafios normais de deixar a infância para a vida adulta, mas não tinha um transtorno psiquiátrico formal. Ela estava experimentando os desafios da adolescência, e não o surgimento de um transtorno que precisasse de intervenções específicas de tratamento, como remédios ou psicoterapia intensiva.

Porém, se você tem uma propensão inata para ser reativo, sensível e angustiado com novidades, mesmo com uma história de vínculo seguro a vida vai continuar angustiante e difícil. Você pode não ter um transtorno formal, mas pode estar experimentando uma angústia real e significativa. Então, usar as ferramentas da visão mental (na forma da Respiração Consciente e das práticas da Roda da Percepção) para aprender a tranquilizar, sozinha, as reações inatas do sistema nervoso, funcionou bem para Sara, e lá foi ela para a faculdade.

A lição que podemos tirar a partir desse exemplo é que, mesmo se você tiver um temperamento inato, uma determinada propensão de personalidade com a qual convive, ainda pode encontrar maneiras de reforçar a mente para melhorar a sua vida. Em vez de tentar ignorar a experiência interior, Sara conseguiu aprender a estar presente com suas propensões para que pudesse ser mais forte na vida.

Agora, vamos para seu primeiro ano de faculdade. Ela adorava as aulas. Adorava estar no dormitório estudantil, mesmo que as primeiras semanas tivessem sido repletas dos sentimentos inevitáveis de solidão e saudades de casa. Sara tinha aprendido a criar um espaço em sua mente, o eixo reforçado de sua Roda da Percepção, para refletir sobre seus sentimentos e, assim, não deixar que eles assumissem o controle e ela ficasse perdida em seu aro. Ela conseguia dar a suas emoções o espaço para aparecerem, preencherem sua percepção e então apenas flutuarem para longe enquanto outros sentimentos surgiam.

Lembre-se de que depois de 90 segundos uma emoção desimpedida começa a se transformar. Muitas vezes é assim que nos preocupamos com um sentimento que cria sofrimento e mantém a intensidade e a duração em nossas vidas. Preocupar-se em excesso pode envolver uma tentativa de evitar um sentimento e significar uma adesão de modo vigilante a esse sentimento por medo. A preocupação excessiva pode nos envolver, dizendo "eu não deveria sentir esse sentimento – vá embora!", e assim deixar o sentimento apenas mais forte. Preocupar-se pode também envolver o bloqueio imediato de um sentimento na consciência, embora a emoção permaneça sob a consciência. Dar espaço para um sentimento sem preocupar-se com ele nos permite torná-lo "mencionável e manejável", como Fred Rogers costumava dizer. O Sr. Rogers tinha razão.

À medida que Sara aprendia a nomear seu estado interior de preocupação como uma inquietação humana natural com a novidade e a incerteza, conseguiu simplesmente estar presente para esse sentimento inicialmente desconfortável, e então deixá-lo diminuir em intensidade para que pudesse seguir em frente e viver a vida. Esse é o poder da presença de trazer liberdade e vitalidade ao modo como vivemos.

PUBERDADE, SEXUALIDADE E IDENTIDADE

Quando Sara veio ao meu consultório pela primeira vez, tinha 12 anos e era estudante da sétima série – acabara de entrar na puberdade. A puberdade é marcada pelo desenvolvimento do corpo e suas alterações nas características sexuais secundárias (o desenvolvimento dos genitais e músculos maiores nos garotos; quadris mais largos e seios encorpados nas meninas). Essa maturação sexual anatômica é associada a aumentos nos elementos químicos distribuídos por todo o corpo, hormônios de vários tipos que ajudam a regular o crescimento e a ativação das regiões sexuais do organismo. Mudanças no próprio cérebro podem não estar relacionadas diretamente com a época dessas mudanças no corpo, então não podemos declarar que as alterações mentais necessariamente acompanham essas alterações sexuais. Mas o aumento na circulação dos hormônios sexuais produzido com a chegada da puberdade cria impulsos sexuais novos e intensos, sentimentos de atração e excitação erótica.

Esse aumento de sexualidade púbere no contexto de uma maturação cerebral às vezes posterior, com a inibição de impulsos e outras funções cognitivas executoras adiadas, torna-se uma questão importante nos tempos modernos. Muitos estudos sugerem que a maturação sexual do adolescente costumava acontecer bem mais tarde, por volta dos 16 ou 17 anos. Em culturas primitivas, os adolescentes que se tornavam sexualmente maduros nessa idade estavam bem próximos da época de se tornar não apenas sexualmente ativos, mas prontos para criar uma família. Por várias razões, incluindo a ingestão nutricional, as crianças estão amadurecendo sexualmente cada vez mais cedo, principalmente as meninas – às vezes antes dos 11 anos –, mas seus cérebros não estão amadurecendo com a mesma rapidez. Sara é um exemplo típico dessa tendência, entrando na puberdade antes de entrar na adolescência.

Além desse início precoce da puberdade na cultura moderna, estabelecer uma vida independente e alcançar a maturação sexual associados com a criação dos filhos geralmente não irá ocorrer por mais uma ou duas décadas depois da puberdade. Esse é um longo período de transição para ser sexualmente maduro, mas domesticamente não responsável; podemos dizer que seja uma duração inédita na história humana. A consequência é essa experiência moderna de um período de tempo adolescente substancialmente mais longo entre a infância e a idade adulta.

Para compreender as mudanças na sexualidade e no romance e os desafios que elas representam para adolescentes e adultos, precisamos explorar como esses fatores fisiológicos influenciam tanto nossas experiências interiores quanto nossos relacionamentos durante essa época. Para estar presente para essas questões conforme elas surgem é de grande ajuda compreender o que está acontecendo com o corpo e em nosso universo social. Alterações cerebrais raramente são visíveis, mas pais e professores podem dizer quando começa a capacidade da mente para o raciocínio abstrato durante esse período de adolescência precoce. Como adolescentes, começamos a enxergar o mundo com padrões conceituais além dos fatos concretos que aprendemos ao longo da escola elementar. Como discutimos, tal raciocínio abstrato inclui ver a nós mesmos e aos outros a partir de certa distância, enxergando padrões gerais sobre a vida exibidos em histórias de romances e filmes, e começando a questionar a vida e a morte, o significado e o propósito de estarmos na Terra. A noção de identidade pessoal – quem somos e o que realmente importa para nós – vai começar a se tornar o tema central de nossos pensamentos em nossos diários, em conversas com amigos e em nosso trabalho acadêmico.

É nessa idade ainda que os adolescentes começam a agir de maneiras muito distintas com grupos diferentes de pessoas. Eles podem ter uma "persona" ou modo de ser com colegas do time no clube de futebol, outra com amigos da escola e outra com os irmãos ou com os pais. Os estudos mostram que, durante esse primeiro período adolescente, há geralmente pouca consciência desses "modos de ser" ou "estados de espírito" distintos, que podem dominar e angustiar adolescentes e adultos. Aparentemente, as pessoas têm muitos estados dos quais não têm noção. Sei por experiência própria. Quando tinha 14 anos e entrei na adolescência, sentia-me como se estivesse dividido, como se tivesse muitas personalidades que pareciam ser ativadas de modos diferentes, dependendo da pessoa com quem eu estava. Essas mudanças eram confusas, para dizer o mínimo. Quem eu era realmente, se podia sentir e agir de maneiras tão diferentes?

Além dessas experiências de mudança de identidade e suas várias manifestações internas e interpessoais, o impacto dos níveis crescentes de hormônios sexuais em garotos e garotas tem um efeito sobre a fisiologia e o funcionamento neurológico geral do adolescente, do mesmo modo que os sentimentos de atração sexual e excitação começam a surgir inconscientemente. Agora desenvolvemos uma personalidade sexual, uma nova identidade repleta de sensações poderosas e originais. Alguns desses sentimentos podem ter estado em estágios anteriores da vida, mas eram geralmente menos intensos, menos persistentes e menos disponíveis à reflexão consciente durante aqueles anos. Por muitas razões, então, a adolescência é marcada por uma percepção crescente das sensações sexuais.

Para algumas pessoas essa nova percepção é excitante; para outras, sentir-se sexualmente excitado ou atraído por determinada pessoa pode ser bem desconfortável e parecer "fora de controle"; para outros, ainda, a percepção dessas novas sensações pode ser totalmente apavorante.

Sara não compartilhou comigo grande parte de sua experiência interior de atração por alguns garotos da escola, talvez por eu ser um terapeuta homem. Ela a mencionava por alto e então seguia para outras questões, geralmente em relação às novas amigas que tinha feito na escola. Quando se sentiu aclimatada em sua nova experiência escolar, estava pronta para parar a terapia.

Para qualquer adolescente, as novas sensações de interesse romântico e excitação sexual podem ser desconfortáveis. Quando elas aparecem pela primeira vez, sua novidade e intensidade podem provocar confusão. Essas sensações podem ser poderosas e excitantes, mas também devastadoras. E quando as sensações sexuais se intensificam, podem parecer demais para controlar. Dado o temperamento extremado de Sara com relação à sensibilidade e novidade, podemos imaginar que esses novos sentimentos seriam especialmente devastadores. Sentir-se fora de controle, impotente, sentir que algo está "assumindo o controle" são respostas naturais às alterações hormonais e neurológicas que surgem durante esse período.

Vamos pensar nisso com relação à nossa própria adolescência: saímos de um interesse intenso pelo mundo *ao redor* de nós – pessoas, atividades – para entrar em um novo estado de sentimentos fortes *dentro* de nós. Só essa mudança já supõe uma grande alteração na origem tanto da quantidade quanto da qualidade de sensações. Agora acrescente a isso à realidade de que essas sensações emocionais estão fazendo exatamente o que as emoções fazem, estão nos fazendo "evocar movimentos". Elas criam um estado mental no qual todo o nosso organismo, cérebro e corpo, se prepara para agir. E a ação que os sentimentos sexuais primários nos impulsionam a fazer é em direção às pessoas que nos atraem e com as quais nos conectamos. É um impulso, uma motivação profunda. Preenche nossa percepção automaticamente, ativa nossos comportamentos automaticamente e, automaticamente, colore o modo como nos sentimos.

Quando o estado emocional é a atração, o impulso é se conectar. Falar com aquela pessoa é um começo. Conhecê-la, segurar a mão dela, beijá-la, acariciá-la, engajar-se com ela sexualmente, ter relações sexuais, são desejos e imagens às vezes ocultos (e às vezes não tão ocultos) que podem surgir. O tipo de imagens e graus de impulso varia de pessoa a pessoa e depende das diferenças individuais, nível de maturação, acesso a estados emocionais dentro da consciência, cenários sociais e normas culturalmente sancionadas de comportamento. A atração sexual também captura nossa imaginação, tecendo o conteúdo de nossa atração na qualidade de fantasias que sonhamos acordados. Os impulsos, fantasias e comportamentos sexuais são parte do que queremos dizer quando falamos que, depois da puberdade, experimentamos na adolescência a maturação de nossa sexualidade. Nós nos tornamos seres sexuais.

As emoções nos impulsionam ao movimento, à ação, à satisfação de uma necessidade, e a adolescência é repleta dessas novas emoções que nos impulsionam a satisfazer essas novas necessidades. São muitos sentimentos novos, imagens e impulsos. E, se práticas culturais inibem essas sensações interiores de serem expressas em ações, pode haver muitos gestos sem compromisso. Mas em culturas em que o comportamento sexual é permitido, ou mesmo encorajado, como na prática cultural moderna do "ficar", tais atividades sexuais podem ser frequentes. Nosso legado biológico é de nos mover da imaturidade sexual durante os anos de pré-adolescência para a maturidade sexual nos anos da adolescência e da vida adulta. A maneira como experimentamos e expressamos esses sentimentos sexuais será moldada pelo temperamento, família, amigos e cultura.

Vamos lembrar ainda que em nosso passado evolucionário havia uma transição muito mais rápida que unia a divisão entre a imaturidade sexual e a responsabilidade adulta. Na época em que acontecia a maturidade sexual fisiológica, na metade da adolescência, estávamos socialmente prontos para fazer conexões sexuais com as outras pessoas e para ter filhos.

Agora temos um período de adolescência mais prolongado, no qual sentimentos sexuais surgem com a maturação, mas o acasalamento (encontrar um parceiro e criar uma nova família) pode ocorrer muito mais tarde. Nas culturas modernas de hoje, essas conexões sexuais informais às vezes moldam como um adolescente percebe sua vida sexual.

O ATO DE "FICAR" COM ALGUÉM

Para Sara, os últimos dois anos do Ensino Médio foram repletos de aprendizado sobre sua sexualidade através da prática do "ficar" com garotos nas festas e depois da escola em encontros casuais que eram bons para o corpo, mas prejudiciais para sua cabeça. Sara via-se querendo algo mais desses garotos, pelo menos da maioria deles, e então se sentia rejeitada quando um garoto com quem tinha ficado não se esforçava para passar mais tempo com ela nos dias e semanas depois do encontro ou a ignorava completamente quando se cruzavam na escola. Em alguns locais há uma regra implícita, se bem que não declarada, de que duas pessoas que "ficam" não deveriam de fato se envolver emocionalmente. Isso pode funcionar para algumas pessoas, mas não para outras. E quando não funciona para apenas um membro do par, pode ser doloroso para o outro ou para ambos. Se você é adolescente, pode sentir a pressão social de ficar com alguém como se fosse uma maneira esperada de se comportar em ambientes sociais. Mas lembre-se de que os tempos estão sempre mudando, e seus pais podem se lembrar de sentir pressões sociais opostas: de que o sexo casual era inaceitável ou tabu. Mesmo se os adultos em sua vida não parecerem entender o que você está passando, lembre-se de que se envolver sexualmente fora do contexto de uma relação confiável pode ter complicações consideráveis. Sexo sem compromisso pode parecer menos rico, e, mesmo se nenhuma das partes estiver em busca de uma relação duradoura, pode diminuir a conexão profunda e íntima que é o componente de qualquer encontro sexual.

Como veremos na próxima seção sobre romance, há três modos importantes de nos conectarmos profundamente com outras pessoas. O primeiro é através da amizade, em uma conexão baseada no afeto, em que nos sentimos próximos e conectados, recebendo e dando carinho, criando uma sensação de segurança ao ver a vida interior de um amigo e tranquilizá-lo quando ele está angustiado. O segundo é simplesmente excitar-se eroticamente e sentir-se fisicamente atraído por alguém. E um terceiro modo de conexão é através do romance, de sentimentos de estar "apaixonado" e querer estar perto de uma pessoa o máximo possível.

Uma das complicações da prática de "ficar" é que às vezes pode haver um desequilíbrio no que cada pessoa espera da relação. Se as duas pessoas querem apenas atividade sexual, supondo que a gravidez e doenças estejam sendo evitadas, não há problema. O fato de que o sexo sem compromisso pode diminuir a conexão profunda e íntima é algo a se levar em conta, claro, como vamos discutir na próxima seção. O problema é que às vezes os circuitos da paixão são ativados apenas em uma pessoa, e então é doloroso para ambas. Caso isso esteja acontecendo com um amigo, então a amizade pode correr riscos por um querer mais compromisso do que o outro. Nesse caso, mesmo a amizade pode não sobreviver.

Durante o último ano do Ensino Médio, os pais de Sara estavam mais preocupados com a possibilidade de ela engravidar ou de contrair uma doença sexualmente transmissível do que com o fato de Sara se frustrar com seus interesses românticos. Sara, por sua vez, embora nervosa com o futuro e por deixar sua casa, era arrastada por seus sentimentos sexuais de atração por garotos e perdia a preocupação e, por vezes, agia sem cautela.

A cultura na qual Sara cresceu fez dessas ligações sexuais informais uma parte esperada da vida adolescente. De beijos e carícias ao sexo oral e ao coito, ao longo do Ensino Médio Sara aprendeu muito sobre estar eroticamente envolvida com rapazes, mas não muito sobre romance ou sobre relacionamentos duradouros. Ela iria aprender sobre isso mais tarde. Muitas de suas amigas tinham namorados, mas ela dizia que era "um pouco ridículo" porque aqueles mesmos garotos ficavam o tempo todo com outras garotas nas festas. Essa era uma traição que Sara disse não querer experimentar em sua vida, então ela não tinha interesse em um namoro "falso".

Para Sara, havia momentos em que "ficar" com um garoto em festas era bom; em outros, ela sentia que era simplesmente seu "dever" para fazer parte do grupo na escola e por ser uma maneira de se sentir atraente. Embora gostasse de suas experiências sexuais na maior parte do tempo, no final de seu último ano seus sentimentos conflitantes faziam-na pensar que gostaria de tentar algo diferente. Quando foi para a faculdade, pude manter contato com ela por telefone durante o primeiro ano. Eu a encontrava nas férias escolares e ficava feliz em ver como ela havia se adaptado bem à nova vida. Depois de seu primeiro ano de faculdade, porém, as coisas mudaram.

ROMANCE E O PRIMEIRO AMOR

As lágrimas de Sara brotavam lentamente dos olhos vermelhos e escorriam por seu rosto enquanto ela me contava a sua situação durante as férias de verão, depois de seu primeiro ano na faculdade. No final do primeiro semestre ela tinha se apaixonado por um estudante do segundo ano e eles haviam decidido passar o verão juntos, trabalhando durante a semana nos empregos que tiveram a sorte de arrumar na cidade e passando o tempo juntos e com amigos nos fins de semana. Tinha sido um verão ideal e Sara não conseguia acreditar que havia acabado. Qual era o problema, então?

Jared, o namorado dela, estava indo para a América do Sul para estudar. Ele iria morar no dormitório da faculdade com outros estudantes de intercâmbio vindos do mundo todo. Sara temia que Jared encontrasse outro amor.

O relacionamento dos dois tinha começado no final do primeiro semestre dela na faculdade. Fiquei aliviado por Sara não o ter encontrado antes, já que esperava que ela fosse capaz de experimentar a força de sua habilidade recém-conquistada de tranquilizar a própria reatividade inata sem a assistência de um namorado. Seu último ano no Ensino Médio tinha lhe ensinado a se afastar da dependência emocional de seus pais enquanto ela confiava cada vez mais nos amigos para obter apoio. Isso é parte da jornada da adolescência – conectar-se mais com seus iguais do que com seus pais. Durante o último ano do Ensino Médio, dado ao seu temperamento ansioso, Sara entrou em crise por achar "demais" ter de deixar a casa dos pais e os amigos. Agora ela tinha aprendido, com alguma educação interior, que podia se acalmar. Fora um grande passo para fortalecer sua mente.

Jared entrou em cena em uma festa na faculdade durante um fim de semana. Os dois se conheceram e Sara começou a sentir aqueles sentimentos sobre os quais tinha ouvido as amigas comentarem e que tinha visto em filmes e lido em livros, mas que em todo o seu tempo saindo com rapazes nunca tinha experimentado. Quando ela viu Jared na festa do dormitório estudantil, sentiu uma atração imediata. Jared era uma pessoa sensível e doce. Felizmente, ao contrário de Sara, ele não parecia ser reativo da mesma forma que ela. Com calma e concentração, conseguiu abordá-la para ir de encontro à novidade que a presença dela trazia. Eles faziam um "belo par", contou-me Sara. O fim daquele semestre tinha sido divertido para ambos. Eles ficavam cada vez mais íntimos, e logo suas danças, conversas e saídas adquiriram um tom "romântico".

Sara me contou que, embora tivesse ficado com outros garotos na faculdade da mesma forma que tinha feito no Ensino Médio, eles nunca significaram muito. Jared foi o primeiro rapaz de quem gostou realmente, com quem de fato se importou. De alguma forma, parecia diferente dos encontros sexuais casuais que ela havia mantido no Ensino Médio. Ela realmente se importava, me disse, e quis esperar até conhecer Jared um pouco mais antes que as coisas se tornassem sexuais. Jared também foi paciente o bastante para esperar até que as coisas acontecessem naturalmente.

Durante o segundo semestre do primeiro ano dela, Sara e Jared tornaram-se íntimos sexualmente. Sara foi até a clínica de saúde da faculdade e começou a tomar pílulas anticoncepcionais, e os dois fizeram exames para HIV e outras doenças sexualmente transmissíveis antes de fazer sexo, mesmo com camisinha. Fiquei surpreso pela postura consciente dela com relação a uma questão tão importante e que Sara havia tratado de maneira tão negligente antes. De alguma forma, uma parte dela mais reflexiva e cuidadosa estava sendo engajada em sua vida sexual, agora que esses novos sentimentos estavam surgindo.

Quando os pais de Sara descobriram que ela tinha um namorado fixo, sua mãe ficou radiante, mas seu pai estava nervoso, Sara me contou.

Ele só relaxou depois de conhecer Jared pessoalmente. "Ele só precisava ver quem Jared era para saber que eu não estava sendo magoada por esse rapaz". Como pai, conheço esse sentimento de ser protetor e ao mesmo tempo querer apoiar. É o desafio parental de ser ao mesmo tempo um porto seguro e uma plataforma de lançamento. Às vezes não é nada fácil.

De muitas maneiras, essa foi uma forma ideal de experimentar um romance para Sara. Ela aprendeu que poderia ter sentimentos intensos de atração mutuamente compartilhados por seu parceiro. Aprendeu que o tempo para passar dos sentimentos de atração para conhecer Jared se tornar sexualmente envolvida com ele poderia ser discutido abertamente e de forma respeitosa. Esse também era o relacionamento mais duradouro de Jared, então ele estava aprendendo muitas coisas novas sobre romance e envolvimento emocional.

E agosto chegou. Disse para Sara que imaginava que ela poderia estar sentindo uma sensação muito intensa de perda com o que estava acontecendo. Ela tinha ficado muito ligada a Jared, expliquei, e isso era lindo. Nossa vida romântica está intimamente entrelaçada com nossos vínculos. Alguns pesquisadores, como Helen Fisher, sugerem que existem pelo menos três tipos de amor, que eu mencionei brevemente na última seção.

Essa é a parte "viciante" do amor, que faz que poetas e compositores devotem tanto tempo e energia para tentar expressar a dor e o prazer do romance. Como as outras formas de vício, os cientistas acham que a dopamina pode ser o principal neuroquímico envolvido nesse aspecto do amor. Em certo nível, esse é um "vício saudável", que cria felicidade em nossas vidas. Em outro nível, quando o relacionamento está incerto ou acabando, pode criar uma dor enorme dentro de nós. As mesmas partes do cérebro que registram a dor física também representam a dor de um relacionamento destruído. A sensação pode ser a mesma de ter sido esfaqueado e estar morrendo.

Há ainda o aspecto sexual ou erótico do amor, a atração e a excitação. Essa libido ou energia sexual é parte natural de nossa experiência. Nem sempre acompanha o romance, então esses dois sentimentos podem ser, de certa forma, independentes. Essa forma de amor pode ser primariamente mediada por andrógenos, uma forma de hormônio associada ao aumento do impulso sexual. Na verdade, o ato de ficar com alguém, como Sara tinha aprendido, geralmente envolve excitação sexual e não romântico. "Ficar por uma noite" com alguém é um bom exemplo do entrosamento passional dessa forma erótica de experiência "amorosa".

Para algumas pessoas, as relações sexuais envolvem não apenas os andrógenos que ajudam a mediar a excitação, mas também a secreção de oxitocina, o hormônio que geralmente intensifica nossos sentimentos. Parte dessa intensificação pode ser para reforçar uma sensação de apego e conexão. Mas saiba que essa intensificação pode ser, principalmente para os homens, de ciúmes e agressão. Para outros, especialmente intensa para as fêmeas, as relações sexuais estão associadas à liberação de oxitocina; a pessoa com quem se está se torna a pessoa com quem se conecta. Essa ligação pode ocorrer na forma de romance. Nesse caso, o envolvimento sexual pode criar uma intensificação da obsessão romântica impulsionada pela dopamina. Às vezes essa obsessão pode não ser compartilhada, e tal desequilíbrio pode ser bem angustiante.

A liberação de oxitocina também pode fazer parte da próxima forma de amor, o apego.

O apego, a terceira forma de amor, é o que sentimos nas amizades fortes e com relação a nossos pais, e pode envolver, antes de tudo, o sistema de serotonina. Apego é o tipo de amor no qual oferecemos o cuidado que os outros precisam para se sentirem seguros, vistos, tranquilizados e protegidos. Quando estamos angustiados, procurar uma figura de apego nos consola. Estar perto de uma figura de apego seguro acalma nossa agitação interna e nos dá uma sensação de estar "em casa" e à vontade. É por isso que as crianças podem ser tranquilizadas por uma figura de apego com quem têm um vínculo seguro. E é por isso que uma ligação com o melhor amigo é consoladora. É por isso ainda que mesmo nosso parceiro romântico e companheiro sexual, que *também* é nossa figura de apego, pode ser consolador. É possível ter as três formas de amor compartilhadas com uma mesma pessoa.

Quando um indivíduo é seu parceiro romântico (você está apaixonado por ele), seu companheiro sexual (você adora fazer amor com ele) e sua figura de apego (você gosta de estar perto dessa pessoa e a procura nos momentos de angústia ou quando quer compartilhar algo positivo), você tirou a sorte grande em um relacionamento.

Nem todo relacionamento romântico, sexual e de apego funciona assim. Podemos imaginar todas as combinações que podem existir: ter as três, apenas duas ou somente uma forma de amor presente. Quando essa combinação não está equilibrada entre as duas pessoas, pode ser muito angustiante tanto para a pessoa que quer mais quanto para a pessoa que quer menos. Mas quando o equilíbrio está todo lá é uma das experiências mais gratificantes que podemos ter. Jared era as três combinações para Sara. E Sara era as três para ele. Sorte grande.

Relacionamentos.

Para mim, Sara começou a se parecer muito com quem era no último ano do Ensino Médio, apenas um ano e meio atrás. Estava repleta de tristeza e angustiada pela separação, o estado emocional de temperamento ao qual recorria quando estava aborrecida. O que tinha acontecido com todo o crescimento e progresso que ela tinha feito? Por que ela era agora tão "dependente" de Jared?

Sim, você pode dizer, ela estava apaixonada por ele e não queria deixá-lo. Talvez ela devesse ir para a América do Sul com ele? Bem, posso entender a sensibilidade romântica dessa sugestão, mas não concordo com ela. Nessa idade, durante o importante período da adolescência no qual se cresce para se tornar a pessoa que vai ser, creio que faz mais sentido encontrar o próprio equilíbrio e direção sem mudar os próprios planos a fim de manter um relacionamento romântico. E, acredite, sou um cara bem romântico. É como uma adolescente mais velha, com quase 20 anos, recentemente sugeriu: "Diga ao seu leitor para não se comprometer muito cedo. Se for para dar certo, dará".

Se você assistiu aos filmes *Antes do amanhecer* e *Antes do pôr do sol*, do diretor Richard Linklater, viu de perto e de maneira pessoal o dilema de alguém jovem que conhece sua "alma gêmea", com quem se sente tão alinhado, tão conectado, tão ligado. Sei por experiência própria como o momento de tais conexões faz uma enorme diferença. Também conheço muitas pessoas que se encontraram nessa idade e não se deram espaço para criar a própria identidade e anos, às vezes décadas, se passaram e isso voltou para assombrá-las. Há um importante amadurecimento durante a adolescência que exige uma liberdade de vida emocional, pensamento, planejamento e a simples e velha autodescoberta que relacionamentos comprometidos às vezes podem abreviar.

Por favor, não me entenda mal: não ficaria surpreso se Jared e Sara acabassem tendo um compromisso por toda a vida um com o outro. É bem possível. Só não acho que eles devam se comprometer a sério agora, nessa época específica de suas jornadas. Acho que ambos acabariam se ressentindo da decisão e um do outro.

Mas como eu poderia ajudar Sara a superar essa situação? Na terapia, não digo às pessoas o que fazer, tento estar presente com elas para ajudá-las a descobrir como descobrir o que fazer. As seções seguintes oferecem exemplos de alguns passos que os pais e outros adultos que tentam oferecer encorajamento aos adolescentes podem dar para ajudar a apoiá-los ante a intensidade do primeiro amor e dos fins de relacionamentos.

PRIMEIRO ESTEJA PRESENTE

O que pareceu ajudar bastante Sara foi ter me conectado com ela exatamente onde ela estava. Quero dizer, eu me concentrei apenas no que estava acontecendo dentro dela, ajudando-a a filtrar sua mente ao sentir, observar e descrever suas sensações (o que ela sente em seu corpo), suas imagens (o que ela escuta e vê na imaginação), seus sentimentos (de que emoções ela está consciente) e seus pensamentos (na forma de ideias ou conceitos e raciocínio baseado na linguagem). Quando ajudamos os outros a filtrarem suas mentes, nós os ajudamos a criar um espaço focado no qual podem explorar seu próprio mar interior. Essa habilidade de visão mental não é de modo algum o domínio exclusivo de terapeutas como eu. Qualquer pessoa que esteja disposta a estar presente para outra pessoa pode fazê-lo.

Em qualquer relação íntima, conexão significa ser uma parte da comunicação nesse momento. Ao estar presente para o que está acontecendo enquanto está acontecendo, ao sintonizar-se com a experiência interior do que está acontecendo com a outra pessoa – não apenas com seus comportamentos exteriores, mas realmente ressoar a experiência interior do outro –, surge a confiança. Esse estado de confiança entre nós depende do que Steve Porges chama de "sistema de engajamento social". Esse procedimento acalma as tempestades interiores, relaxa os estados de angústia e cria uma atitude de abertura diante da nova experiência. Essa é uma maneira básica na qual estar presente não apenas nos permite entender a outra pessoa, como também que essa conexão crie clareza e calma dentro daquela pessoa.

Quando Sara pôde compartilhar a sensação de peso em seu peito e o vazio em seu estômago, as imagens de estar sozinha no segundo ano da faculdade e de Jared com outras mulheres na Argentina, seus sentimentos de medo e rejeição e seus pensamentos de que ela nunca encontraria outro amor como ele, pudemos filtrar os conteúdos da mente dela naquele momento de sua vida e ela foi capaz de se sentir verdadeiramente sentida.

Você pode perguntar que palavras eu usei, se usei alguma, durante a nossa conexão. Em sua maioria, minhas palavras visavam a mostrar a ela que eu compreendia o que ela estava sentindo, que conseguia imaginar o que ela poderia estar sentindo porque eu também já havia sentido isso. Disse que entendia o que ela estava dizendo e podia sentir como isso era doloroso, e como parecia que não havia solução para essa situação, a não ser a perda. Depois de conversarmos um tempo sobre essa sensação de estar preso, e de como era irônico uma experiência tão poderosamente boa mudar e criar sentimentos tão poderosamente dolorosos, disse algo sobre nossa condição humana comum. Sentir tal euforia significa que às vezes sentimos uma perda intensa. Elas andam de mãos dadas.

Dividi com Sara uma metáfora comum que pareceu ajudar, e é a seguinte: se você pega uma colher de chá de sal e coloca em um copo pequeno de água, aquela água vai ficar salgada demais para beber. Porém, se você colocar a mesma colher de chá de sal em um lago, a água vai continuar limpa para o paladar. É como a diferença entre se perder no aro da Roda da Percepção e experimentar a vida do centro. Abrir o eixo da roda permite que os sentimentos surjam para serem experimentados dentro de um profundo reservatório que nos dá resiliência. Esse é o gosto claro de diluir o sal na extensão maior de água. Além daquele sentimento, pensamento ou ideia, podemos sentir os sentimentos surgirem, não nos preocuparmos com eles e permanecermos totalmente presentes enquanto abraçamos uma percepção maior de saber. É como o exercício da roda fortalece a mente para estar presente enquanto abrimos o eixo e nos tornamos capazes de aceitar nossas experiências com mais clareza.

Esse tipo de presença está no centro do que significa ser o melhor amigo de si mesmo. Você está disponível para si mesmo como uma figura de apego, como um companheiro íntimo, um apoio e um guia. O que surgir, pode compartilhar. É o que faz com o seu melhor amigo no âmbito social; é o que faz com você mesmo como seu melhor amigo.

A presença nos permite desenvolver a resistência. Com Sara, concentrei-me em reforçar essa habilidade que tínhamos trabalhado antes, quando ela estava no Ensino Médio e tinha descoberto que o exercício da roda era útil e poderoso. Também quis que ela tivesse o conhecimento das três formas de amor naquele momento. Em particular, quis que ela considerasse essa possibilidade. Jared tinha se tornado uma figura de apego para ela, além de um parceiro romântico e de um companheiro sexual. Três formas de amor em um único relacionamento – bingo. Não era surpresa ela gostar de estar com ele e não querer perder essa relação. Porém, como uma figura de apego, Jared pode ter se tornado a pessoa a quem ela agora confiava todo o seu apaziguamento. Então, embora ela tivesse se saído bem na transição para a universidade, aprendendo a confiar em si mesma para apaziguar seu temperamento intensamente reativo de forma excelente, talvez seu relacionamento com Jared depois daquele primeiro semestre – estar com ele essencialmente o tempo todo pelos últimos nove meses – tinha feito com que ela não praticasse o ato de ser a sua melhor amiga. Talvez Sara tivesse aberto mão de sua própria resistência interior pela natureza atraente de seu novo amor.

MUDANÇAS E DESAFIOS DA INTEGRAÇÃO

Expliquei para Sara como a integração é a ligação de partes diferenciadas – como conectar os diferentes aspectos de nós mesmos ou como respeitar as diferenças de outra pessoa em um relacionamento e então se conectar com essa outra pessoa. E que o bem-estar surge da integração. Quando nossa experiência mental interior e nossos relacionamentos interpessoais estão integrados, surge a harmonia. Sem integração, seguimos em direção ao caos ou à rigidez. A reação "empacada" de Sara com a perspectiva de Jared ficar longe por um ano foi, de certo modo, rígida e inflexível. O que não estava sendo integrado na vida de Sara agora? O que não estava sendo diferenciado e conectado? Sara não estava deixando que Jared se diferenciasse dela. Ele tinha suas próprias ideias para o passo seguinte em sua jornada da vida, que era viver um ano no exterior, e ela estava fantasiando sobre como se juntar a ele e não permitir que ele tivesse esse desdobramento de jornada individualizada. Sara e Jared tinham estado muito conectados. Agora, táo cedo em suas vidas, era hora de permitir uma diferenciação maior entre ambos.

Além disso, Sara tinha um trabalho pessoal a fazer. Ela tinha aberto mão de algumas amizades a fim de passar cada vez mais tempo com Jared. Relacionamentos, cu disse a ela, eram como um jardim. Precisam de cuidados para continuar crescendo e florescendo com o tempo. Sim, relacionamentos íntimos precisam de devoção e dedicação. Mas eles também florescem se tiverem o equilíbrio da diferenciação e da conexão. Se uma pessoa domina a outra, a integração não é criada. Sempre é possível saber quando um relacionamento está desequilibrado porque um ou ambos os envolvidos parecem estar em um estado repetido de caos, com ondas de raiva. E também podem revelar rigidez, e às vezes exibir uma sensação de monotonia e perda de vitalidade. Embora todos os relacionamentos vagueiem às vezes em direção ao caos ou, no seu oposto, ao tédio, com a integração há uma sensação de harmonia e energia, franqueza e vitalidade.

Deixar algo ir nem sempre significa abrir mão dele.
"Não vou a lugar algum."

Disse a Sara que a essa altura talvez ela temesse demasiada diferenciação e a perda de Jared. Expliquei por que, na pouca idade deles, o velho ditado "se você ama alguém, deixe-o livre" tinha uma relevância especial.

A outra questão para Sara era que o seu sistema de vínculo tinha sido provocado pelo relacionamento com Jared. Até certo ponto, ela tinha confiado nele como uma figura de apego, como se ele fosse um progenitor, e ela, a filha pequena. É claro que isso significava que ele ficar distante por um ano era totalmente aterrorizador. Sara precisava aprender a tranquilizar a "jovem Sara" dentro dela, falando diretamente com aquele lado de si mesma, aquele estado de espírito jovem, e deixar aquela parte de si saber que tudo ficaria bem, que ela não seria ignorada nem esquecida. Como vimos no Exercício de Visão Mental F, na **Parte 1**, colocar uma mão no peito e outra sobre o abdome, aplicando uma pressão suave e fechando os olhos, pode ser reconfortante e uma fonte calmante para algumas pessoas. Isso ajudou Sara a encontrar uma forma de confortar seus sentimentos de saudade e angústia e encontrar uma sensação de paz interior.

Felizmente, essas ideias e sugestões, assim como sua experiência passada com os exercícios a exemplo da Roda da Percepção quando estava ansiosa em deixar a casa dos pais para ir para a faculdade, ajudaram muito Sara. Ela foi capaz de encarar seus medos e angústia intensos e de se acalmar. Ela também compreendeu que podia sentir o que estava sentindo e apenas deixar rolar onde estivesse naquele exato momento. Isso é presença, e foi isso o que criou um caminho para a sensação de clareza e força de Sara. Atualmente, ela está sentindo falta de Jared, mas não se preocupa com ele, já que é capaz de encontrar um equilíbrio interior e continuar a cultivar a integração no jardim de sua vida.

ACEITAÇÃO, DESAPEGO DAS EXPECTATIVAS E ORIENTAÇÃO SEXUAL

Como já vimos, a presença é o presente mais importante que podemos dar aos nossos filhos no sentido de criar um ambiente positivo para que se desenvolvam e cresçam. No entanto, uns dos grandes desafios que podemos enfrentar no esforço de estarmos presentes para os nossos filhos são nossas próprias expectativas para eles. Seja você um pai ou uma mãe extrovertidos com um filho tímido ou introvertido ou um pai atleta com um adolescente com tendências artísticas que não se interessa por esportes, a questão de como estar presente para quem seu filho adolescente realmente é cria o ponto de partida mais importante para os pais.

Medo e *raiva* são palavras que não descrevem bem as emoções que os pais de Andy me transmitiram em sua primeira visita ao meu consultório depois que seu filho de 14 anos lhes contou, em uma de nossas sessões familiares, que poderia ser *gay*. Havia mais de um ano eu tratava Andy por questões relacionadas à ansiedade e ao baixo desempenho acadêmico. Andy era um brilhante estudante da nona série que tinha começado a fazer terapia por sugestão de seu conselheiro estudantil e por insistência dos pais. Inicialmente desinteressado em estar em um aposento com um estranho, logo aceitou a ideia de que poderíamos apenas conversar sobre o que viesse à sua mente.

Andy e eu falamos sobre os amigos dele na escola, muitos dos quais ele conhecia desde o pré-primário. Ele, como virtualmente todos nós, não conseguia lembrar muito bem a época antes da escola primária, mas tinha a sensação de que tinha sido feliz naqueles primeiros anos e de que sua vida e amizades tinham sido "legais".

Eu estava interessado em saber se Andy poderia me dizer algo sobre o motivo de estar tão ansioso na escola. Ele recordava ter se saído bem nos primeiros anos, relatando seu interesse em todas as matérias e nas aulas de artes e esportes depois da escola. Adorava teatro e tinha fascinação por ciência, parecendo um homem da Renascença, interessado em muitas dimensões da vida e saindo-se bem em muitas coisas. Andy era uma pessoa com paixões profundas sobre o mundo ao redor dele. Ele me disse que durante aqueles primeiros dias na escola primária "não era ansioso, apenas feliz".

As coisas começaram a mudar quando ele chegou à sétima série. Andy saiu de uma pequena escola primária pública local para fazer o Ensino Fundamental em um colégio bem maior longe de casa. Ele se lembra de ter feito essa transição sem muitos problemas, fazendo novos amigos e até continuando a sair-se bem nas matérias. Mas em meados daquele ano começou a sentir um nó na barriga com a proximidade da noite de domingo. Passou a desgostar da ideia de ir para a escola, e nas manhãs de segunda-feira sempre se sentia prestes a ficar doente, com gripe ou intoxicação alimentar. Tinha dores de barriga. Seus pais logo perceberam o padrão da angústia da segunda-feira, e depois de alguns meses com as notas caindo e de eles tentarem descobrir com os professores de Andy o que poderia estar acontecendo, seguiram o conselho do professor e o trouxeram para me ver por volta do final daquele ano acadêmico.

Pelo que pude perceber, o que acontecia com Andy durante a sétima série era que essa ansiedade relacionada às manhãs de segunda-feira tinha mais a ver com sua vida social do que com a educacional. Ele continuava gostando das aulas, esforçava-se para fazer as lições de casa e os trabalhos e talvez se comprometesse com atividades demais, mas das quais gostava. Adorava futebol, estava animado com o teatro, amava as aulas de Artes depois da escola e se divertia com os amigos. O que foi se tornando cada vez mais claro durante aquele sétimo ano, porém, foi que Andy estava tomando consciência de novos sentimentos dentro dele. Como a maioria dos adolescentes, as alterações fisiológicas em seus órgãos sexuais primários – testículos para os meninos e ovários para as meninas – deram origem a várias mudanças sexuais secundárias. O corpo de Andy estava mudando fisicamente, assim como suas sensações interiores.

Certo dia, Andy me descreveu o sentimento de estar atraído por determinado jogador de sua equipe de futebol. Enquanto seus companheiros de campo observavam as jogadoras da equipe feminina de futebol no campo, Andy olhava para seus próprios companheiros, e para um em particular. Quando essa direção de sua atenção continuou, quando os sentimentos de interesse e de excitação aumentaram dentro dele, Andy começou a ficar assustado. Disse para mim que "sabia que não era certo", mas que era simplesmente o que ele sentia.

A emoção é um processo profundo que não só nos dá uma sensação subjetiva de nossos sentimentos, mas também orienta nossa atenção e nos deixa ter uma percepção de que "isso é importante". Desta forma, Andy estava tendo uma experiência emocional que o deixava saber o que era importante para ele. Ele não criou intencionalmente essa resposta emocional, ele não escolheu concentrar sua atenção em meninos ou naquele menino em particular, foi simplesmente o que o seu cérebro físico estava criando em seu interior.

Para ajudar os pais de Andy a aprenderem a estar presentes para ele, precisava ajudá-los a estarem abertos ao que Andy estava passando. Embora a maturação sexual de Andy estivesse ocorrendo ao mesmo tempo da maioria dos jovens em nossa sociedade, Andy estava entre a minoria cuja orientação sexual não era em direção a alguém do sexo oposto. Andy estava tendo fantasias românticas e sexuais com outros garotos. Há décadas essa orientação teria sido erroneamente chamada de "doença", mas agora sabemos que a homossexualidade não é um distúrbio. Assim como pessoas canhotas são uma minoria e isso não é (hoje em dia) visto como evidência de um "problema", ter uma orientação sexual minoritária não torna a homossexualidade uma disfunção. Ainda existem alguns indivíduos que enxergam a homossexualidade como uma condição que deve ser alterada clinicamente ou de qualquer outra maneira, mas essas são visões equivocadas de um passado não tão distante. Ser atraído sexualmente por pessoas de seu próprio gênero sexual não é uma "condição" a ser tratada profissionalmente.

Então vamos nos lembrar disso enquanto vemos como os pais de Andy poderiam estar presentes para ele e para quem ele é de fato, para que possam apoiá-lo a viver seu eu autêntico.

Os pais de Andy precisavam estar presentes. A presença é uma maneira de manter a confiança viva, as conexões fortes e a comunicação aberta. Isso não significa tornar-se um pai permissivo, onde tudo é aceito. O objetivo é a autoridade paternal, em que a estrutura está aparente, mas a conexão e a comunicação são igualmente valorizadas.

Mas Judy e Peter, os pais de Andy, embora alegassem ter a mente aberta, não estavam receptivos à orientação sexual do filho. Como a maioria dos indivíduos na população é de heterossexuais, é compreensível que, por simples estatísticas de probabilidade, nenhum pai espere que seu filho tenha uma orientação homossexual. E esse é exatamente o ponto: para estar presente precisamos estar abertos à vida, estar abertos às coisas que são além do que as nossas expectativas criaram para nós. Estar presente permite que nos libertemos dos "deveria" da vida, que nos livremos das expectativas e que estejamos abertos ao que está realmente acontecendo. Na consciência plena, nós nos livramos das expectativas e estamos abertos ao que é. Você se lembra da combinação de curiosidade, abertura, aceitação e amor de nossos exercícios de tempo interior nas Ferramentas de Visão Mental número 2? Esse estado é a postura que assumimos quando estamos presentes.

A presença introduz a autenticidade na maneira como vivemos.

Naturalmente, vivemos com expectativas. É assim que o cérebro funciona. Ele é uma máquina antecipatória, formando, a partir de experiências anteriores, um filtro neurológico que nos permite estar preparados para o que está por vir. Sobrevivemos neste mundo por causa desses filtros. Damos sentido ao mundo e então nos preparamos para o que ele provavelmente vai nos servir. É isso que as expectativas nos capacitam fazer. Mas o lado ruim de tais expectativas é que elas tornam difícil para nós ver claramente o que está na nossa frente, ou mesmo dentro de nós.

Em termos simples, não há algo como uma "percepção imaculada".

Podemos nos esforçar para estar presentes em uma postura que deixe de lado nossas tendências, julgamentos anteriormente criados ou "pré-julgamentos", e que traga as nossas percepções mais diretas e sem filtro. Desta forma, estar presente e aprender a deixar de lado intencionalmente as expectativas nos permite ter percepção do que está acontecendo. Essa é a postura receptiva de percepção que podemos adotar quando estamos presentes na vida.

A tendência de que uma criança terá uma orientação heterossexual é compreensível, dadas as estatísticas (isto é, é mais provável que esse seja o caso), mas é uma tendência inata, uma expectativa, que tornou difícil para os pais de Andy vê-lo como ele é de fato. Se esse modelo mental do que é esperado dentro deles se transformasse em um modelo rígido do que "deveria" acontecer, a presença seria debilitada. Quando temos expectativas fixas não conseguimos enxergar com clareza. Nosso aprendizado anterior (o que a sociedade, nossa família e nossas próprias experiências individuais nos ensinaram) pode criar modelos mentais que são os filtros perceptivos que distorcem nossa visão da experiência presente por meio de lentes que influenciam o que vemos no momento. As expectativas tornam-se fixadas e os "deveria" mentais distorcem o que estamos abertos para ver e aceitar.

Mesmo se acharmos que não temos esses preconceitos e expectativas, nossas expressões faciais e tons de voz podem revelar desapontamento e desaprovação. Como pais, precisamos estar muito conscientes da profundidade de nossas reações ante os desenvolvimentos inesperados dos nossos filhos para que não os façamos se sentir julgados, condenados ou mesmo invisíveis. Todas essas coisas podem inibir nossa capacidade de estar presente e ameaçar nossa confiança no relacionamento com nossos filhos.

Estudos de temperamento, por exemplo, revelam que o resultado final do desenvolvimento da criança não é qual temperamento a criança tem, mas a forma como o progenitor aceita as características individuais dela. Se você se sente amado por seus pais por quem é como criança ou adolescente (ou qualquer um de nós em nossos relacionamentos), terá a base necessária para prosperar. Ser visto e aceito por quem se é faz com que você se sinta bem consigo mesmo e ajuda a lhe dar uma mente resistente. Sua base familiar é forte como um porto seguro, e serve como uma sólida plataforma de lançamento de onde você pode sair para explorar o mundo.

Quando entrei na aula de dança moderna das meninas, no Ensino Médio, meu pai ficou bem chateado. Ele me disse que estava preocupado porque "todo mundo vai achar que você é homossexual". Eu lhe perguntei por que isso importava, e ele só me olhou com um olhar zangado e assustado. Da minha parte, sabia que entrar na aula era o que eu queria. Adorava dançar e achava as atividades no programa de Educação Física dos meninos desinteressantes. Eu realmente não gostava de ser empurrado no campo de futebol, embora fosse um dos jogadores mais velozes no Ensino Médio e, como recebedor, geralmente não fosse pego. Eu era baixinho, então o basquete sempre foi uma frustração. A dança era uma maneira de me sentir livre, eu adorava garotas e muitas delas estavam naquela aula, então foi "moleza" ser transferido para aquela atividade durante a educação física. Era uma atividade física e, uau, foi uma ótima educação.

Naquela aula senti uma sensação profunda de ser real, de ser verdadeiramente eu mesmo, de ser autêntico. Ignorar a reação de meu pai e as expectativas de meus iguais e simplesmente ser eu mesmo foi um passo poderoso que mudou a minha vida.

Assim como o meu pai, os pais de Andy tinham medo que ele fosse humilhado pelos colegas. Mas, também como o meu pai, havia algo mais. Perguntei aos pais de Andy o que eles sentiam com relação aos sentimentos do filho de se sentir atraído por rapazes, e Peter, o pai de Andy, disse com um olhar aterrorizado no rosto: "Ser homossexual apenas não é certo. Deve haver algo errado aqui... (longo silêncio)... Esses sentimentos apenas não são bons... O que aconteceu com você?", ele perguntou a Andy com uma voz austera e um olhar aterrorizado.

O que "não é bom" em relação a um sentimento que é autêntico? Peter não está sozinho quando se trata de homens que têm não apenas um medo da homossexualidade dos outros e do homossexualidade em geral, mas também um medo de que ele próprio possa ser *gay*, o que pode ser genericamente denominado de "homofobia". Parte desse medo pode surgir do espectro de sentimentos sexuais que são bastante naturais na vida dos mamíferos. Com os impulsos sexuais acordados, genitais inchados de sanguc, surgem sensações e iniciativas para nos aproximar de indivíduos que nos atraem e que começam a "assumir" nossos movimentos externos, que acontecem às vezes, antes mesmo de estarmos cientes deles. Podemos saber o que sentimos pelo modo como nossos corpos se comportam. Para um jovem, às vezes esses sentimentos são dirigidos a um vasto leque de pessoas – de mesma idade, mais jovens ou mais velhas, do mesmo gênero ou não. A sexualidade é um sentimento natural, e a sensação de atração surge sobre um amplo espectro. Ao contrário de nossos genitais externos e dos cromossomos que geralmente são (há algumas exceções raras) macho ou fêmea, nossa excitação sexual pode ser gerada pela interação com uma grande variedade de indivíduos. É apenas a natureza humana.

Mas essa incerteza sobre o objeto de nossa atração sexual pode criar ansiedade. A visão mental nos ajuda a ver que esse espectro de sentimentos sexuais é bem diferente do modelo mental interno – geralmente oculto – que a maior parte de nós tem de uma orientação sexual fixada. Isto é, muitas pessoas têm uma crença de que deveriam se sentir atraídas apenas por pessoas do sexo oposto. A violação dessa expectativa pode causar agitação. Na realidade, sentir-se sexualmente excitado por alguém do mesmo sexo pode gerar pânico. E sentir-se atraído por pessoas dos dois sexos pode ser confuso. Conheci muitos pacientes assustados pelo espectro natural de seus próprios sentimentos. Eles "reprimiam" sua própria experiência interior a fim de se conformar com o modelo mental que aprenderam com a família e a sociedade, que diz que garotos gostam de garotas, e garotas, de garotos. Não há exceção a essa regra. Ponto final.

Vimos que uma violação da expectativa pode criar profunda ansiedade e uma cascata de reações internas e externas. As reações internas a tal violação podem incluir o desligamento da liberdade de sentir, criando uma cascata de processos de pensamento que condenam tal ambiguidade de sentimentos em si mesmo e nos outros e até uma profunda reação de medo, que vira uma complexa rede de raiva em direção a qualquer um que possa evocar tal espectro de sentimentos sexuais dentro da pessoa. Você talvez possa imaginar como tais reações internas são uma reação da mente para reduzir a ansiedade da incerteza. Mas a ironia é que a resposta rígida a tais reações caóticas iniciais a um espectro natural de sentimentos também fecha o indivíduo em uma prisão que ele mesmo construiu.

A raiva "projetada para fora" em direção aos que mostram um desvio da norma social é uma defesa primitiva, uma tentativa ineficaz, e às vezes violenta, de desligar a percepção do espectro inicial de sentimentos internos que criou a ansiedade, agora esquecida. Essa ansiedade pode ter sido provocada pela própria experiência e identidade interna. Para alguns, a ansiedade inicial pode ser simplesmente sobre não saber o que fazer com esses sentimentos. Fantasias, sonhos, sensações corporais e impulsos direcionados a pessoas do mesmo sexo podem provocar confusão, ansiedade e medo. Em vez de simplesmente sentir esses sentimentos, uma série de reações é desencadeada para não tê-los. É possível se "defender" desses sentimentos inesperados, e, portanto, desconfortáveis, mudando-os para emoções e comportamentos dirigidos ao exterior: o medo dos sentimentos homossexuais dos outros, não de si mesmo; raiva contra a homossexualidade dos outros, não contra a própria. A projeção desses sentimentos e reações costuma ser tão automática que o indivíduo que faz a projeção não tem uma ideia consciente de que tal reatividade homofóbica vem de seu próprio senso interior de vulnerabilidade. Pelo contrário, estar ciente da própria vulnerabilidade é geralmente a última coisa a ocorrer na mente da pessoa temerosa e raivosa.

Com todas essas possibilidades em mente, gentilmente tentei me alinhar com a experiência de Peter. Tinha de estar presente para ele, estar aberto ao que estava experimentando naquele momento. Com a permissão (e alívio) de Andy, fiquei um tempo sozinho com Peter e com sua esposa, Judy, para ajudar a lhes dar o espaço separado de que precisavam para explorar algumas dessas questões e o que poderia estar ocorrendo dentro de cada um deles.

Judy foi capaz de declarar que o que mais a assustava era a Aids e a exclusão social que Andy poderia experimentar sendo *gay*. Seus medos eram bem compreensíveis, e enquanto discutíamos juntos a noção de que "ser *gay*" não era uma escolha, mas uma realidade biológica, ela foi capaz de sentir que o que precisava fazer era aceitar os desafios da nova realidade do filho. Ela ainda estava assustada pela possibilidade de ele adoecer ou de ser condenado ao ostracismo, mas estava aberta à ideia básica de que o que Andy realmente precisava era de seu amor e apoio. Esse amor poderia ser expresso por ela aprendendo a estar presente para ele – a ser curiosa, aberta, a aceitar e a amar.

Peter ouviu essa discussão em silêncio, com uma expressão de horror no rosto. Quando a conversa se voltou para ele, seu medo rapidamente sofreu uma mutação para a fúria. Primeiro, ele culpou Judy por "mimar demais" Andy quando este era bebê. Depois, voltou sua raiva contra mim, dizendo que "a terapia faz uma lavagem cerebral nas pessoas" e que eu falhei em ajudar Andy ao deixá-lo "mole demais" com essa "bobagem de terapia" e que eu o empurrei para "essa coisa *gay*". Enquanto Judy e eu deixávamos que ele expressasse suas opiniões, Peter disse que essa foi a "pior coisa que poderia ter acontecido" a ele.

Parte do meu trabalho como terapeuta é combinar a necessidade de dar às pessoas o espaço para que encontrem suas próprias verdades interiores com a necessidade de esclarecer o que é cientificamente conhecido sobre nosso desenvolvimento. Admiti para Peter e Judy que havia de fato uma "controvérsia" neste e em muitos outros temas. Contei-lhes que um pequeno grupo de terapeutas iria tentar convencer Andy de que ele não era *gay*. Convidei-os a encontrar esses terapeutas se quisessem. Mas em minha opinião clínica e científica, a pesquisa e a experiência sugeriam a abordagem de que as pessoas deveriam receber o apoio para descobrirem quem realmente são. Discuti com eles o espectro de sentimentos e a necessidade de explorar essas sensações de um modo seguro, para que tanto o corpo quanto a mente permanecessem saudáveis. Quando uma família impõe apenas um grupo de sentimentos ou identidades "permitidas", sentimentos e identificações autênticos simplesmente são enterrados, não desaparecem. Falei sobre a presença e a necessidade de Andy de sentir a aceitação e o apoio deles. Sabendo que Andy era meu paciente prioritário, e que eu não teria muito tempo com seus pais além de uma ou duas sessões, levantei então a possível fonte da fúria de Peter.

Uma distinção válida

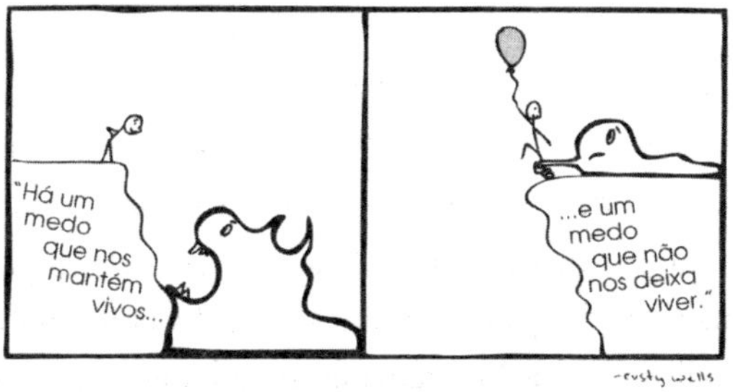

"Há um medo que nos mantém vivos...
...e um medo que não nos deixa viver."

O que me surpreendeu sobre aquela sessão prolongada foi que, ao usar as habilidades da visão mental de ver o próprio mundo interior e o dos outros com mais estabilidade, a resposta de Peter foi, na verdade, bem aberta. Fizemos alguns exercícios de respiração consciente para que eles apenas entrassem em contato com seu próprio mundo interior. Depois, deixamos os sentimentos e preocupações serem expressos e explorados. Talvez tenha sido a prontidão de Judy em ajudá-lo a mudar, talvez a sensação de inevitabilidade sobre a identidade de Andy, ou talvez tenha sido seu amor verdadeiro pelo filho e pela família que contribuíram para a abertura da mente de Peter. Não importa o elemento, o momento parecia certo e mergulhamos fundo.

Ao examinar as questões gerais – a forma como o cérebro funciona e como os relacionamentos favorecem o crescimento da mente –, pudemos em seguida nos concentrar nos detalhes com uma neutralidade que era o ponto de partida crucial. Não se tratava mais apenas de Andy ou da família dele, tratava-se de ser humano. Aceitar o universal é uma parte da autocompaixão, como definem pesquisadores como Kristin Neff. Vemos que não estamos sozinhos, que somos parte de um drama humano maior, universal. Ser compassivo conosco anda junto com estar presente e consciente do momento, assim como ser bondoso, gentil e cuidadoso.

Como foi mencionado antes, a bondade pode ser vista como forma de apoiarmos e respeitarmos a vulnerabilidade do outro. Então minha intenção interior era ser amável. Por outro lado, em muitos sentidos a integração visível é bondade e compaixão. Portanto, para promover a integração, precisei fortalecer os pais de Andy para que pudessem explorar suas próprias opiniões diferenciadas e depois ajudá-los a se ligarem à experiência do filho.

Para ser solidário à mente de Peter, para deixá-lo diferenciar-se em nossa sessão, precisei suspender meus próprios julgamentos e expectativas de "como um pai deveria ser" e, em lugar disso, aceitar sua realidade. Tive de conhecer meu próprio mar mental interior para diferenciar a mim mesmo, e então fazer uma reflexão interior sobre as experiências que tive, inclusive a jornada através da dança com as meninas e as reações temerosas de meu pai àquilo, mesmo antes dos dias da Aids. Com esse conhecimento interno aberto em minha mente, pude me preparar para estar aberto ao mar mental interior de Peter.

Lembrei-me então do que você e eu estamos revisando em nossa conversa acerca da postura básica que podemos assumir: o caos e a rigidez surgem da debilitação da integração. Quando estamos integrados, estamos em harmonia. Quando não estamos integrados, estamos em um estado de caos (selvagem, imprevisível) ou de rigidez (preso, paralisado, imutável). A resposta de Peter à experiência de Andy foi se tornar rígido e caótico. Ele claramente não estava em um estado aberto de presença, não estava em um estado de integração. Meu objetivo precisava ser estar aberto para a realidade dele, e depois ajudá-lo a ver o caminho em direção a um modo de ser mais integrado.

Com tudo isso em mente, minha intenção era simplesmente usar a visão mental para estar presente para Peter, afinar-me à sua experiência interior, ressoar aqueles estados internos dentro de mim mesmo e, então, permitir que a confiança surgisse naturalmente. Lembre-se de que a visão mental tem esses três componentes: ver dentro de si mesmo, ver dentro do outro e promover a integração. Eu poderia oferecer a visão mental à família de Andy, e ela é o que qualquer pai pode cultivar com seu filho adolescente. Naturalmente, também é o que um adolescente pode aprender a fazer com outros.

Peter lutou muito com seus próprios medos e com as lembranças de ser um garoto no mundo competitivo e focado no esporte de sua família. O pai dele tinha insistido para que os três filhos participassem de esportes de contato, principalmente de futebol americano. Enquanto dávamos a Peter o espaço na sessão para falar a verdade, a sua verdade, de sua própria criação, ele pôde avançar para uma nova forma de se relacionar com o filho Andy. A minha ideia era estar presente e facilitar o florescer da diferenciação antes de dar o passo seguinte em direção à ligação da qual Andy precisava de forma tão desesperada naquele momento de vulnerabilidade com sua família.

Houve hesitação a princípio, mas foi possível ver o amor que os pais de Andy tinham pelo filho brilhar quando tivemos a sessão seguinte com os três juntos. Peter disse a Andy que estava tentando ser aberto ao que ele dizia, aberto a quem ele era, e que ele entendia que Andy estava apenas "sendo ele mesmo" e que iria ficar do lado dele. Houve um momento de silêncio que ficou suspenso no ar, imutável, e então Peter se levantou e se aproximou da cadeira de Andy, e sem pausa Andy se levantou e os dois se abraçaram em um abraço que pareceu suspenso no tempo. Peter disse a Andy que iria fazer o possível para ser o pai que Andy merecia.

Construindo a confiança.

Nenhum de nós sabia com certeza para onde a vida de Andy seguiria, mas estabelecer essa presença dos pais dele foi um passo importante para que ele se sentisse forte para se tornar pleno e livre, tornar-se o Andy mais autêntico que pudesse ser.

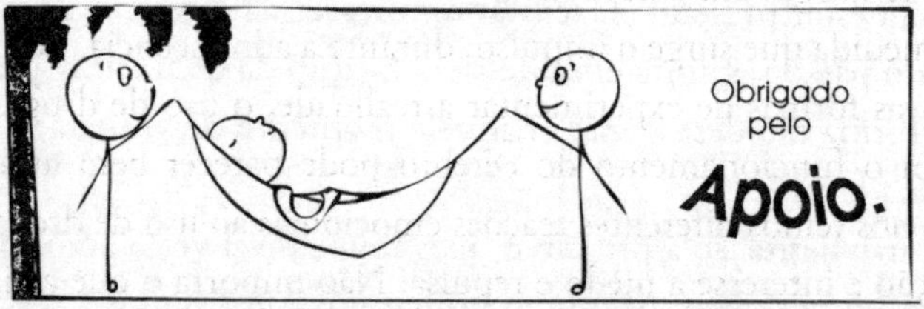

O tempo foi bom para Andy nos anos seguintes àquelas sessões iniciais. Sinto-me profundamente agradecido por Peter e Judy serem capazes de abrir suas mentes para enxergar Andy como quem ele realmente era naquela época e por sua coragem de continuar a se tornar o maravilhoso ser humano que ele é. Andy sente o apoio de seus pais amorosos em seu lar de infância e isso fez toda a diferença em sua vida gratificante e autêntica.

USO OU ABUSO DE DROGAS?

O potencial para o uso de químicas que alteram a mente, incluindo álcool e outras drogas recreativas, pode ser um dos maiores desafios para adolescentes e seus familiares. Para os pais, estar presente diante do envolvimento de um adolescente com drogas pode ser difícil, principalmente se acharem que esse uso é uma forma de abuso ou vício. Para os adolescentes, embora se envolver com drogas possa parecer muito comum e, portanto, "seguro", é importante saber que o uso dessas substâncias pode conduzir alterações fortes em sua experiência interior e nas relações sociais. Se você tem a impressão de que a relação que mantém com substâncias que alteram a mente está se tornando algo que controla você em vez do contrário, pode ser essencial compreender essas questões. A fim de estar totalmente presente para o significado das drogas em sua vida, para que possa tomar decisões que sejam as melhores para o seu bem-estar, é crucial conhecer alguns fatos básicos sobre o cérebro e o uso de drogas. Embora esses fatos possam ocupar um livro inteiro, irei apresentar aqui um esboço básico que, espero, colocará o uso de drogas em perspectiva.

À medida que surge o impulso, durante a adolescência, de explorar novas formas de experimentar a realidade, o uso de drogas que alteram o funcionamento do cérebro pode parecer bem atraente. Todos nós temos diferentes reações emocionais ao uso de drogas, de excitação e interesse a medo e repulsa. Não importa o que a ciência e as leis digam sobre o uso de substâncias que alteram nosso estado mental, adultos e adolescentes podem usar várias químicas ingeridas ou inaladas para alterar a experiência da consciência, inclusive álcool e maconha, cogumelos psicodélicos e cocaína.

Há pelo menos quatro impulsos básicos que podem motivar o aumento do uso de drogas durante o período da adolescência. Eles incluem experimentação, conexão social, automedicação e vício. Vamos rever cada um deles para conseguirmos entender como o uso de substâncias que alteram a mente pode afetar o desenvolvimento e a vida social na adolescência, no presente e na vida futura.

O álcool é uma droga comum consumida legalmente por adultos e ilegalmente por menores de idade. Para o adolescente cuja liberação de dopamina já é acelerada, as drogas que aumentam diretamente a liberação desse transmissor, incluindo o álcool, criam uma mistura especialmente perigosa de níveis de dopamina aumentados pelas drogas que se somam ao sistema já ativado de dopamina do adolescente. Em outras palavras, a adolescência é um período não apenas de experimentação de drogas para explorar a novidade, mas também de vulnerabilidade a se tornar fisiologicamente atraído ao uso e se tornar viciado em álcool e em outras substâncias.

Como foi discutido na **Parte 2**, o sistema de dopamina é mais reativo no adolescente, com a liberação elevada que estimula nosso comportamento de busca por sensação e gratificação. Mesmo diante dessa liberação elevada, como mencionado anteriormente, os níveis básicos desse transmissor são na realidade *mais baixos* durante a adolescência. Isso significa que os jovens podem tender a se sentir "entediados", a menos que estejam engajados em comportamentos que buscam novidades. O perfil de dopamina de um adolescente tem vales mais baixos e picos mais altos. Esse é o sistema de gratificação que ativa o cérebro adolescente e a fonte de altos e baixos da mente jovem. Então, quando percebemos que muitas drogas são químicas que aumentam a liberação de dopamina, podemos ver como tais substâncias seriam atraentes para nos tirar do tédio de um vale. É parte da natureza da adolescência que pode nos tornar especialmente propensos a usar substâncias promotoras de dopamina nessa época da vida.

Vimos que a adolescência é uma época de experimentação, de provar coisas novas. Então o impulso de alterar a consciência e experimentar novas maneiras de perceber, sentir e pensar é um resultado natural da necessidade de novidade e da experiência de novas sensações. A novidade em si é gratificante e ainda ativa nossa liberação de dopamina. Um aspecto dessa experimentação é simplesmente tentar algo novo. Outra dimensão é ampliar nossa compreensão da realidade, alterando os padrões costumeiros de percepção que moldam nossas visões comumente aceitas da realidade. A isso às vezes nos referimos como uma exploração da consciência ou uma busca espiritual, e pode envolver drogas psicodélicas como peiote ou psilocibina, que vêm sendo usadas há milhares de anos em várias culturas. Algumas drogas usadas para alterar a consciência não envolvem dopamina, e por isso podem influenciar a vida de uma pessoa, mas não ser viciantes. Esse impulso de expandir a consciência e enxergar a vida com novos olhos é importante para alguns usuários de drogas, adolescentes ou adultos, mas para outros é apenas um ímpeto para experimentar algo novo sem a necessidade de tentar compreender novos significados da vida.

A experimentação com novidade é provavelmente uma das principais razões por que a maioria dos adolescentes decide usar substâncias que alteram a mente sem se importar com o que seus pais possam pensar ou com as regras de sua casa. Pais de alunos do Ensino Médio ficam geralmente surpresos ao ler pesquisas revelando que a maioria dos estudantes nesse período escolar já experimentou álcool e maconha. É importante os adultos perceberem que essa "norma" da vida adolescente não a torna certa nem admissível; não a torna segura nem legal; simplesmente a torna provável de ocorrer. Negar tal realidade como pais é enterrar a cabeça na areia. Também é importante lembrar que o modo como abordamos esse aspecto da vida do adolescente vai moldar o relacionamento com nossos filhos pelos anos futuros.

O fator experimental do consumo de álcool pode ser um aspecto importante que impulsiona o interesse inicial pela bebida e por ficar bêbado. Algumas pessoas podem sentir um interesse intenso no consumo de álcool relacionado à vida social. Lembre-se da história de Katey na **Parte 2**, em que beber álcool se tornou uma parte importante da vida dela, motivando-a a tomar decisões que a levaram a ser expulsa da escola. O ato de beber de Katey também se tornou parte central de sua vida social, uma maneira de se conectar com amigos e organizar seus relacionamentos. Mas, no contexto do consumo de álcool em grupo, a tendência de se engajar em festas regadas a bebida, de consumir grandes quantidades de álcool em curtos períodos de tempo é um comportamento especialmente arriscado dos adolescentes. Do ponto de vista social, é uma atividade em grupo feita com um senso de camaradagem e de realização – quem consegue beber mais? Do ponto de vista da mente, a decisão de limitar a ingestão depende de funções executoras que se tornam suspensas depois de alguns drinques. Da perspectiva do desenvolvimento cerebral, foi claramente demonstrado que a intoxicação alcoólica mata células do cérebro e suas conexões, principalmente em regiões que controlam a atenção e a memória. Repetidas festas regadas a álcool prejudicam o cérebro.

Foi demonstrado que a atividade de beber em grupo é o segundo principal motivo de as pessoas usarem drogas: fazer parte de um tecido social comum, parte de uma experiência compartilhada. Em alguns círculos sociais e em certos ambientes como festas ou *shows*, beber álcool ou fumar maconha pode ser o comportamento esperado. A diminuição da ansiedade social e a baixa das defesas faz com que muitas pessoas se sintam mais tranquilas em ambientes sociais, por isso essas drogas são usadas como um "lubrificante social" que facilita a comunicação. Embora Katey não ficasse nervosa em situações sociais, ela gostava da "diversão de se embebedar com os amigos". Desfrutava a experiência compartilhada e sempre bebia com alguém, nunca sozinha. Ao menos isso era verdade enquanto ela estava no Ensino Médio.

Um terceiro motivo para o uso de drogas é o seu papel como automedicação para uma condição psiquiátrica primária ou para uma situação dolorosa. Por exemplo, uma pessoa com depressão pode se sentir tão para baixo que busca "ficar insensível" usando álcool ou "ficar alegre" usando anfetaminas. Alguém com mania, parte da doença maníaco-depressiva ou bipolar, pode usar o álcool ou barbitúricos para desacelerar. Uma pessoa com esquizofrenia pode usar o álcool para aquietar as alucinações e ilusões que a aterrorizam. Para outras com dificuldades de déficit de atenção, o uso de estimulantes pode temporariamente aumentar o foco da atenção sustentada. Para indivíduos com ansiedade social ingerir álcool pode diminuir seus temores em situações sociais, enquanto fumar maconha pode inadvertidamente causar um aumento desse pânico. Katey não tinha nenhuma dessas condições psiquiátricas latentes, e não parecia que estivesse tratando nenhum sintoma pós-traumático com o uso de álcool. É crucial ter certeza de que o álcool ou as drogas não estão sendo usados para tratar alguma dificuldade subjacente à saúde mental da pessoa.

Um quarto motivo para o consumo de drogas, que pode surgir depois que o uso começou, é o vício. Katey exibia alguns sinais preocupantes com relação a se tornar viciada em álcool, como precisar ingerir quantidades cada vez maiores de bebida alcoólica para "ficar alta", um estado pelo qual começou a ansiar. Essa necessidade de aumentar a ingestão de uma substância para alcançar determinado efeito pode ser um sinal do aumento da tolerância com a droga, possivelmente porque seu cérebro estava se acostumando a ela ou seu fígado a metabolizava mais rápido. A tolerância não é necessária para o vício, mas pode estar presente e ser um sinal importante de uma questão maior. Katey também ficou obcecada com o uso do álcool de modo que mais parecia um vício do que apenas um passatempo ou parte de sua vida social. Ela parecia ter um desejo por álcool que era mais do que apenas diversão; tinha a qualidade da abstinência da substância. Isso me deixou temeroso de que um vício estivesse se desenvolvendo nela. Começamos a discutir se a preocupação dela com o álcool e o fato de levar bebida para a festa que provocou sua expulsão da escola era mais do que apenas "ser adolescente", como ela havia sugerido. Quando a questionei sobre isso na época, ela apenas deu de ombros e disse: "Não sei... mas acho que não".

Substâncias que causam dependência e comportamentos viciantes como compras compulsivas ou jogar por dinheiro envolvem o principal neurotransmissor do circuito de gratificação: a dopamina. Como já vimos, esse é o transmissor que já tem uma reatividade acelerada na adolescência. A dopamina é liberada por uma área relacionada ao tronco encefálico, o núcleo *accumbens*, e influencia nossos sistemas límbico-emocional, motivacional, avaliador e de memória, chegando ao córtex para influenciar nosso pensamento, tomada de decisão e comportamento. O álcool pode ativar o sistema de dopamina em qualquer um, provocando aumentos desse químico cerebral relacionado à gratificação.

Além de estimular um aumento de dopamina especialmente intenso em adolescentes, o álcool e outras drogas têm um impacto no modo como a mente enxerga a realidade, já que amortecem o funcionamento cortical e alteram a experiência consciente do mundo. Substâncias que alteram o estado mental também alteram a capacidade de dirigir um veículo desgovernado de modo responsável enquanto ele é atirado pelo espaço, ou de administrar nosso corpo enquanto a consciência não consegue nos manter alertas. Algumas substâncias, especialmente se tomadas em excesso ou em combinação com outras, podem matar. Tenho dois amigos que perderam um filho e uma filha adolescentes por causa desses excessos experimentais, um em um acidente de carro, a outra sufocada pelo próprio vômito em seu quarto na faculdade.

Então, quando os adultos ficam agitados por causa do uso de substâncias, os adolescentes deveriam lembrar que eles podem estar naturalmente preocupados com sua segurança. Uma postura é insistir na prevenção total de tais substâncias, uma posição assumida por muitos pais, como os de Katey e sua escola. Da perspectiva do adolescente, tal política pode não fazer sentido e parecer irrealista, rígida e injusta. Outros pais assumem a posição que, se os adolescentes vão participar de tais atividades usando substâncias que alteram a mente, deveriam fazer isso de maneira responsável. O objetivo de tal política é salvar vidas. "Se precisar de uma carona para casa, ligue. Nenhuma pergunta será feita." "Aprenda a beber com moderação." "Evite misturar substâncias. "Ajudar os jovens a lidar com as atividades relacionadas a drogas, para que, quando estiverem fora de casa, não "enlouqueçam com a liberdade que esperavam ter" e bebam até o esquecimento, pode ser um primeiro passo importante para ajudar os adolescentes a navegarem esse terreno difícil.

É importante falar sobre a possibilidade do vício nessa época da vida. A adolescência é um período de enormes riscos não apenas pelo consumo de drogas que alteram a mente, mas também pelo abuso delas e pelo risco de se tornar viciado nelas. Adolescentes geralmente começam a experimentar muitas drogas que ativam o sistema de dopamina e é durante esse período que o cérebro está mais sensível a se viciar em uma substância. O cérebro adolescente está em mutação especialmente vulnerável a responder ao uso de drogas com o início de uma enxurrada de respostas fisiológicas e comportamentais que pode contribuir para o vício. Tal vulnerabilidade ao vício deve-se tanto à ativação de certos genes quanto à alteração do funcionamento neuronal, tornando a liberação de dopamina dependente do uso de drogas. Quanto mais cedo forem expostos ao álcool e às drogas, mais provável que desenvolvam um vício.

Pense nisso da seguinte maneira: o vício aparece quando nos acostumamos com o aumento da dopamina que uma atividade ou substância cria no tronco encefálico e nas regiões límbicas, forçando o córtex a tomar decisões com relação a nosso comportamento para continuar a fazer as coisas que podem ser destrutivas para nós. Na verdade, um modo simples de definir um vício é quando as pessoas continuam fazendo algo que é destrutivo, mesmo depois de saberem que isso está prejudicando suas vidas. O limite entre o abuso de drogas e o vício pode ser bem confuso.

Na situação de Katey, ela estava começando a entender que não conseguia parar de beber, mesmo depois daquela festa e de sua expulsão. E também não podia parar de beber depois de apenas um drinque. É verdade que, uma vez que você esteja intoxicado, as próprias regiões pré-frontais que o ajudariam a decidir parar de beber são desligadas. Mesmo um drinque, para algumas pessoas, pode criar alterações repentinas e intensas no julgamento – como o julgamento de não dirigir um carro estando bêbado. Para alguns, apenas um drinque pode alterar a personalidade e fazê-las se esquecerem do que aconteceu com eles. Outros podem experimentar um blecaute depois de beber muito. Isso é diferente de desmaiar. Quando você tem um blecaute está mais ou menos consciente do que está acontecendo. Mas, enquanto estava bebendo, sua região límbica da memória, o hipocampo, estava tão desligada que, mais tarde, você simplesmente não se lembra do que aconteceu com você.

Mesmo quando Katey não estava diretamente sob os efeitos do álcool, este ainda influenciava a sua vida durante o Ensino Médio. Ela não tinha blecautes, conseguia "segurar a bebida" e não bebia sozinha. Mas o seu interesse pelo álcool era mais do que um interesse em explorar outros estados de consciência com os amigos; era mais que experimental e social. Havia algo na maneira como ela falava sobre ficar "bêbada" que tinha a sensação de algum circuito intenso de gratificação impulsionado por dopamina falando por ela. Katey estava intensamente focada no álcool e em seus efeitos na vida dela. Para alguns indivíduos que experimentam drogas e álcool para alterar temporariamente o estado mental, tais comportamentos de aumento de dopamina levam a uma alteração em suas vidas a longo prazo.

Alguns estudos sugerem que, nas pessoas em situação de risco e principalmente durante o período da adolescência, um gene dentro do circuito motivacional do cérebro é ativado quando determinada substância é ingerida. Uma vez que essa ativação ocorre no gene, o circuito de dopamina fecha com certa "substância de escolha", e um intenso foco de atenção, raciocínio, energia e comportamento é direcionado para essa substância. Álcool, cocaína, anfetaminas, barbitúricos e heroína podem ativar esse circuito. Ratos que receberam cocaína, por exemplo, vão preferir aquela droga estimuladora de dopamina à comida e então morrer de inanição. Com as pessoas, os estudos revelam que esse aumento de dopamina é liberado não apenas quando se *ingere* a substância, mas até quando se *planeja* ingeri-la, quando se *pensa* sobre isso, quando se está ao redor de gente com quem a substância é ingerida, quando se está em aposentos similares onde ela foi ingerida, durante os preparativos para ingeri-la. Em resumo, a liberação intensa de dopamina, que dá a sensação de urgência e o impulso por gratificação, ocorre tanto com a ingestão quanto com a intenção por trás do uso daquela substância.

Esse é o ciclo do vício.

Uma explicação mais ampla do papel que a dopamina desempenha em nossa vida é o seguinte: quando damos duro por alguma coisa e finalmente a terminamos, como escrever um ensaio ou um livro, criar uma pintura, aprender uma composição, construir um aeroplano, praticar um esporte ou fazer uma longa caminhada, a dopamina aumenta e aquele esforço disciplinado é recompensado. Não há um pico repentino, nenhum surto de dopamina, mas um aumento gradual dos níveis de dopamina acima da linha-base que nos dá uma sensação de profunda satisfação, uma completude, um orgulho por nossa façanha. Perdemo-nos no fluxo de algo que amamos, e temos prazer com isso. Aquele fluxo é como nos perdemos em uma atividade e ficamos em paz e satisfeitos com a nossa experiência. Pessoas diferentes se sentem mergulhadas em fluxos em atividades diferentes. O segredo é descobrir quais são as nossas paixões e cultivá-las. Podemos desfrutar uma experiência desse tipo e ter aquele sentimento de um trabalho bem-feito, de um trabalho duro terminado, de uma merecida realização.

Quando uma pessoa de risco entra em contato com um comportamento ou substância viciante, sente um aumento na dopamina que parece estimulante, atraente, bom, gratificante e que precisa ser repetido, rápido. Nem todo mundo vai se viciar, mas a exposição pode fazer que isso aconteça com algumas pessoas, principalmente a exposição precoce. Com a queda vertiginosa do pico do aumento, sentimos uma diminuição relativa em nosso nível de dopamina, e depois de um tempo essa queda parece bastante ruim. Isso porque nos acostumamos com a emoção do pico da dopamina, e ficamos entediados com o nível normal. E o tédio se torna tão aborrecido e doloroso em contraste com o pico que precisamos repetir rapidamente a liberação de dopamina, mas muito rápido, imediatamente. Dado que a base de dopamina do adolescente já é baixa, podemos ver como esse período pode ser especialmente vulnerável para desenvolver um vício ao aumento de picos de dopamina.

Como mencionado anteriormente, pesquisas revelam que ao antecipar e planejar o ato da ingestão de uma droga, o cérebro captura a nossa intenção e concentração sobre o vício, e esses processos mentais por si só liberam o aumento da dopamina. Não é apenas a ingestão da droga. É imaginar a droga e a ingestão da mesma. Isso significa que o vício é um desafio que consome a vida, não algo que fazemos apenas porque optamos por fazê-lo. Uma vez que a substância se torna viciante e não apenas uma experimentação que escolhemos, o vício toma conta. Porém, mesmo se não nos viciarmos em uma droga, estudos mostram que o uso crônico de uma substância como o álcool, por exemplo, pode danificar o fígado e o cérebro.

Quando pensamos na descrição que fiz do planejamento de Katey, percebemos que a excitação e a emoção que ela sentiu podem ter sido mais do que a hiper-racionalidade adolescente com amplificação de gratificação impulsionada pela dopamina. Naturalmente, Katey é adolescente e, portanto, esses elementos estão lá. Mas será que esse foco sobre o álcool também estava ampliando os prós de seu impulso por dopamina porque ela tinha herdado o legado de vício de sua família, que incluía o alcoolismo?

Não há um teste específico para confirmar essa possibilidade até então, mas levantei o assunto com Katey e discutimos a falta de preocupação dela sobre o mesmo. Tudo o que podíamos fazer naquele momento era aumentar a sua consciência sobre a possibilidade do vício além da experimentação adolescente. E essa consciência era exatamente o que lhe faltou antes de sua expulsão. O risco do vício, como todos os outros contras que sua mente estava minimizando, tinha simplesmente sido arquivado como não tão importante, mesmo quando fazíamos nosso trabalho no final do Ensino Médio. Ela continuou bebendo nas festas durante seu último ano escolar. Tudo o que pude fazer foi ajudá-la a se tornar cada vez mais consciente de si mesma conforme o ano seguia. Estava no papel de adulto não parental, que podia ajudá-la durante esse período de sua vida, ajudá-la a se preparar para carregar esse novo autoconhecimento enquanto deixava o porto seguro de sua casa.

Katey estava desenvolvendo um novo senso de si mesma, com um grande senso de humor, com uma compreensão de quem era e de quem poderia se tornar, mesmo que o problema com a bebida continuasse. Saber que aquelas reflexões surgem das regiões pré-frontais integradoras do cérebro me ajudou a achar que estávamos formando as importantes habilidades de autoconhecimento que poderiam continuar a se desenvolver nos meses à frente.

Pouco antes de ir para a faculdade, Katey estava se saindo bem e estava pronta para receber alta da terapia. Àquela altura, ela estava ciente de que o uso que fazia do álcool poderia se tornar um problema em sua vida e o que poderia significar, a longo prazo, ser consumida pela bebida. Eu vi Katey periodicamente durante seu primeiro ano de faculdade. Foram precisos vários lembretes durante o curso de sua ativa vida social, com suas muitas incursões em bebedeiras durante o primeiro ano, para que ela descobrisse e admitisse a si mesma que provavelmente tinha um sério problema com o abuso de álcool e, possivelmente, até dependência. Quando ela me contou que estava tendo blecautes, que não conseguia se lembrar de coisas que aconteceram nas festas quando bebia, e que ela tinha começado a beber sozinha antes de sair, ambos soubemos que era hora de considerar uma estratégia diferente para sua vida.

Katey está tentando parar de beber, pelo menos por enquanto. Eu lhe contei que pesquisas sugerem que trabalhar com um programa de 12 passos, como o do Alcóolatras Anônimos, seria o meio mais útil e eficaz de apoiar seus esforços de permanecer sóbria. Mas a essa altura ela diz relutar em participar de "algo tão ridículo". Mesmo a noção de ver o álcool como uma alergia, algo que ela simplesmente deveria evitar, parece "estúpido". O tempo dirá como ela se sairá, e como vai deixar o seu cérebro se recuperar do contínuo banho de dopamina aumentada pelo álcool no qual se encharcou no ano e meio passado desde sua expulsão da escola. É um cérebro, Katey admitiu para mim, que ficou "realmente acostumado com as farras". Esse também é um cérebro, eu lhe disse, que precisa de uma pausa para pensar claramente. Conversamos diversas vezes nos últimos meses e Katey me contou recentemente que está tentando parar de beber, mas que quer encontrar novas maneiras de focar sua mente durante as festas e quando sai com amigos em outras circunstâncias.

O que realmente queria que Katey fizesse era aprender uma maneira de concentrar sua atenção para integrar seu cérebro e ter força para acalmar seus desejos e clarear a mente. Essas são habilidades que ela deveria aprender para aumentar o autoconhecimento e reivindicar sua vida de volta. Como aconteceu com Sara, encorajei Katey a pegar as Ferramentas de Visão Mental que aprendemos aqui. Veremos se ela está aberta a fortalecer sua mente e integrar sua vida de dentro para fora. Mas, com esse desafio em particular, se ela também pudesse encontrar apoio em um grupo como o Alcoólicos Anônimos seria ótimo – se ela apenas fosse. Vamos manter nossa esperança de que Katey estará aberta a essas maneiras comprovadas de melhorar a vida. Sei que os pais dela estão tentando apoiá-la ao máximo, mas todos nós sabemos a essa altura que é Katey que precisa tomar a iniciativa de empoderar a sua vida.

VOLTAR PARA CASA: REFLEXÃO, REALINHAMENTO E REPARAÇÃO DE RUPTURAS

Sair de casa é uma mudança e um desafio, uma forte transição para adolescentes e adultos. Depois de se afastar, muitos adolescentes se veem voltando para a casa dos pais por longos períodos antes de conseguirem se estabelecer financeiramente. Nos Estados Unidos, de um terço a metade das "crianças crescidas" voltaram a morar com os pais recentemente. Essa tendência é influenciada pela instabilidade financeira, e morar na casa dos pais poupa dinheiro. Mas essa tendência também tem seu lado emocional, pois o retorno à casa dos pais e os próprios pais, fornecem o apoio necessário durante o período de transição estressante e emprego incerto. O impacto emocional de adolescentes mais velhos voltando para casa precisa ser discutido diretamente e refletido interiormente para que esse período corra bem para todos os envolvidos.

Essa volta para casa traz desafios para todos nós. Não importa a que lado da divisão geracional você pertença, eu o convido a tentar aplicar suas habilidades de visão mental para compreender a experiência do adulto e do adolescente na história a seguir.

"Se você não gosta das regras da casa, pode sair e encontrar um emprego, ganhar um pouco de dinheiro e se mudar para o seu próprio apartamento."

Quantas vezes essas palavras foram ditas por um pai frustrado para um adolescente assertivo? Quando as coisas chegam a esse ponto na relação entre um pai e seu adolescente mais velho, não é bom para ninguém. Sei disso porque disse essas mesmas palavras para meu filho em um momento de intensa frustração e irritação. Tê-las dito foi ruim, e me arrependi enquanto elas saíam da minha boca. Meu filho tinha acabado de se formar na faculdade. Como muitos de sua idade, ele tinha voltado para casa depois de passar quatro anos longe. Seus planos eram incertos: ele poderia ficar conosco mais alguns meses ao longo do verão e então começar sua carreira no sul da Califórnia, ou poderia se mudar para o norte da Califórnia aonde iria para uma faculdade e ali começaria a trabalhar. Estávamos nos dando muito bem, fazendo as refeições juntos, saindo para passear, vendo televisão, indo a *shows*. De muitas maneiras, era maravilhoso. Mas várias vezes, quando minha esposa e eu voltávamos para casa, o lugar estava uma bagunça. Provavelmente era mais limpo do que o dormitório dele na escola, mas para nós era uma bagunça. Panelas do café da manhã ainda estavam no fogão, intocadas. Os pratos cheios de comida estavam espalhados ao longo do balcão; pedaços de verduras e outras lembranças das refeições pelo chão.

Para falar a verdade, o lugar estava mais limpo do que quando eu ficava sozinho ali, quando minha esposa viajava e eu podia me comportar como um solteirão, com minha filha longe em seu primeiro ano de faculdade. Mas, quando voltei do passeio com os cachorros e ouvi meu filho dizer para a mãe dele que não era nada demais ter alguns pratos espalhados, me senti imediatamente frustrado.

Tinha aprendido, havia muito tempo, que a vida segue bem em nossa residência quando nossos padrões de limpeza são baseados na "mais alta" expectativa de cada indivíduo que divide o espaço. Meus padrões são bem baixos, vou admitir, e os de minha mulher são altos. E tínhamos trabalhado aquela tensão, ou continuamos a tentar trabalhá-la de uma forma que eu acho que funciona bem para nós dois em nossa parceria na vida. Então, quando meu filho estava, na minha opinião, respondendo para minha parceira de vida, encontrei-me assumindo o papel de protetor. Um homem de 22 anos de volta em casa pode ser como um jovem lobo voltando para a alcateia que havia deixado, e os pelos do meu pescoço de macho alfa se eriçaram quando esse jovem lobo "ameaçou" a fêmea alfa de nosso covil. Essa é a história que se passava bem no fundo de minha área límbica (polegar) e tronco encefálico (palma da mão). No meu córtex (dedos), disse a mim mesmo: "Não fique contra ele – ela pode se defender sozinha no caso de precisar que ele limpe tudo. Não o pressione ainda mais!".

No entanto, naquela mesma manhã minha esposa dera em nosso filho um sermão educado, mas claro, sobre nossos padrões de limpeza, pedindo que ele respeitasse aqueles valores. Então, quando voltamos para casa depois de uma noite fora e a bagunça da manhã ainda estava por lá, foi ainda mais frustrante. Antes de sair para passear com os cães, minha esposa e eu vimos a bagunça e refletimos um com o outro sobre como era ter um recém-formado de volta em casa, sobre como teríamos de pensar em novas regras, algumas novas maneiras de todos nos darmos bem depois dos anos com ele vivendo sem a nossa supervisão. Meu filho e os amigos dele devem ter chegado em casa quando eu estava fora com os cachorros. Eu tinha chegado a um acordo com minha esposa mais cedo para não apenas fazermos exigências, mas falarmos de maneira mais sensível com nosso filho. Naquele momento em que eu estava na cozinha, era como dizer para mim mesmo "não pense no elefante rosa" e só ser capaz de pensar no elefante rosa. Quando o cérebro recebe instruções para *não* fazer algo, continua checando aquele algo para ficar "de olho" nele. Esse modo de pensar só destaca a coisa, tornando-a mais propensa a ser ativada. Por consequência da minha boca saíram palavras que não deveria ter dito sobre sua necessidade de limpeza, e então, quando ele disse que não era nada demais deixar algumas xícaras e pratos por aí, fiquei desolado. "Olhe", falei para ele, "você voltou da faculdade, e isso é normal. Você estava vivendo por conta própria, seguindo suas próprias regras. E nós temos *nossos* padrões. Então é compreensível que você veja as coisas de forma diferente. Mas eis o que eu acho: essa é a nossa casa, não a sua. E essas são as nossas regras. Se você quer viver aqui, vai precisar respeitar o que pedimos." Em seguida, disse aquilo sobre ele procurar seu próprio apartamento.

Agora você pode estar pensando que tudo isso está certo. Se você é adulto e está lendo isso pode se sentir desse modo, mas não se for adolescente. Não sei. Mas *eu* me senti terrível logo depois. Naquela noite eu me senti pesado, esgotado e irritado comigo mesmo. Não se tratava tanto da questão das regras e da limpeza, foi a declaração de que essa não era a casa dele. Foi tão insensível e exagerado. Foi simplesmente errado. A economia está ruim, o desemprego está alto, universitários estão por toda parte, ele trabalha duro e a verdade é que essa é a casa dele também. Na manhã seguinte e durante todo o dia no escritório não consegui parar de pensar no que realmente estava acontecendo dentro de mim que me fez dizer a parte sobre essa não ser a casa dele. Por que eu tinha ficado tão zangado *tão* rápido?

No dia seguinte, quando voltei para casa depois do trabalho, tive uma grande discussão com meu filho sobre o que era estar nesse estágio da vida dele, com 22 anos e saindo da faculdade para entrar na vida profissional, deixando de ser um garoto em casa para ser um adulto no mundo.

Pedi desculpas pelo que tinha dito: "Essa é na verdade a *sua* casa. Sinto muito pelo que disse. Sim, você precisa manter o espaço limpo, mas eu perdi o controle ao lhe dizer para ir embora e ter seu próprio apartamento. Você pode querer fazer isso no futuro, mas acabou de se formar depois de quatro longos anos dando duro na escola, e eu não deveria ter dito algo tão duro". Ele me agradeceu pelo pedido de desculpas e disse que sentia que eu estava provavelmente irritado por outra coisa na minha própria vida.

Isso é a visão mental em ação. Ele estava certo... e essa outra coisa era algo sobre o qual eu precisava refletir. As experiências que temos com nossas figuras de vínculo, nossos pais, podem nos afetar mesmo quando somos pais. Entender essas experiências ajuda a nos tornar mais presentes, mais autoconscientes e capazes de nos conectarmos com os outros. Tive de refletir sobre meus próprios significados internos dessa época da vida para que pudesse continuar presente para ele enquanto seguíamos nessa jornada da vida.

Essa breve história traz várias questões que estão no centro da adolescência e da vida em geral. Uma delas é que às vezes os pais fazem coisas que criam uma ruptura em uma conexão íntima. É nosso dever como pais refletir sobre tais rupturas e nos esforçar para repará-las, para reconectar depois de nos desculparmos por ter contribuído com o conflito. A segunda lição é que às vezes fazemos coisas que realmente não queremos fazer. O cérebro tem a parte pré-frontal superior que nos ajuda a tomar consciência das coisas e cria intenções conscientes. Mas, às vezes, a região límbica inferior, o tronco encefálico, e as áreas do corpo influenciam diretamente o nosso comportamento, motivando nossas ações e preenchendo-as com sentimentos que moldam nosso tom de voz não verbal, os tempos e as expressões faciais sem a inibição ou o filtro pré-frontal.

Nesse caso, a reação das minhas palavras a ele foi bem suave, mas, de vez em quando, como já vimos, podemos perder a cabeça com mais intensidade. Em alguns de meus outros livros (em *Visão Mental,* o capítulo "Crepes da ira", e em *Parentalidade Consciente,* a seção de "Comportamento equivocado"), a importância da ruptura e da reparação é explorada em detalhes com relação aos garotos mais jovens, inclusive com os meus. Por isso meu filho cresceu sabendo que, se houvesse uma ruptura, haveria uma reparação. É assim que podemos reconhecer que não existe um modo perfeito de se comportar em um relacionamento, trata-se simplesmente de um modo atento de reconhecer quando uma ruptura ocorreu e se esforçar para fazer a reparação. Mas deixe-me dizer aqui que a reflexão é essencial para reparar rupturas com aqueles com quem nos importamos. Praticamos a reparação nas Ferramentas de Visão Mental número 3, e fazer uma reconexão é crucial em qualquer idade. Durante a adolescência é um tema central desse período manter abertas as linhas de comunicação, principalmente quando ocorre a inevitável ruptura nessa conexão. Tive de revisar minha atitude protetora com relação à minha mulher em resposta ao que estava fazendo nosso filho. E também tive de refletir sobre o que se passava em minha casa quando eu era adolescente. Então, olhar as rupturas como oportunidades para refletir internamente e então voltar a se conectar mas, de vez em quando, para criar integração quando esta é partida, é uma postura interior útil de se assumir. Minha esperança era a de que meu filho pudesse me perdoar e entender meu pedido de desculpas como exemplo de como responder a um conflito.

Depois daquela experiência, a nossa conexão ficou realmente forte. A visão mental nos dá a possibilidade de permanecermos abertos para nossas vidas interiores e mantém uma conexão empática com aqueles com quem nos importamos. Mesmo quando nossos comportamentos exteriores provocam uma ruptura em nossa comunicação, a visão mental nos guia de volta à conexão. É por meio do espectro total desses momentos de visão mental que nossos relacionamentos podem ser verdadeiramente integradores, respeitando as diferenças e cultivando conexões compassivas. Adoro as maneiras como posso me comunicar com meu filho agora enquanto ele segue por seus últimos dias da adolescência; nossa conexão se aprofunda e fica mais forte à medida que ele envelhece. Ter a noção de estar presente através dessas muitas mudanças em sua vida e dos desafios que elas provocaram vem sendo um princípio orientador para todos nós. Usar o poder das conversas reflexivas da visão mental também nos dá uma ferramenta básica, um modo essencial de unir as coisas que realmente importam, que faz o modo como nos relacionamos uns com os outros ter uma qualidade profunda e autêntica tornando os momentos difíceis oportunidades para aprofundarmos nossas conexões mútuas.

FERRAMENTAS DE VISÃO MENTAL 4

OS SETE FUNDAMENTOS DA VISÃO MENTAL

O prato da mente saudável para otimizar a massa cerebral

Nesta seção gostaria de apresentar a você as sete atividades que podem ser feitas regularmente e que, comprovadamente, ajudam a manter o corpo saudável, a mente forte e o cérebro crescendo de forma integradora por toda a vida. A pesquisa sobre a capacidade do cérebro de se desenvolver e mudar em resposta a experiências, denominada "neuroplasticidade", revela que a prática regular dessas atividades pode ativar o crescimento de conexões neurais, e mesmo de novos neurônios. Como você deve ter percebido a essa altura, gosto de acrônimos, pois me ajudam, e aos leitores, a lembrar de conceitos importantes sobre o funcionamento do mundo cerebral e emocional. Por isso, ofereço aqui o acrônimo ECAN (***e**stimular* o ***c**rescimento* e a ***a**tivação* ***n**euronal*). Investigações científicas mostraram que quando fazemos as sete atividades seguintes, estimulamos o cérebro a se desenvolver, e esse desenvolvimento geralmente se dá em direção à integração. Meu colega David Rock e eu colocamos esses sete processos em uma imagem visual, na época em que o Departamento de Agricultura norte-americano apresentou sugestões na forma de um prato de comida revelando quais eram os grupos alimentares recomendados diariamente para manter o corpo saudável. David e eu pensamos que poderia ser útil formar o mesmo tipo de prato para a mente, que chamamos de "O Prato da Mente Saudável", um grupo de sete atividades que deixam o cérebro em seu estado mais eficaz.

EXERCÍCIO DE VISÃO MENTAL A: TEMPO INTERIOR

Você verá que esses sete exercícios incluem o tempo interior, que exploramos com profundidade nas Ferramentas de Visão Mental número 2. O tempo interior é como refletimos sobre a natureza interior de nossas vidas mentais e sensações corporais. Esse exercício nos capacita a perceber nossos sentimentos, pensamentos, lembranças, crenças, intenções, esperanças, sonhos, atitudes e anseios. Foi demonstrado que, feita regularmente, a prática do tempo interior estimula o crescimento de muitas fibras no cérebro, principalmente as integradoras que ajudam a regular a atenção, a emoção e o pensamento. Também melhora a empatia e a compaixão.

Praticar o tempo interior significa refletir sobre o seu mundo interior. Uma maneira simples de fazer isso é filtrar a mente, prestando atenção a suas sensações, imagens, sentimentos e pensamentos. Você pode ir ao meu *site*, http://www.drdansiegel.com, e explorar os exercícios de consciência respiratória para uma simples prática de visão mental. Se, depois de algumas semanas fortalecendo a capacidade de concentrar sua atenção, você estiver pronto para algo um pouco mais abrangente para integrar sua consciência, tente também o exercício da Roda da Percepção. Todas essas práticas são formas de se dedicar ao tempo interior, apoiando o desenvolvimento de seu cérebro e o bem-estar de sua mente. Também não fará mal a seus relacionamentos!

Estou inventindo em mim mesmo

Surpreendentemente, a percepção da visão mental causada pelo tempo interior, que o ajuda a estar presente para o que surgir em sua vida, também o auxilia a aumentar os níveis da enzima telomerase, que repara e mantém as extremidades dos cromossomos responsáveis por manter suas células vivas e saudáveis. Isto não é brincadeira – praticar o tempo interior torna suas células mais saudáveis! Além disso, seu sistema imunológico vai funcionar melhor e você terá mais energia e desenvolverá uma forma mais resistente de abordar as mudanças da vida por causa das maneiras específicas pelas quais seu cérebro irá mudar. Nada mal para um simples exercício diário de se isolar e refletir sobre o mundo interior, não é?

EXERCÍCIO DE VISÃO MENTAL B: TEMPO DE DORMIR

Outra atividade diária que comprovadamente aumenta a forma de o cérebro continuar crescendo de forma integradora é o tempo dedicado ao sono. Em nossa época moderna, telas digitais e luzes elétricas nos mantêm estimulados e acordados muito além da hora em que naturalmente iríamos dormir. Já que a hora que precisamos acordar de manhã não muda muito, isso significa que teremos menos tempo de sono de que precisamos para um crescimento eficaz do cérebro. Quando se acrescenta a isso o fato de o ciclo de acordar e dormir do cérebro adolescente estar em um cronograma diferente do de adultos e crianças, em que ficar acordado até tarde é um resultado natural, o período matutino da escola torna essa situação uma fonte crônica de falta de sono.

Pense nas seguintes cifras como um valor estimado para refletir sobre sua própria higiene de sono. Segundo a Fundação Nacional do Sono dos Estados Unidos, a maioria dos adolescentes precisa de oito horas e meia a nove horas e quinze minutos de sono toda noite, enquanto a maioria dos adultos precisa de sete a nove horas por noite. Quando falo em *precisar*, quero dizer que é necessário ao menos o menor número de horas para o desenvolvimento ideal do cérebro, a consolidação ideal da memória do que foi aprendido no dia, para a função de insulina e o metabolismo ideal dos alimentos, para a função imune ideal para combater doenças, para a resposta ideal ao estresse de lidar com as dificuldades da vida e para o funcionamento mental ideal com habilidades eficazes para concentrar a atenção, além de pensar, lembrar, resolver problemas, lidar com as emoções e se conectar com os outros nos relacionamentos. Quanto sono ininterrupto por noite você está tendo?

Sem sono adequado, cada um dos importantes processos neurológico, fisiológico e mental corre risco de não funcionar bem. Qual é a consequência de uma quantidade e qualidade inadequada de sono? O cérebro não se desenvolve bem, a memória não é consolidada e você não se lembra do que aprendeu, a insulina não funciona direito e é mais fácil engordar, os hormônios do estresse sobem e o deixam se sentindo mal, as funções de imunização não funcionam direito e você pode adoecer mais facilmente, e sua mente não será tão afiada, dificultando atos como prestar atenção e resolver problemas. Além disso, você pode ter menos energia, sentir-se mal, ficar mais facilmente irritado e frustrar-se com os outros com mais frequência. Em resumo, você fica mal-humorado e se torna uma pessoa nada divertida para se ter por perto. Você pode se sentir rabugento e nem perceber que esse estado é causado por seus hábitos de sono.

A boa notícia é que você controla o seu sono.

Aqui está uma lista de hábitos diários simples que você pode pôr em prática e que o ajudarão a dormir o suficiente durante toda a noite:

1. Desligue objetos digitais e telas eletrônicas pelo menos uma hora antes de ir para a cama. Esses dispositivos – computadores, *smartphones*, televisores – fazem o cérebro pensar que deveria ficar acordado.
2. Se você sente dificuldade em adormecer, tente diminuir um pouco as luzes meia hora antes de ir para a cama.
3. Procure não trabalhar e nem fazer a lição de casa na cama. A cama deveria ser para atividades de descanso, e não ser associada ao trabalho.
4. Atente para o fato de que a cafeína no refrigerante, café ou chá pode manter algumas pessoas acordadas durante a noite. Infelizmente, isso também inclui chocolate. Então cuidado ao tomar e comer essas substâncias e certifique-se de que não está consumindo demais desses produtos – ou consumindo-os muito tarde – para adormecer facilmente e manter o sono durante a noite.
5. Algumas pessoas gostam de tomar um banho quente antes de ir para a cama. Outras gostam de beber um copo de leite ou outra bebida que contenha cálcio, que pode ajudar a dormir.
6. Algumas pessoas gostam de escrever os eventos do dia em uma agenda para não ficarem preocupadas com as coisas quando adormecem. Se funciona para você, ótimo! Lembre-se de que escrever diários melhora o sistema imunológico e ajuda a solucionar questões difíceis na vida. Outras acham que escrever em um diário ou na agenda antes de ir para a cama é estimulante demais. Claro que isso é verdade se você está mantendo um diário digital em uma tela iluminada, então tente usar um diário de papel para as reflexões noturnas. Verifique o que funciona para você.
7. A quantidade de sono contínuo importa. Então, prepare a noite de acordo, lembrando-se do horário em que precisa levantar na manhã seguinte. Tente obter de oito a nove

horas de sono por noite. Veja quais são suas necessidades naturais, não importa sua idade. Ao longo de uma semana, dê a si mesmo bastante tempo para dormir.

EXERCÍCIO DE VISÃO MENTAL C: TEMPO DE CONCENTRAÇÃO

O cérebro se desenvolve não apenas quando dormimos, mas também quando concentramos nossa atenção de forma contínua sem distrações frequentes. Na verdade, aprender é o modo de nossa atenção levar energia através dos circuitos cerebrais, criando informações em certas áreas que se tornam ativas e, então, ligando esses neurônios ativados ao desenvolvimento cerebral. Isso é neuroplasticidade, o modo como o cérebro muda em resposta à experiência. O cérebro é feito para se concentrar em uma coisa por vez, processando-a de formas mais elaboradas, conectando-a com itens similares, ligando-os a outros e, então, consolidando a ativação neuronal em alterações estruturais em longo prazo.

O tempo de concentração se refere àqueles períodos em que nos concentramos seriamente em uma coisa só. Ao contrário de quando estamos fazendo várias tarefas, como ler um livro enquanto mandamos uma mensagem de texto, ou quando surfamos na internet enquanto falamos ao telefone, o tempo de concentração significa fazer apenas uma coisa de cada vez.

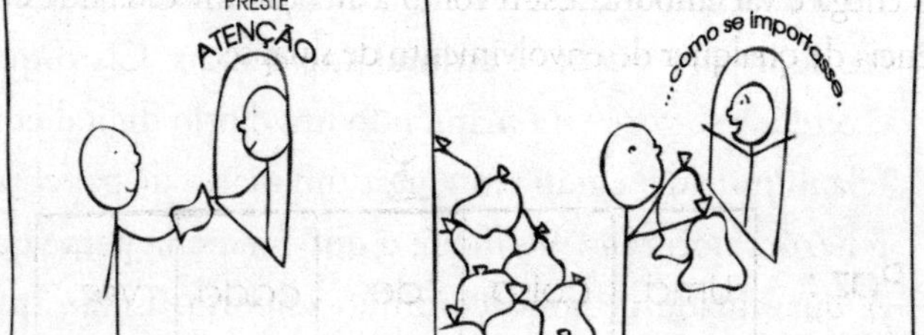

Quando nos concentramos intensamente, três coisas ocorrem no cérebro. A primeira é que a parte do cérebro bem acima do tronco encefálico (palma da mão) libera uma substância química importante, a acetilcolina, por todo o cérebro. A segunda é que prestar atenção intensamente ativa circuitos específicos. Quando os neurônios se põem em funcionamento ao mesmo tempo, estabelecem conexões comuns. E isso nos leva à terceira coisa: quando prestamos muita atenção a algo, a acetilcolina que banha aqueles circuitos ativados funciona com a liberação localizada de outro neuroquímico, o fator neurotrófico derivado do cérebro, ou BDNF (do inglês *Brain-derived neurotrophic Factor*), que otimiza a forma como os genes se ativam para produzir as proteínas necessárias a fim de reforçar as conexões entre aqueles disparos de neurônios. Em resumo, quando você presta bastante atenção, otimiza as alterações neuroplásticas que são a base do aprendizado.

Conheço adolescentes que dizem estar com dificuldades na escola. Eles me contam que não conseguem se lembrar do que leram ou estudaram. E, de fato, toda a lição de casa que fazem e o estudo ao qual se dedicam parecem não ter um impacto duradouro em seu desempenho. Quando lhes pergunto como estudam, eles revelam que geralmente o fazem envolvidos em multitarefas. Então, o que acontece é que a pessoa se senta com um livro, mas sua atenção está constantemente dividida. Essa divisão da atenção em direção ao material não escolar, na forma de um *chat*, SMS, *blogging* e internet, interrompe continuamente as condições neuroplásticas necessárias para fazer esses estudos se converterem em alterações sinápticas no cérebro. Sem essas alterações estruturais no cérebro, nenhum aprendizado de longo prazo pode ocorrer. O aprendizado chega e vai embora, assim como a atenção dividida que evitou a ocorrência de qualquer desenvolvimento de sinapse.

Paz :
Uma.
coisa.
de.
cada.
vez.

Essas interrupções da atenção concentrada feitas pelos dispositivos digitais atrapalham o aprendizado em longo prazo de adolescentes *e* de adultos. Na realidade, muitos adultos que não estão envolvidos em algum programa de aprendizagem ao longo da vida, como clubes literários, grupos de discussões ou cursos educacionais, têm um grave problema potencial. Se não mantivermos um tempo de concentração de modo regular, nossos cérebros param de fazer o que nasceram para fazer – continuar aprendendo e crescendo e fazendo novas conexões pela vida. Adultos sem os projetos que os capacitem a prestar atenção concentrada em algo podem começar a sentir que a vida se tornou uma rotina imutável e monótona. Durante a vida toda, o aprendizado deveria ser visto como uma oportunidade de ser constantemente desafiado, de manter o cérebro se desenvolvendo e de nos manter engajados em aprender.

Infelizmente, para muitos a escola é um fardo, e não um prazer. A ênfase na competição em vez da colaboração, na realização em vez da exploração criativa, faz com que muitos se desliguem da experiência da aprendizagem. O tempo de concentração nos lembra de que precisamos manter nossas mentes bem lubrificadas e continuar aprendendo por toda a vida.

EXERCÍCIO DE VISÃO MENTAL D: TEMPO DE ÓCIO

Enquanto concentrar a atenção de forma ininterrupta ajuda o cérebro a se desenvolver, você também vai se sentir aliviado em saber que não precisamos fazer isso o tempo todo. Na verdade, dar um tempo e variar o que se está fazendo faz parte dessas sete atividades mentais diárias. Podemos reservar um tempo de ócio todos os dias para permitir que nossas mentes se desatem e nossos cérebros se ordenem. Tempo de ócio é quando não temos planos, não estamos tentando realizar coisa alguma, não há nada que precise ser feito. Durante esse período, o cérebro parece recarregar suas baterias, permitindo que a mente ganhe intencionalmente uma folga.

O tempo de ócio é bem diferente do devaneio sem intenção. Se a tarefa à mão é se concentrar em algo, como uma conversa com alguém, um dever ou palestra na escola, deixar nossas mentes devanearem sem a chance de cumprir a tarefa pode atrapalhar bastante o que estamos tentando alcançar. Alguns estudos chegam a sugerir que isso não é bom para nossa saúde e felicidade.

Ao contrário disso, o tempo de ócio significa que designamos um tempo apenas para relaxar, para não ter nada no calendário, para deixar nossas imaginações irem para onde quiserem ir. As férias são uma boa época para ficar de papo para o ar. Mas, diariamente, também é bom reservar um tempo para fazer uma pausa, relaxar e ordenar as ideias. Dê a si mesmo a permissão para fazer isso intencionalmente. Esse é o objetivo do tempo de ócio, quando intencionalmente não temos um objetivo fixo. Sei que parece irônico, mas pesquisas mostram que é realmente importante, mesmo em quantidades limitadas, ter um tempo ocioso todos os dias.

EXERCÍCIO DE VISÃO MENTAL E: TEMPO DE BRINCAR

O termo "brincar" pode fazer você pensar em atividades da infância no recreio, mas estamos descobrindo que participar na exploração espontânea da vida de maneiras envolventes, prazerosas e sem julgamento junto com outras pessoas é na verdade crucial para uma vida saudável e completa. Rir é coisa séria quando se trata de matéria cerebral. Quando somos espontâneos e estamos nos divertindo o cérebro se desenvolve. É bom para adolescentes e para adultos que se envolvem de maneira menos frequente em brincadeiras ou que raramente ficam de papo para o ar se divertindo. Dar a nós mesmos o tempo e a permissão de nos envolvermos nas atividades, sozinhos ou com outras pessoas, em que estamos simplesmente criando formas novas e inesperadas de ser – em como nos sentimos, nas coisas que dizemos e fazemos, nas maneiras que interagimos com os outros – é ótimo para fazer com que a mente se sinta livre e para que aceite o que surgir pela frente. Também permite que o cérebro se torne ativo de maneiras novas e imprevisíveis que são boas para o seu desenvolvimento e a solidificação de novas conexões. Essas são as bases da criatividade e da inovação. Esse é o prazer da presença e da conexão.

Infelizmente, as crianças na escola são programadas para atividades em sua maioria dirigidas a um objetivo, na qual são julgadas e avaliadas em comparação com as outras crianças e instadas a competir e a derrotar seus rivais. Seja no ambiente controlado de uma lição ou exame didático em uma sala de aula, seja em uma equipe no campo atlético, esses momentos estruturados não são tempos de brincar. Em vez disso, imagine uma interação onde não haja vencedor, uma atividade interativa onde não haja regras rígidas, um tempo em que rir, criar e brincar seja aceitável e as pessoas se envolvam e se divirtam muito, sem julgamentos, sem um vencedor e um perdedor. Isso é tempo de brincar.

Nunca paro de me surpreender.

Os adultos se esquecem com frequência como brincar. O sistema de relação social do cérebro, um conjunto de circuitos que torna a aprendizagem fácil e divertida, fica enferrujado e fora de forma e pode ser desativado. As atividades se tornam rotina, e a exploração espontânea da vida e do mundo vira um passado distante. Na verdade, o tipo de pensamento criativo que surge com tal envolvimento aberto e receptivo diminui dramaticamente quando entramos no Ensino Fundamental. Esse pensamento divergente nos capacita a "pensar fora da caixa" porque enxergamos a vida com novos olhos e não estamos preocupados em sermos castigados ou constrangidos em errar – porque há compartilhamento e exploração, não controle e humilhação. Uma criança pequena na pré-escola tem muita curiosidade sobre a vida e o mundo, mas, assim que essa criança entra no Ensino Fundamental, a postura padrão é dizer que há o certo e o errado, e se você estudar bastante vai obter a resposta certa na prova, no relatório ou ensaio sobre o livro ou no trabalho de laboratório. Não há nada de errado em aprender a soletrar. Mas não precisamos fechar nossa espontaneidade em pequenas caixas, aprisionados na rotina de estudos e provas e mais estudos e provas. Geralmente, a criatividade foge pela janela no Ensino Fundamental, e o resto de nossa experiência escolar torna-se frequentemente repleto de uma seriedade não lúdica que pode matar a espontaneidade. E pode sufocar a coragem de ser criativo, de se arriscar e imaginar algo novo. Isso faz parte de por que as pessoas acham que a vida escolar é opressora e sem inspiração. Quando esse não é o caso, geralmente é porque os professores encontraram uma maneira de instilar o espírito lúdico na vida diária da sala de aula.

Quando percebi que, como adulto, o tempo de brincar não fazia parte da minha vida, eu me matriculei em uma aula de improvisação teatral para não atores apenas para me divertir e passar por bons momentos. Adorei. Embora seja apenas uma vez por semana, tento levar a alegria dessa atividade para a minha vida diária. Também comecei a patinar sozinho pelo bairro, ouvindo música. O mais estranho foi que não apenas tive de me dar a permissão para me divertir, mas tive de convencer a parte séria da minha mente adulta de que era de fato bom para o cérebro me deixar brincar um pouco. É uma situação em que todos ganham – meu cérebro se desenvolve e eu me divirto. O tempo de brincar corrige a tendência geralmente séria da escola e da vida adulta, dando-nos um tempo diário para sermos espontâneos e criativos, para nos sentirmos aceitos e conectados, vivos e alegres, e para dar muitas risadas e nos divertirmos.

EXERCÍCIO DE VISÃO MENTAL F: TEMPO DE EXERCÍCIO

Mexer o corpo desenvolve o cérebro.

O movimento aeróbico, que implica na aceleração cardíaca por mais de trinta minutos, preferencialmente mais próximo a quarenta e cinco, é um grande começo. Levantar pesos ou fazer outras atividades que reforcem os músculos como, por exemplo, faixas elásticas, também auxilia o funcionamento do cérebro.

No distrito escolar em que moro, a perda de fundos de educação e a ênfase na pura realização acadêmica fizeram com que a educação física fosse dispensada, e o tempo de recreio para as crianças, encurtado. Além dessas mudanças, artes, música, teatro e danças também foram suprimidos do currículo. Algo está errado nessas prioridades, principalmente quando se olha apenas da perspectiva cerebral. Artes, música, teatro e dança fomentam as explorações criativas que o tempo de brincar facilita. E a atividade física auxilia o aprendizado. Quando mexemos o corpo, a neuroplasticidade é aprimorada. Recordamos mais, desenvolvemos mais conexões no cérebro e solidificamos essas conexões. Mexer o corpo é vital não apenas para a saúde cerebral, mas também para a saúde mental. O exercício aeróbico melhora nosso humor mesmo se estamos propensos a ficar deprimidos. Conheço muitos amigos que tiveram o mau humor ajustado quando incluíram exercícios em suas vidas diárias.

Para adolescentes e adultos, o tempo para exercícios físicos, se for medicamente possível, é parte importante da saúde diária do cérebro e da mente. Pergunte ao seu médico com que intensidade você pode fazer uma atividade física se houver questões que possam limitar seus movimentos. Exercitar-se até suar pode ser ótimo, e encontrar variação no que faz pode ser essencial para criar uma boa forma física e evitar lesões. O segredo é fazer um aquecimento, alongar-se, exercitar-se, alongar-se e se acalmar.

Lembre-se de que o movimento diário de seu corpo é uma escolha sua. Ninguém pode fazê-la por você. Mas é uma situação que só traz vantagens. Você vai se sentir melhor, seu cérebro vai se desenvolver mais e você estará mais esbelto e saudável.

EXERCÍCIO DE VISÃO MENTAL G: TEMPO DE CONEXÃO

Vários estudos revelam que o modo como nos conectamos com os outros torna nossas vidas mais significativas, saudáveis, sábias e felizes. Nas Ferramentas de Visão Mental número 3, exploramos como o tempo interior e as conversas reflexivas ajudam a nos conectar com os outros de maneiras incentivadoras e mutuamente gratificantes. Quando temos relacionamentos de apoio não só somos mais felizes como somos mais saudáveis e vivemos mais! Outros estudos mostram que, quando estamos em contato com a natureza, nos sentimos mais presentes e nosso humor fica mais estável. Então, o tempo de conexão é quando nos conectamos com as outras pessoas e com o planeta.

Tento recordar as características do tempo de conexão por meio do estranho termo "3G-2P". Sei que não é tão fácil de memorizar, mas pelo menos tem as características centrais dessa importante prática diária. O 3G significa a gratidão que sentimos por estarmos vivos neste planeta precioso, a generosidade que podemos levar aos outros ao nos conectarmos com eles e a gratificação que podemos experimentar todos os dias quando servimos ao bem-estar dos outros. E o 2P? Você já deve ter adivinhado. Levamos gratidão, generosidade e gratificação às outras pessoas e ao planeta.

Pessoas e planeta. Quando nos conectamos com as pessoas de forma positiva, quando desejamos que os outros sejam felizes, bem-sucedidos no que fazem, que tenham alegria e saúde em suas vidas, adotamos uma postura compassiva que favorece algo chamado "alegria empática" – alegrar-se com o bem-estar do outro. Sei que parece bem diferente do ambiente geralmente competitivo cultivado nas sociedades modernas. Mas tente isso – você vai ver que essa também é uma situação que só traz vantagens. Estudos sobre como funcionamos como pessoas revelam que somos criados para colaborar uns com os outros. Quando trabalhamos em conjunto, de forma incentivadora, a inteligência coletiva criada é bem mais poderosa do que a pessoa sozinha tentando derrotar as outras.

Em termos simples, tempo de conexão significa reservar um tempo para ficar com os amigos ou com a família, melhor ainda se for pessoalmente. Os sinais que não são verbais e que recebemos dos outros, como contato visual e expressões faciais, tom de voz, postura, gestos, tempo e intensidade das respostas, e o ato humano do toque amigável e apropriado, são perdidos em nossos modos de comunicação digital. Se só nos comunicarmos com os outros via SMS ou *chat* virtual, boa parte do terreno real do cérebro não será envolvida. Se puder, tente fazer um exercício diário dedicando um tempo de conexão pessoalmente para se relacionar com os amigos cara a cara sempre que possível.

E quanto ao planeta? Reservar um tempo para estar na natureza pode mudar nosso humor, ajudar a nos concentrar e nos dar um sentimento de renovação e prazer. Se você vive em uma cidade grande pode parecer difícil entrar em contato com a natureza diariamente. Mas ir até um parque ou olhar para as árvores, as nuvens e a luz no céu é um bom começo. Viemos do planeta e a natureza é nosso lar original. Entrar em contato com o planeta também significa fazer mais do que apenas estar na natureza, significa cuidar de nosso meio ambiente. Recolher o lixo quando o virmos, além de não jogá-lo na rua, é um ótimo começo. Encontrar maneiras de evitar o desperdício reciclando e sendo consciente sobre como usamos a energia podem ser formas importantes de nos conectarmos com nosso lar em comum, o planeta Terra.

O tempo de conexão pode nos ajudar a sentir a verdade de que pertencemos a um todo maior do que o corpo em que vivemos. Podemos andar com nossos próprios pés neste planeta, mas não estamos sozinhos. A Terra é nosso lar comum, as outras pessoas são nossa tribo, e todos os seres vivos são nossos parentes.

CONCLUSÃO

EUNÓS E A INTEGRAÇÃO DA IDENTIDADE

Percorremos um longo caminho em nossa conversa sobre a adolescência. Não posso saber como você está se sentindo com a proximidade do fim dessa exploração, mas estou triste por ela estar terminando, ao mesmo tempo em que me sinto alegre pelo território que cobrimos.

Nossa adolescência é uma época de grande integração – integração dos muitos aspectos de nós mesmos. Durante esse importante período de nossas vidas, que cobrem 12 anos, exploramos a própria natureza de quem somos. E conforme tecemos o essencial da adolescência – a centelha emocional, o intenso engajamento social, a busca por novidades e o impulso em direção à exploração criativa – na pessoa na qual estamos nos tornando, passamos por um processo fundamental que não termina, de maneira alguma, quando completamos 24 anos. A integração da identidade é uma jornada que dura toda a vida para definir o que tem significado em sua vida no presente e nos anos futuros.

Há algum tempo comecei a refletir sobre a grande necessidade que enfrentamos neste momento de nossa história de mudar o foco de "eu" para "nós". Acredito que, como habitantes deste planeta, o mundo *precisa* que deixemos de ser tão envolvidos em nós mesmos e, em vez disso, comecemos a pensar em devolver algo ao planeta. Acredito que seja nosso dever ajudar outras pessoas e proteger a Terra. De forma interessante, vários estudos apoiam a ideia de que, quanto mais ajudamos os outros, mais saudáveis e felizes somos.

Em uma palestra que fiz sobre esse assunto, uma das minhas alunas ficou bastante aborrecida com essa noção de "eu para nós". Ela disse que estava se esforçando em vários aspectos da sua integração pessoal, como encontrar uma maneira de entender sua história de vínculo e criar integração de suas lembranças e uma narrativa coerente de suas primeiras experiências de vida. Disse que não queria abrir mão de encontrar uma maneira de entender sua vida individual e, em vez disso, concentrar-se no "nós". Escutei atentamente suas preocupações, e percebi que a frase "eu para nós" poderia implicar algo mais radical do que eu pretendia. Então sugeri a ela que essa noção era mais como sair do "apenas eu" para o "também nós". Embora tal frase possa parecer absurda, pelo menos ela abraça a integração em seu centro, uma integração que poderia abarcar a importância de nossa vida individual e pessoal assim como nossa vida interdependente e conectada.

Mas então comecei a pensar em como poderia descrever em uma única palavra a ideia de uma personalidade fisicamente definida, de um "eu", abrindo-se e tornando-se parte de uma personalidade maior, um "nós". Ofereci a essa jovem o seguinte termo, que também vou compartilhar com vocês:

EuNós.

Esse é um termo que comecei a usar para descrever de forma sucinta a integração da identidade. Abrange a ideia de ir além de nossa personalidade individualizada e definida pelo corpo e de nos ligarmos a todas as pessoas como membros de um todo maior, uma personalidade definida como nós. *EuNós,* como palavra, e como conceito, é definida por eu e nós, então não precisamos abrir mão da importante diferenciação de uma personalidade pessoal e de uma personalidade interconectada. Cada uma é diferente, cada uma é importante. Ligá-las em nossas vidas é a chave que pode ajudar na nossa jornada em direção da integração da identidade.

Mas por que precisamos da noção do *EuNós* no mundo?

Estudos mostram que quanto mais individualizado e isolado for nosso sentido de personalidade, menos felizes e saudáveis seremos. Quando definimos um "eu" limitado às fronteiras de nosso corpo aprisionado na pele, limitamos nosso sentido de pertencer e o significado na vida.

Entretanto, em nossa cultura moderna, na internet, em nossas movimentadas vidas contemporâneas, muitas coisas reforçam essa visão de que o "eu" é um aspecto definido de quem somos. Estudos revelam claramente que quando estamos em relacionamentos de apoio mútuo e comprometidos em ajudar os outros somos mais felizes e saudáveis. Pesquisas sobre pessoas que receberam dinheiro mostram que elas ficaram mais tempo felizes quando usaram aquele dinheiro em benefício de terceiros em vez de guardá-lo para si mesmas. Aceitar o *EuNós* também significa que experimentamos a sensação de que somos uma parte de um todo maior, uma parte de um propósito maior na vida do que apenas nossa jornada pessoal. O *EuNós* engloba a ideia de espiritualidade e de que há um significado mais profundo na vida. Mas é importante observar que estar conectado a algo maior do que nós mesmos não significa que devemos descartar nosso eu privado. Precisamos apenas expandi-lo para também incluir um "eu" interconectado. Isso é integração. Isso é *EuNós*.

É crucial mencionar aqui outro aspecto do *EuNós*. As pessoas e nosso planeta estão em um estado doloroso que precisa de cuidados. Quando olhamos para o aumento da população humana e para os desafios de alimentos, ar e água saudáveis, e para a necessidade cada vez maior de remédios, vestuário e abrigo para nossa família humana, e quando percebemos como as outras criaturas estão sofrendo e desaparecendo por causa do que nós humanos estamos fazendo ao planeta, percebemos que há muitos problemas que precisamos tentar resolver de forma coletiva.

Os adolescentes têm tanto a oferecer ao nosso mundo a esse respeito, com seu impulso e ingenuidade para encontrar soluções novas a esses importantes problemas globais. Mas para fazer isso os jovens precisam do apoio dos mais velhos; precisam ser respeitados pelo impulso de suas mentes emergentes de ir contra a corrente e encontrar explorações criativas que podem abrir nossas mentes para novas maneiras de lidar com esses tempos difíceis.

Ao trabalhar de forma criativa e colaboradora em suas comunidades e com suas famílias e escolas, a geração emergente terá a visão para se afastar da mera memorização dos fatos e criar formas mais imaginativas e significativas para inspirar sua geração e as gerações seguintes. Seremos capazes de criar as mudanças necessárias para essa nova era através da educação e do importante papel de nossa vida em família, a mensagem da adolescência então saindo para nossas comunidades e para a sociedade mais ampla na qual vivemos. Há muito a combater, mas quando juntarmos nossas mentes contra os problemas complexos da fome mundial, doenças, violência, poluição, alteração climática e a extinção de plantas e de animais em nossos ecossistemas, vamos ter sucesso. Colaborando em vez de tentar apenas sobrepujar ou aniquilar uns aos outros, vamos prevalecer como sociedade humana vivendo em um mundo interconectado.

Quando usamos nossas habilidades, paixão e conhecimento individuais para o benefício de um todo maior, estamos maximizando nossas chances de resolver os problemas morais e práticos do mundo. Eu digo "moral" aqui porque é um imperativo moral encontrar uma maneira de trabalhar juntos para resolver nossos desafios coletivos. Compartilhamos o mesmo ar, a mesma água, a mesma casa, nosso planeta Terra. Um bom planeta é difícil de encontrar, então vamos, de forma coletiva, cuidar do nosso agora. É hora de encontrar uma nova identidade para enfrentarmos juntos esses tempos cruciais.

Para um adolescente essas ideias podem parecer arrogantes, eu sei. Elas podem até mesmo parecer irrelevantes. Eu as apresento enquanto nos preparamos para nos despedir porque acredito profundamente que nossas necessidades individuais por significado e por fazer parte de um grupo a fim de nos sentirmos felizes e completos na vida podem realmente ser satisfeitas se expandirmos a maneira como definimos o "eu". Essa é uma situação em que todos ganham. Seguir em direção ao *EuNós* vai nos deixar mais felizes e também vai dar ao mundo uma chance de luta para se tornar mais saudável. Acredito que poderemos abordar mais eficazmente as dificuldades do mundo tentando expandir nosso sentido de identidade além de um "eu" isolado.

Albert Einstein certa vez disse que a noção de um eu isolado era uma "ilusão de ótica" que levava a todo tipo de problemas no mundo e na vida. Uma ilusão é uma falsa crença, uma visão que não é consistente com a realidade. Quando nos vemos como seres separados, não estamos enfrentando a realidade de nossa natureza interdependente e interligada. Não estamos integrando nossa identidade com o mundo maior do qual somos parte fundamental. Pode ser que muitos de nossos maiores desafios individuais e coletivos sejam, na verdade, revelados como o caos e a rigidez de tal integração desequilibrada, um estado criado por nossa noção humana de um *eu* isolado que supõe que a felicidade venha de aquisições materiais apenas e que o consumo infinito é possível em nosso planeta de recursos limitados.

A integração da identidade nos ajuda a lembrar que devemos diferenciar nosso eu físico de nosso eu interconectado, e então nos ajuda a ligar os dois. Lembra-nos de que nossas mentes surgem tanto de nossos corpos e cérebros quanto de nossos relacionamentos uns com os outros e com o planeta. Por que um adolescente ou um adulto iria se preocupar em integrar sua identidade? Para nós, esses 12 anos de vida – estejamos neles agora ou aprendendo a manter sua essência em nossas vidas – trazem as qualidades básicas que podem ser exatamente o que precisamos para alterar o curso da saúde do nosso planeta em uma direção positiva. A integração do *EuNós* pode usar o essencial da adolescência para acender a centelha emocional que abastece o senso vital de nossa jornada, não apenas quando somos adolescentes, mas por toda a nossa adolescência tardia e a entrada na vida adulta. Podemos aproveitar a força de nossos compromissos sociais para discutir ideias e encontrar conexões significativas e profundas que sustenham e enriqueçam nossas vidas. Com a busca por novidades, podemos tornar a vida uma aventura que transforma o comum em extraordinário, encontrar os aspectos únicos de nossa experiência dentro de cada dia. E com as explorações criativas que inspiram nossas mentes inquisidoras a pensar de novas maneiras, olhar com novos olhos e inovar com contribuições originais os desafios básicos de nosso mundo, podemos confrontar os problemas com um novo senso de potencial, propósito e possibilidade. Então esta palavrinha, *EuNós*, nos deixa ver o poder da diferenciação e da ligação. E nos lembra aonde podemos ir juntos enquanto encorajamos e expandimos o essencial da adolescência em nossas vidas.

E.B. White, autor norte americano, escreveu: "Se o mundo fosse simplesmente sedutor, seria fácil. Se fosse simplesmente difícil, não haveria problema. Mas eu acordo de manhã dividido entre um desejo de melhorar o mundo e um desejo de desfrutá-lo. Isso torna difícil planejar o dia".

Melhorar o mundo é uma ótima intenção, mas se a enxergarmos como uma pressão para "salvar" o mundo ela pode se tornar opressora demais, um objetivo distante demais. Em vez disso, talvez possamos simplesmente pensar em *servir* o mundo, em ajudar o planeta e as outras pessoas, um relacionamento e uma interação por vez. O resultado potencial de melhorar ou de salvar pode ser uma intenção mais ampla, mas não pode ser garantida; o ato de servir é um objetivo que podemos ter, algo que *podemos* alcançar. O outro desejo sentido por White é igualmente importante. Deveríamos respeitar nosso desejo de criar alegria na vida, e nunca deveríamos parar de *saborear* o mundo. E talvez uma maneira de abraçar esses dois impulsos naturais lado a lado possa ser nossa abordagem integrada: *saborear* e *servir*. Integrar nossas vidas trata-se de diferenciar e relacionar esses dois objetivos que, embora estejam separados de muitas maneiras, contribuem para uma vida repleta de alegrias e de conexão, prazer e propósito. Podemos nos divertir sozinhos e com os outros; podemos nos divertir e explorar essa vida, esse mundo, esses relacionamentos. E podemos encontrar modos de ajudar os outros, de reduzir o sofrimento, de curar nosso planeta. Saborear e servir. *EuNós* pode nos ajudar a alcançar esse equilíbrio.

A poeta Maya Angelou, parafraseando um antigo provérbio chinês, nos lembra de que não precisamos esperar para ter todas as soluções antes de nos expressarmos, antes de participar nessa história coletiva compartilhada de nossas vidas. "Uma ave não canta porque tem uma resposta, ela canta porque tem uma canção." À medida que nos desenvolvemos para a adolescência e além, é hora de nos conectarmos uns com os outros, de compartilharmos nossas canções de vida enquanto seguimos juntos nessa jornada do *EuNós*.

Como podemos saber, como adolescentes, se estamos tendo sucesso em viver nossas vidas completamente? No papel de adultos, como podemos saber se estamos apoiando de maneira bem-sucedida as mentes emergentes da nova geração – ou mesmo levando o essencial da adolescência em nossas próprias vidas? Um poema de Bessie Anderson Stanley oferece uma pista sobre as características de uma mente adolescente bem-sucedida e como o essencial da adolescência pode enriquecer o resto de nossas vidas:

SUCESSO

Rir muito e com frequência;

Ganhar o respeito de pessoas inteligentes e o afeto
das crianças;

Merecer a aprovação de críticos honestos e suportar
a traição de falsos amigos;

Apreciar a beleza;

Encontrar o melhor nos outros;

Dar o melhor de si;

Deixar o mundo um pouco melhor, seja por uma
criança saudável, um canteiro de jardim ou uma
condição social redimida;

Ter brincado e dado risada com entusiasmo e can-
tado com exaltação;

Saber que ao menos uma vida respirou mais fácil
porque você viveu – isso é ter sucesso.

Enquanto nos aproximamos de nossos últimos momentos juntos desejo a você toda a vitalidade e autenticidade que a adolescência oferece àqueles ainda nesse período da vida e àqueles que já o passaram, mas que têm a oportunidade de abraçar sua essência pelo resto de suas vidas. Que você tenha sucesso em deixar o essencial da adolescência florescer em sua vida. Que uma centelha emocional abasteça sua vida; que o envolvimento social encoraje a inteligência coletiva e a ação colaboradora; que o impulso por novidades deixe-o manter o privilégio e emoção dessa aventura de vida; e que suas explorações criativas o capacitem a imaginar e construir o mundo de amanhã, em que todos nós teremos orgulho de viver pelas próximas gerações. Espero que você encontre maneiras de saborear e de servir, de compartilhar as canções de sua vida e de se integrar de maneiras novas e autênticas na vida que o espera. Divirta-se!

AGRADECIMENTOS

Um livro é como a vida: depende de muitos para alimentar sua essência enquanto cresce e se desenvolve. Em sua jornada para nascer, este livro teve muitas pessoas que contribuíram para suas várias idades e etapas. As experiências vividas trabalhando com muitos adolescentes e pais ao longo dos anos como psiquiatra de crianças e adolescentes foi inestimável para obter a percepção sobre o processo do período adolescente a partir de dentro. Gostaria de agradecer aos adolescentes e adultos que leram vários rascunhos de *Cérebro Adolescente* e ofereceram comentários perspicazes, perguntas e sugestões importantes para tornar as mensagens o mais acessíveis e úteis possível. Essas pessoas atenciosas incluem Kayla Abrams, Michele Chuban, Jonathan Fried, Lorna Gallant, Mahayla Galliford, Mike Galliford, Laura Hubber, Laura Kastner, Scott Kriens, Lynn Kutler, Maria LeRose, Sally Maslansky, Mike McKay, Mary Pipher, Ellen Ridgeway, Rebecca Shahmoon Shanok, Maddi Siegel, Rich Simon e Jamie Zimmerman. Agradeço a todos por seu tempo, energia e sabedoria investidos na criação desta obra.

Também tive a sorte de contar com uma equipe de pessoas maravilhosas no Mindsight Institute, incluindo Eric Bergemann, Tina Bryson, Adriana Copeland, Stephanie Hamilton, Teresa Reilly, Ashish Soni e Whitney Stambler, que trabalharam incansavelmente para trazer ao mundo essas ideias científicas e práticas sobre as relações, a mente e o cérebro, e sobre compaixão, conexão e coletividade. Um agradecimento especial a Caroline Welch por sua liderança visionária ao guiar nosso instituto e criar uma cultura de criatividade. Sou agradecido pelo apoio profissional e pessoal de Douglas Abrams como o agente literário que representou esta obra desde o início.

Foi um sonho trabalhar com Leah Pearlman, da dharmacomics.com enquanto selecionávamos suas alegres e adoráveis ilustrações para representar as ideias e sentimentos do livro, encontrando paixões paralelas enquanto fazíamos isso. Também foi um prazer trabalhar com Sara Carder, minha editora atenciosa e eficaz na Tarcher/Penguin, uma parceira maravilhosa em ordenar as ideias e suas expressões até sua forma final. Também fazem parte da equipe maravilhosa na Tarcher Joanna Ng e Brianna Yamashita, que deram duro para que este livro visse a luz do dia. Obrigado a todos vocês.

Nunca poderia ser a pessoa que sou, ou a pessoa que colocou "a caneta na página" para fazer este livro nascer, sem o apoio e a inspiração da minha família: Alex e Maddi Siegel e Caroline Welch. Não tenho palavras para expressar a gratidão e o amor que sinto por vocês três. Obrigado por nossas aventuras e por serem vocês.